21世纪期货、期权及衍生品
— 新形态系列教材 —

Hedging Fundamentals Tutorial

套期保值基础教程

张国胜　刘晨　郭沛瑶◎编著

清华大学出版社
北京

内 容 简 介

本书系统阐述期货、期权等衍生市场套期保值基础理论与实务，主要包括套期保值概述、套期保值的基本策略、静态期货套期保值比率估计、动态期货套期保值比率估计、套期保值效果评价、期货套期保值基差风险管理等基础内容。本书遵循"理论知识系统，实务知识全面"的基本原则，辅以案例分析加深理解，强化理论运用能力和实务知识视野的有机结合，适用于应用型人才培养目标。本书借助现代网络媒体工具，全方位构建以套期保值为主线的立体化教学辅助资源，是适应新时代国家一流专业和一流课程建设要求的全新衍生工具教材。

本书可作为经济类专业高年级本科生和研究生的相关课程教材，也可作为期货行业培训、学术研究参考用书。

本书封面贴有清华大学出版社防伪标签，无标签者不得销售。
版权所有，侵权必究。举报：010-62782989，beiqinquan@tup.tsinghua.edu.cn。

图书在版编目(CIP)数据

套期保值基础教程/张国胜，刘晨，郭沛瑶编著.—北京：清华大学出版社，2023.3
21世纪期货、期权及衍生品新形态系列教材
ISBN 978-7-302-62127-0

Ⅰ.①套… Ⅱ.①张… ②刘… ③郭… Ⅲ.①期货交易—教材 Ⅳ.①F830.93

中国版本图书馆 CIP 数据核字(2022)第 202825 号

责任编辑：张　伟
封面设计：汉风唐韵
责任校对：王荣静
责任印制：沈　露

出版发行：清华大学出版社
网　　址：http://www.tup.com.cn，http://www.wqbook.com
地　　址：北京清华大学学研大厦 A 座　　邮　编：100084
社 总 机：010-83470000　　邮　购：010-62786544
投稿与读者服务：010-62776969，c-service@tup.tsinghua.edu.cn
质量反馈：010-62772015，zhiliang@tup.tsinghua.edu.cn
课件下载：http://www.tup.com.cn，010-83470332

印 装 者：三河市天利华印刷装订有限公司
经　　销：全国新华书店
开　　本：185mm×260mm　　印　张：11.75　　字　数：267 千字
版　　次：2023 年 4 月第 1 版　　印　次：2023 年 4 月第 1 次印刷
定　　价：49.00 元

产品编号：092815-01

丛书专家委员会

主　　任：王文举

执行主任：张国胜

学术指导专家（以姓氏拼音排序）：

　　常　　清：中国农业大学教授

　　胡海峰：北京师范大学教授

　　胡俞越：北京工商大学教授

　　李建军：中央财经大学教授

　　林　　辉：南京大学教授

　　彭　　龙：西南财经大学教授

　　史永东：东北财经大学教授

　　司　　伟：中国农业大学教授

　　王文举：北京物资学院教授

　　王一鸣：北京大学教授

　　吴卫星：对外经济贸易大学教授

　　杨　　宜：北京财贸职业学院教授

　　尹志超：首都经济贸易大学教授

　　张国胜：北京物资学院教授

　　张顺明：中国人民大学教授

　　赵锡军：中国人民大学教授

丛书序

经过30多年的探索发展，我国期货市场经历了从商品期货到金融期货，从股票期权到商品期权，从场内交易到场外交易，从境内市场到境外市场，从期货、期权到互换和信用衍生工具等其他衍生品的不断创新过程，多层次的衍生品市场体系已经形成。特别是党的十八大以来，我国期货市场规模持续扩大，市场效率和影响力不断提升，在促进国民经济相关产业良性发展、落实金融服务实体经济方面的成效日益显著。随着期货行业基本法——《中华人民共和国期货和衍生品法》2022年8月1日开始施行，我国期货和衍生品市场会迎来更加规范的大发展。

目前，我国越来越多的产业客户和机构投资者利用期货市场管理风险、配置资产，投资者机构化趋势明显。随着新时代国内期货市场的创新与高速发展，对期货专业人才的需求也表现出不同以往的内涵：风险对冲、市场交易、资产配置等职业岗位，不仅需要扎实的经济理论功底、高超的操作技术，还需要良好的社会主义核心职业价值观、较强的创新能力和高标准的国际化视野。因此，探索有别于金融学专业通识教育的特色教材，是行业赋予金融学人的历史使命。

近年来，随着我国期货和衍生品市场的不断创新、数字教育技术的深入发展，期货教育理论发生了很多新变化。在国家一流课程建设和课程思政建设的新要求下，可融入教学的资料和内容亟待丰富，创新和推进教材建设成为重要任务。

本系列教材就是在这一背景下产生的。本系列教材是北京物资学院与北京兆泰源信息技术有限公司合作的教育部产学合作协同育人项目"期货、期权及衍生品新形态系列教材与教学资源开发"（项目编号：202101081007）的研究成果，也是北京物资学院的国家级一流专业建设点项目指定建设教材，它定位于应用型大学人才培养，顺应期货及衍生品时代发展的行业变化。本系列教材充分吸收校内外专家和行业骨干参与编写，强调理论性与实务性、前沿性与科学性、系统性与基础性的统一，具有如下特色。

（1）专业性特色：在国内首次开展期货专业新形态系列教材建设，通过现代化信息技术，配套完整的教学资源，使系列教材能够满足国家"金课"建设要求。

（2）双主编特色：采用高校专业教师与产业界知名人士双主编模式，确保系列教材顶天立地，实现理论性与实务性统一。

（3）全体系特色：覆盖了现代期货、期权及衍生品的主要教学内容，既可以实现基础性知识的学习，又强调了实务操作能力和知识面的拓展，可以实现全方位的专业知识覆盖。

（4）多层次教育兼容特色：教材知识点反映了期货、期权及衍生品的前沿发展，既自成体系，满足本、研专业教学需要，又与国内外从业资格考试接轨，可同时满足期货从业人员职业培训需要。

（5）课程思政特色：以扫码阅读辅助资料的形式，增设国内相关案例和资料，引导学生认识我国经济发展的成就，增强职业道德和职业素养教育，帮助学生塑造正确的人生观和价值观。

本系列教材不仅适合高校财经专业本科生和研究生教学使用，也可作为证券、期货从业人员的培训教材，同时也适合有意从事期货交易的读者自学使用。

本系列教材在北京物资学院、清华大学出版社、北京兆泰源信息技术有限公司联合支持下完成。鉴于水平有限，教材中难免存在不当之处，敬请广大读者批评指正。

丛书编委会

2022 年 9 月

前言

党的二十大明确指出:"建设现代化产业体系,坚持把发展经济的着力点放在实体经济上,推进新型工业化。"运用期货市场套期保值活动管理风险是金融服务实体经济的重要抓手。

作为期货市场的基本功能之一,套期保值功能是期货市场产生和发展的基础。我国期货市场经过30年的发展,虽然取得了巨大成就,成为投资者实现资产配置的重要工具市场,但过去传统上期货套期保值功能偏弱。这与企业参与套期保值意识、商品供给体制、市场投机因素等密不可分,另一重要因素是产业缺乏具备专业知识的相关人才。本书基于这一背景产生,是一部针对特殊人才培养的专业教材。

全书包括套期保值基本原理、期货套期保值策略、套期保值比率估计、套期保值基差风险等基本内容。从专业教材范畴看,本书隶属于本硕通用的"衍生金融工具"教材,也是传统微观金融学理论的进一步细分,包括的理论内容与传统金融市场学、金融工程学有交叉,实践内容则源自现代期货、期权市场的发展。在金融服务实体经济的大背景下,本书是金融学教材创新的一次试尝,是现代金融学系列教材的补充和丰富。

本书是"21世纪期货、期权及衍生品新形态系列教材"之一,属于系列教材的基础知识教程板块。系列教材响应教育部文件精神,在保证专业知识逻辑性、系统性、完整性的基础上,将融入课程思政。同时,系列教材借助现代网络媒体工具,全方位构建以教材为主线的立体化课程辅助资源,打造满足一流课程建设的新时代衍生工具教材。

张国胜教授设计全书结构和逻辑框架,并参与部分章节编写和相关资料编纂工作;刘晨讲师统筹全书案例与相关辅助资料,并主要编写第四至六章;郭沛瑶讲师主要编写第一至三章和第七章;赵亮研究员提供相关案例,并协助完成部分书稿校对。在编写过程中,北京物资学院的楚建楠、胡晓敏、靖一焱、李昂、赵宇赫、刘琳、戚师乔、金兰、张昊晨、闫埔、万鸿成、刁俊辰等协助参与了信息收集、处理和文本梳理工作。

本书可作为经济类专业高年级本科生和研究生的微观金融学教材,也可作为期货行业培训、学术研究参考用书。书中尚有不足之处,欢迎各位读者提出批评建议!

编　者

2022年9月20日

目 录

第一章　衍生品市场概述 ……………………………………………………… 1
- 第一节　衍生金融工具的定义及特征 ……………………………………… 1
- 第二节　衍生金融工具的类型 ……………………………………………… 3
- 第三节　衍生金融工具的市场 ……………………………………………… 6
- 第四节　衍生金融工具市场的发展历程及新趋势 ………………………… 9
- 第五节　我国的衍生金融工具市场 ………………………………………… 13
- 【本章知识点回顾】 ………………………………………………………… 18
- 【思考与习题】 ……………………………………………………………… 19
- 【即测即练】 ………………………………………………………………… 19

第二章　套期保值概述 ………………………………………………………… 20
- 第一节　套期保值的概念与基本原则 ……………………………………… 20
- 第二节　套期保值参与者与履约方式 ……………………………………… 23
- 第三节　套期保值方案制定与操作管理 …………………………………… 24
- 第四节　套期保值的起源 …………………………………………………… 31
- 第五节　套期保值的理论基础 ……………………………………………… 34
- 【本章知识点回顾】 ………………………………………………………… 46
- 【思考与习题】 ……………………………………………………………… 46
- 【即测即练】 ………………………………………………………………… 47

第三章　套期保值的基本策略 ………………………………………………… 48
- 第一节　期货套期保值 ……………………………………………………… 48
- 第二节　期权套期保值 ……………………………………………………… 75
- 第三节　外汇掉期 …………………………………………………………… 87
- 【本章知识点回顾】 ………………………………………………………… 89
- 【思考与习题】 ……………………………………………………………… 89
- 【即测即练】 ………………………………………………………………… 89

第四章　静态期货套期保值比率估计 ………………………………………… 90
- 第一节　套期保值模型发展脉络 …………………………………………… 90
- 第二节　最小方差套期保值模型 …………………………………………… 91
- 第三节　OLS模型 …………………………………………………………… 93

第四节　ECM ………………………………………………………… 95
　　第五节　BVAR 模型 …………………………………………………… 97
　　第六节　Python 实战——静态最优套期保值比率估计 …………… 99
　　【本章知识点回顾】…………………………………………………… 105
　　【思考与习题】………………………………………………………… 105
　　【即测即练】…………………………………………………………… 105

第五章　动态期货套期保值比率估计 ……………………………… 106
　　第一节　动态套期保值模型发展脉络 ……………………………… 106
　　第二节　GARCH 套期保值模型 …………………………………… 107
　　第三节　ECM-GARCH 模型 ………………………………………… 110
　　第四节　考虑收益成本的动态套期保值模型 ……………………… 111
　　第五节　Python 实战——动态最优套期保值比率估计 …………… 120
　　【本章知识点回顾】…………………………………………………… 128
　　【思考与习题】………………………………………………………… 128
　　【即测即练】…………………………………………………………… 128

第六章　套期保值效果评价 …………………………………………… 129
　　第一节　套期保值效率度量模型 …………………………………… 129
　　第二节　在 Python 中实现套期保值效率评价 …………………… 135
　　第三节　Python 实战——套期保值效率评价 ……………………… 140
　　【本章知识点回顾】…………………………………………………… 143
　　【思考与习题】………………………………………………………… 143
　　【即测即练】…………………………………………………………… 144

第七章　期货套期保值基差风险管理 ………………………………… 145
　　第一节　基差的原理 ………………………………………………… 145
　　第二节　基差与套保效果 …………………………………………… 149
　　第三节　基差风险管理 ……………………………………………… 162
　　【本章知识点回顾】…………………………………………………… 171
　　【思考与习题】………………………………………………………… 171
　　【即测即练】…………………………………………………………… 172

参考文献 …………………………………………………………………… 173

第一章

衍生品市场概述

本章学习目标：
1. 理解衍生金融工具的定义、特点及功能，掌握远期、期货、期权和互换这几种基本衍生金融工具的合约内容、特点及相互的区别；
2. 掌握衍生金融工具市场的类型及交易主体的类型和区别；
3. 了解国内外衍生金融工具市场的发展历程及现状。

自20世纪70年代以来，衍生金融工具在金融领域扮演着越来越重要的角色。衍生金融工具的市场规模日益扩大、品种日益繁多，并且越来越多地融入人们的经济活动中。例如，面向普通投资者的银行理财产品就越来越多地嵌入衍生金融产品，以满足其个性化需求。因此，不仅金融从业人员需要掌握衍生金融工具的基本原理和运作机制，企业经营者与普通投资者也有必要对此做充分的了解。

第一节 衍生金融工具的定义及特征

一、衍生金融工具的定义

衍生金融工具是这样一种产品：它的价值由它所依附的标的变量（underlying variables）来决定。衍生金融工具的英文为 financial derivative，通常简称为 derivative，这个词在中文里存在不同的翻译；除了衍生金融工具外，也有译作金融衍生工具、金融衍生品、金融衍生产品等。之前，国内学者在界定衍生金融工具的时候，习惯把衍生金融工具的衍生基础总结为"金融工具""传统金融商品"或"基础资产"等，今天看来，这种总结不够准确。事实上，并不是所有衍生金融工具都是在金融工具或金融商品的基础上衍生出来的，甚至用更为宽泛的"资产"这个概念也无法囊括所有的衍生基础。例如，气候衍生产品的价值取决于某个地区未来的气温状况；信用违约互换的标的其实是违约风险。即使表面上看起来是在金融产品的基础上衍生出来的衍生金融工具，其真正的标的变量也可能有所不同。例如，股票期权和股指期货都可以说是在股票的基础上衍生出来的，但前者的标的变量是股票价格，后者的标的变量是股票指数。因此，衍生金融工具的衍生基础归根结底在于标的变量，标的变量是决定衍生金融工具价值的根本。

二、衍生金融工具的特征

与传统的金融工具相比，衍生金融工具具有以下显著特征。

（一）复杂性

衍生金融工具的复杂性一方面体现为其构造的复杂性，另一方面体现为其定价的复杂性。从其构造上来看，衍生金融工具不仅可以从基础变量衍生，而且可以在衍生金融工具的基础上进行多次再衍生，还可以对各类衍生金融工具进行不同形式的组合，从而设计出新的衍生产品。总之，较之于股票、债券这类传统金融工具，衍生金融工具的构造要复杂得多。而构造的复杂性通常会为其定价估值带来较大的困难，从而使其定价模型也变得越来越复杂。在当今的衍生金融工具市场上，设计衍生产品以及为衍生产品定价不仅会用到艰深的数学方法，也可能会用到现代科学决策技术、最新的计算机信息技术（IT）等。这种特性一方面为衍生产品的多样化设计和精确定价提供了可能性；但另一方面，也必然导致普通投资者在理解、掌握衍生金融工具方面更加力不从心，从而为某些不良金融机构和从业人员诱导、欺诈投资者提供了可能性，也给金融监管带来了极大的困难。

（二）多样性

人类历史上恐怕没有哪类金融工具能像衍生金融工具这样给我们的金融市场带来如此丰富多彩、性质各异的金融产品。前面提到，衍生金融工具是在标的变量的基础上进行衍生的结果，而标的变量的选择本身就多种多样，可以是股票、债券的价格或价格指数，可以是利率或汇率，也可以是气候抑或是信用风险。理论上讲，标的变量可以是任何能够引起足够关注的变量。从其产生的方式来看，衍生金融工具既包括远期、期货、期权、互换等基本类型，也可以在衍生金融工具的基础上再多次衍生或者进行组合构造，衍生出形式各异、丰富多彩的金融产品。衍生金融工具的多样性特征极大地满足了具有不同偏好的投资者的需要。

（三）杠杆性

衍生金融工具通常采用保证金交易制度，只需交存少量保证金，就可以进行总金额相当于保证金几倍到几十倍甚至上百倍的基础产品的交易。衍生金融工具的保证金制度及高衍生金融工具杠杆性的特征，一方面极大地降低了交易成本，使投资者可以以较少的资金建立起较大的交易头寸，为衍生金融工具交易规模的扩大提供必要的条件；另一方面，高杠杆性同时也使得衍生金融工具的风险被多倍放大。

衍生金融工具的这种杠杆效应对套期保值者（hedgers）或套利者（arbitrageurs）来说，意味着他们只需提供较少的资金就可以为规模庞大的资产进行保值或大规模的套利。例如，如果你需要用股指期货为总市值 100 万元的股票组合进行套期保值，假设套期保值率为 1∶1，也就是说你需要签订合约价值为 100 万元的期货合约，而假如保证金率为 5%，则意味着你只需要 5 万元的资金就可以为价值 100 万元的股票组合进行保值。这显然极大地减少了资金的占用，降低了保值的成本。

衍生金融工具的杠杆效应也使投机者（speculators）可以以少量的资金进行大规模的投机，一旦投机获益，则会极大提高其资金的利润率；当然，如果亏损，其损失率也必然较高，从而提高了交易的风险性。

（四）高风险性

衍生金融工具通常被视为高风险的投资品种。衍生金融工具的交易有可能给投资者带来巨大的损失或高额的收益。自20世纪90年代以来，由衍生品交易引起的巨大金融损失事件层出不穷。甚至在1997年的亚洲金融危机和2008年的次贷危机中，衍生金融工具也成为非常重要的推手。事实上，主要的衍生金融工具，如远期、期货、期权等，其创立的初衷都是规避风险，而且规避风险一直都是衍生金融工具的重要功能。那么，为什么以规避风险为初衷创立并一直具有规避风险功能的衍生金融工具市场会被人们认为是高风险的市场，不仅可能导致重大损失，甚至可能导致金融危机呢？

人们从事衍生金融工具交易的目的各不相同。有人是进行套期保值，有人是进行投机。于套期保值者而言，他们通过衍生金融工具的交易，确实可以在相当大程度上规避风险。但如果交易对象是投机者，从市场整体来看，这个原本应由套期保值者承担的风险其实并没有被真正地消除，只不过是被转嫁给了投机者而已。投机者之所以愿意被转嫁风险，是因为他们希望通过承担高风险来追求高收益。而如果衍生金融工具的交易是发生在投机者之间，对整体市场而言，那就等同于创设了新的风险。再加之衍生金融工具市场的高杠杆性，投资者只需交存少量保证金就可以进行十几倍甚至几十倍于保证金的衍生品交易，这意味着无论投资者是盈利还是亏损，其盈利率或亏损率同样会相应地放大。正是因为衍生金融工具市场可以创造和扩大风险，人们通常会认为它是一个聚集风险的市场。

正如我们在前面的分析中指出的那样，如果你作为纯粹的套期保值者或套利者进入市场，那么你面临的风险并不会太大，而投机者则会面临较大的风险。从事衍生金融工具交易的金融机构或公司在对它们的一线交易员进行授权时，通常只会授权其进行套期保值、套利或有限额的投机交易。但在实际操作中，一些交易员会自觉或不自觉地由套期保值者、套利者转化为投机者，或者是超过授权限额进行投机交易，进而有可能造成巨额亏损，如1995年的巴林银行事件、2008年的法国兴业银行事件以及2004年我国中航油事件。

第二节　衍生金融工具的类型

一、远期

远期合约(forward)是一个特别简单的衍生证券，合约双方约定在未来的某一确定时间，以某一确定的价格，买卖一定数量的资产。远期合约中应当标明交易标的、交易的有效期以及交割时间、交割价格等。

当远期合约的一方同意在将来某个确定的日期以某确定价格购买标的资产时，我们称这一方为多头(long position)；另一方同意在同样的日期以同样价格卖出该标的资产，这一方就称为空头(short position)。远期合约的交割价格(delivery price)是指经双方约定的到期交割资产的价格。远期价格(forward price)是远期合约中标的物的远期价格，它是和标的物的现货价格紧密相连的，是从现在看的现货未来价格，是一个未知的经济概念。在一个相对有效的市场，交割价格能够成为观测远期价格的窗口，因此称为远期合约的价格发现功能。作为一个"零和游戏"的衍生产品,在合约签署时刻,公平的交割价格应当使合约价值对双方都为零。这也意味着,处于远期合约的多头或空头状态无须任何成本。从这个"无成本"条件出发,如果忽略交易过程中产生的税收、佣金等摩擦费用,基于无套利经济福利原则,可推导出交割价格的理论值,这也就是远期价格的理论值。显然,远期理论价格随着时间变化而变化,而不同时间签订的合约交割价格一般在远期理论值上下波动。这也意味着,一旦签订远期合约,多头或空头投资者手中合约到期时可能产生盈利预期,因为在到期日,远期变成了即期,此时固定的交割价格与现货价格可能产生一定差距。

远期合约具有如下特点。

（1）没有经过标准化,通常采用一对一协商签署合约,场外交易居多,缺乏流动性。

（2）风险较大,买卖双方违约的可能性较大。

（3）在远期合约到期之前,往往没有双方之间的现金流产生。

（4）在远期合约到期时,其必须进行交割,不能通过反向对冲进行平仓。

远期合约的优点是合约的内容可根据买卖双方的意愿协商确定,因此它的灵活度很高；缺点是流动性较差,导致市场效率也比较低,而且由于履约时间较长,其信用风险也很大。

二、期货

期货合约（futures contracts）也是一种合约,即协议双方同意在约定的将来某个日期按约定的条件（包括价格、交割地点、交割方式）买入或卖出一定标准数量的某种金融工具的标准化协议。

期货合约和远期合约都是约定在未来某一时间买卖某一特定金额标的物的合约,其经济功能很相似。但根据合约条款的不同,它们也有许多不同之处,表现在以下几个方面。

（1）标准化程度不同。期货合约与远期合约在标准化程度上存在差别。其主要表现在期货合约是标准化的,在合约标的资产的质量与数量、合约的交割地点与时间、交割方式以及合约的规模等条款上具有明确的规定。但是远期合约就相对自由和灵活,远期合约交割标的物的数量、质量,以及交割的方式、时间、地点等都是可以根据双方的意愿进行协商的,所以它的规范性和标准化程度就比较低。

（2）交易场所不同。期货合约一般在交易所进行交易,都是开放式的,不需要自己去寻找交易对象,一般不允许私下进行场外交易。远期合约并没有像交易所那样的固定交易场所,它需要自己去寻找合适的对象在场外进行交易,所以远期合约通常可能会在金融机构的柜台或者通过电话等通信方式进行场外一对一询价交易。

（3）违约风险不同。期货交易采用保证金每日结算制度,结算公司或期货交易所一般也都会为期货合约提供合约如期履行的担保,所以期货合约违约的风险相对来说较小。但是远期合约仅以双方的信用作为担保,如果到达约定时间,一方不愿意履行或因不能履行而违约,则合同另一方将遭受损失。

国际期货市场的发展,大致经历了由商品期货到金融期货、交易品种不断增加、交易规模不断扩大的过程。其中,商品期货的标的物为实物资产,历史悠久,种类繁多,主要包括农产品期货、金属期货、能源化工期货等,一些大宗商品的期货交易在社会经济生活中产生广泛影响;金融期货是指以外汇、债券、股票指数等金融工具作为标的的期货合约,产生于20世纪70年代的美国。

截至2021年底,我国期货与衍生品市场上市品种数量达到94个,其中商品类84个(期货64个、期权20个)、金融类10个(期货6个、期权4个)。

三、期权

期权(option)是期权持有者所拥有的一项权利,这项权利规定在合约到期日当天或是到期日之前,权利持有者可以一个约定价格,出售或是购买特定数量的标的资产。因为期权的持有者只有权利而没有义务,所以他需要支付一定的费用才能够获得期权,这个费用也叫作期权费,也就是期权价格。在到期日来临时,期权购买人可以选择是否执行期权,即是否出售或购买约定的资产。对期权的出售者而言,因为获得了期权费,所以其只有义务履行条约,没有选择的权利。

期权合同必须包含以下四种要素。

(1) 到期期限(expiration date),即定义中的到期日。只有在到期日内,期权才是有效的。所以权利持有者需要在这个期限内行使权利,若到期未行使期权,将视为持有者放弃期权或期权失效。

(2) 执行价格(exercise price),即定义中的约定价格。这是期权合约双方事先约定好在到期日买卖标的物时所执行的价格。

(3) 数量(quantity),即定义中的特定数量。所谓数量要素,即为期权合约中规定的具体买卖标的物的品类和数量。

(4) 标的资产,这是期权持有者实施期权的对象。它可以是期权交易涉及的物化商品或者金融商品,是现货或者是期货。

期权的优点是:它不存在保证金被占用的问题,也不必担心因标的物的价格剧烈变动,需要权利人追加保证金,或是因此而产生的平仓问题。

期权的缺点是:由于期权的买方只有权利没有义务,因而期权的购买者需要支付的期权费一般都比较高,并且某种资产的波动率越高,卖方的潜在损失也就越大,期权费也就越高。

四、互换

互换(swap)是交易双方约定互相交换现金流的协议。互换可以分为许多种类,按交换对象的不同,可以分为货币互换、利率互换、商品和股票互换等。其中,货币互换诞生于1979年的伦敦,利率互换也于1981年诞生于伦敦,直到1989年互换才开始大规模地进行交易,而现在互换已经是世界上交易量最大的衍生品了。

案例分析1-1 利用货币互换规避汇率风险

与其他衍生品相比,它具有以下优点:首先,它集外汇市场、证券市场、短期货币市场和长期资本市场于一体，因此它不仅可以融资，还可以进行理财。其次，互换交易是非标准化的，更容易满足交易者的要求，因此互换交易被广泛使用。再者，互换由于不需要对头寸等进行日常管理，不仅使用方便，而且能够实现风险的快速转移。最后，互换交易没有硬性期限，因此其长度是任意的，并为交易者提供了便利。

但是互换交易也有很多风险：一方面，信用风险是互换的一大挑战，互换方和中介机构可能因各种原因违约和拒绝付款，此时互换合约无法履行。另一方面，利率风险也是互换交易的一大劣势，因为互换交易通常会持续数年，在此期间利率容易发生变化。

第三节　衍生金融工具的市场

一、场内市场与场外市场

与其他金融工具的交易市场一样，衍生金融工具的交易市场也分为场内市场和场外市场。

场内市场也称交易所市场（exchange market），是指通过交易所进行衍生金融工具交易的市场。根据美国期货业协会（FIA）的《2021年全球金融衍生品市场年度调查报告》，截至2021年，全球加入FIA数据库的衍生品交易所共计85家。其中，有的交易所历史较为悠久，如美国芝加哥期货交易所（CBOT）成立于1848年，而芝加哥商品交易所（CME）成立于1898年。有的交易所则成立时间比较短。我国内地目前有5家期货交易所，其中大连商品交易所、郑州商品交易所和上海国际能源交易中心（后于2013年分设上海国际能源交易中心）均成立于20世纪90年代，中国金融期货交易所成立于2006年，而广州期货交易所成立于2021年。近年来，全球一些重要的交易所纷纷合并。例如，CBOT和CME原本是竞争对手，但在2006年10月宣布合二为一，从而成为全球最大的交易所。传统的场内市场竞价采用公开喊价系统（open-outcry system），而目前世界各地的交易所都逐渐采用了电子化交易系统。各交易者的交易指令通过各自经纪商与交易所清算机构联网的计算机网络输入清算机构的主机系统进行集合竞价。

场外市场又称OTC市场（over-the-counter market），它是一个由电话和计算机将各交易员联系起来的网络系统。其参与者主要是机构交易者，包括各金融机构、企业和投资基金等。其中金融机构往往会成为某些流行交易品的做市商（market maker）。它们会针对某些交易品进行双向报价，即既报买入价（bid price，即做市商愿意买入的价格，其他希望卖出的交易者可按此价格卖给做市商），同时又报卖出价（offer price，即做市商愿意卖出的价格，其他希望买入的交易者可按此价格从做市商处买入）。卖出价高于买入价，其价差（spread）为做市商的收益。

除了交易组织方式的不同之外，场内市场和场外市场的主要区别还包括以下两点。

（一）场内市场交易的对象是标准化的衍生品合约

标准化合约是指合约标的、合约规模、报价单位、最小变动价位、涨跌停板幅度、交易时间、合约交割月份、最后交易日、最后交割日、交割地点、交易保证金、交易手续费、交割方式等内容都由交易所事先规定好的标准化的合约。投资者选择在该交易所进行交易就必须接受上述标准化条款。将合约标准化极大地增强了合约的流动性,也增强了合约对交易者的吸引力。而场外市场的交易对象为非标准化合约,其流动性要弱于标准化合约。但是非标准化合约的内容更为灵活,交易双方可以自行协商合约条款,使最终的合约内容更符合双方的需要。

(二)承担的违约风险不同

场外市场的交易者需要承担交易对手的违约风险,而场内市场交易的违约风险近乎为零。因为场内市场交易是通过交易所的清算机构完成的,所以交易所必须保证合约的最终履行。表面上看,似乎是所有的违约风险都集中到了交易所,但交易所可以通过一系列风险管理制度,如保证金制度、强制平仓制度、涨跌停板制度等,将违约风险控制到近乎为零。

场外市场和场内市场各有其优势,近年来其交易规模都处于稳定发展过程中。但比较起来,场外市场有合约品种灵活多样、能满足不同投资者个性化需要的特点。

二、衍生金融工具市场的交易者类型

按交易者的交易目的,衍生金融工具市场的交易者可以分为三类:套期保值者、套利者和投机者。

套期保值者参与衍生金融工具交易的目的在于规避他们将面临的风险。例如,某个食用油加工商已经跟多家大型超市签订了合约,内容为:9个月后由该加工商出售给超市一批大豆油,价格为150元/桶。现在,该加工商面临的问题是,如果9个月后原材料(即大豆)的价格上涨,这批预售合同就可能少赚钱甚至会亏钱。所以,加工商希望可以预先锁定9个月后的大豆买价。这时,加工商就可以通过买入10个月后到期的大豆期货来达到套期保值的目的。9个月后,如果大豆价格上涨,则期货头寸会有盈利产生,从而可以在一定程度上冲销现货价格上涨的负面影响。当然,如果大豆价格下跌,则期货头寸会产生亏损,从而抵消大豆价格下跌带来的额外好处。但无论哪种情况,都可以说是达到了锁定价格、规避不确定性风险的目的。在上述期货交易中,该加工商即为套期保值者。从表面上看,套期保值者和投机者在交易所的交易并没有明显的区别,但是它们各自承担的风险却有很大的不同。套期保值交易的风险较低而投机交易的风险较高。因此,某些交易所会在保证金要求等风险管理制度方面对套期保值者和投机者区别对待。这就要求交易所必须首先确定套期保值者的身份。为此,交易所一般都会制定相应的套期保值管理办法,如大连商品交易所就有《大连商品交易所套期保值管理办法》。

套利者是通过同时针对两个或两个以上的、彼此价格存在相关性的交易品种进行相反头寸的交易,利用其相对价差获取无风险收益的市场参与者。套利者可以在基础资产和衍生品之间进行套利,如债券现货和债券期货;也可以在不同期限的同类衍生品之间进行套利,如3个月的远期利率协议和6个月的远期利率协议;还可以在不同市场的同一产品之间进行套利,如芝加哥商品交易所的大豆期货和大连商品交易所的大豆期货。

投机者与套期保值者相反,其参与市场的目的不是规避风险,而是要通过承担风险来换取获得高收益的可能性。投机者一般在现货市场上并没有净头寸,交易衍生金融工具的目的就是获取衍生金融工具价格波动带来的价差收益。例如,若沪深 300 股指期货 IF1810 的价格是 3 400 点,某投机者认为该价格即将上涨,于是建立了 10 份多头头寸,1 个月后,该价格上升至 3 430 点,不考虑交易费用,该投机者可获 90 000[＝(3 430－3 400)×300×10]元的盈利。当然,如果价格下跌,该投机者必须承担亏损。

需要指出的是,无论是套期保值者、套利者还是投机者,都是衍生金融工具市场不可或缺的一部分。套期保值者发挥了衍生金融工具市场的规避风险功能;套利者的存在可以防止衍生金融工具的价格发生过大的偏离,防止过度炒作,有利于市场回归均衡;而投机者可以给市场提供足够的流动性。衍生金融工具市场中真正的套期保值者比例很小,95%以上的参与者都是投机者。

三、衍生金融工具市场的功能

衍生品市场自产生以来,之所以不断发展壮大并成为现代市场体系不可或缺的重要组成部分,就是因为衍生品市场具有难以替代的功能和作用。正确认识衍生品市场的功能和作用,可以进一步加深对衍生品市场的理解。

(一)价格发现

价格发现的功能是指场内交易的衍生品市场能够预期未来标的资产现货价格的变动,发现未来的现货价格。例如,期货价格可以作为未来某一时期现货价格变动趋势的"晴雨表"。场内衍生品市场之所以具有发现价格的功能,主要是因为:一是交易所交易的参与者众多,除了会员以外,还有其所代表的众多商品生产者、销售者、加工者、进出口商以及投机者等。这些成千上万的买家和卖家聚集在一起进行竞争,可以代表供求双方的力量,有助于公平价格的形成。二是市场交易中的交易人士大多熟悉某种商品行情,有丰富的商品知识和广泛的信息渠道以及一套科学的分析、预测方法。他们把各自的信息、经验和方法带到市场,结合自己的生产成本、预期利润,对商品供需和价格走势进行判断、分析和预测,报出自己的理想价格,与众多对手竞争。这样形成的期货价格实际上反映了大多数人的预测,因而能够比较接近地代表供求变动趋势。三是交易所市场的透明度高,竞争公开化、公平化,有助于形成公正的价格。在集中化的交易场所中,自由报价,公开竞争,避免了现货交易中一对一的交易方式容易产生的欺诈和垄断行为,因此交易中发现的价格具有较高的权威性。

(二)规避风险

任何一个衍生产品的推出都是出于避险的需要。期货、期权等衍生品的规避风险功能是通过套期保值实现的。套期保值是指在衍生品市场上买进或卖出与标的现货数量相等但交易方向相反的合约,在未来某一时间通过卖出或买进期货合约进行对冲平仓,从而在衍生品市场和现货市场之间建立一种盈亏冲抵的机制。

以大豆期货交易为例,在我国东北,大豆每年 4 月份开始播种,到 10 月份收获,有半年多的生长期。大豆价格受市场供求变化影响,经常发生波动,价格下跌给生产者带来损失的可能性是客观存在的。如果大豆生产者预计在收获期大豆价格可能会下降,为了规避价格风险,他可以在播种时就在期货市场卖出交割月份在 11 月份的与预计大豆产量相近的大豆期货合约。如果大豆价格在 10 月份时果然出现下跌,尽管他在现货市场上以低价格出售承担了一定的损失,但他可以在期货市场上将原来卖出的合约进行对冲平仓来获得相应收益,期货市场的收益可以弥补现货市场的亏损。如果生产者判断错误,10 月份现货价格不仅未跌反而上涨,那么对生产者来说,套期保值的结果是用现货市场上的盈利去弥补期货市场上的亏损,同样能实现保值的目的。需要指出,生产经营者通过套期保值来规避风险,但套期保值并不是消灭风险,只是将其转移,转移出去的风险需要有相应的承担者,期货投机者正是期货市场的风险承担者。从客观来看,投机者的存在保证了衍生品合约交易的流动性,为生产经营者参与套期保值提供了很大便利。

(三) 资产配置

随着全球化程度日益加深以及全球经济不稳定因素增多,国际大宗商品市场和金融市场波动加大,各国金融市场中参与主体面临的风险增多,因此在后金融危机时代,越来越多的投资者开始重视衍生品市场,并期望借助衍生品市场的独特优势对其持有的资产进行优化配置。而金融衍生品的迅猛发展以及大宗商品交易金融化程度的提高,也为越来越多的机构和个人提供了资产配置的平台,衍生品市场也相应地具备了资产配置的功能,从而在一定程度上满足了投资者对于规避风险以及个性化、分散化、多元化的资产配置需求。

投资者将衍生品作为资产配置的组成部分主要基于以下两个原因:首先,借助衍生品能够为其他资产进行风险对冲。进入 21 世纪以来,全球经济不稳定因素增多,市场波动加大,特别是 2008 年爆发于美国的金融危机更是严重破坏了市场秩序,给投资者带来了严重损失。在这样的背景下,越来越多的投资者开始重视衍生品市场,并借助套期保值来对持有的资产进行保护。其次,期货及衍生品市场的杠杆机制、保证金制度使得投资期货及衍生品更加便捷和灵活,虽然风险较大,但同时也能获取高额的收益。借助商品交易顾问(CTA)等专业投资机构,普通投资者也能够较为安全地参与期货及衍生品市场。因此,越来越多的投资者开始以直接或间接的方式参与期货及衍生品投资。

第四节 衍生金融工具市场的发展历程及新趋势

一、衍生金融工具市场的发展历程

衍生金融工具中最早出现的是远期,而后逐渐发展出期货,期权和互换则是到 20 世纪 70 年代才产生的。早在古希腊和古罗马的市集就有约定日后交货的买卖行为。这可被认为是远期合约的雏形。在 13 世纪的比利时,商人也开始进行类似交易,并在 14、15 世纪期间发展成为有组织的市场。后来这种有组织的市场逐步演变为期货交易所。早期的期货交易所主要从事农产品期货交易。全球第一家商品交易所是 1570 年成立于英国的伦敦皇家交易所,此后,阿姆斯特丹建立了第一家粮谷交易所,比利时的安特卫普开始了咖啡期货的交易。1730 年,大阪食米交易所开始开展食米远期交易,美国也出现了小规模的地方性市场。在这一时期,无论是期货交易所还是期货交易本身,与今天我们所熟悉的模式都有一定的距离,可以被称为期货交易的雏形。较为规范化的期货交易开始于1848年。这一年,美国芝加哥期货交易所建立。交易所在成立之初采用远期合约交易方式,其特点是实买实卖,交易者利用交易所寻找交易对手。交易的参与者主要是生产者、经销商和加工商,后来一些非谷物经营商看到转手倒卖谷物合约能够赚钱,便进入交易所买卖远期合约赚取买—卖的价差,这部分人就是早期的投机商。为了进一步规范交易,芝加哥期货交易所于1865年推出了标准化期货合约,这是现代意义上的期货交易发展过程中的第一个里程碑。同年,芝加哥期货交易所又开始实行保证金制度,为交易者买卖的合约提供履约担保。保证金制度的实施消除了交易双方不按期履约而产生的诸多矛盾,这被称为期货交易发展过程中的第二个里程碑。1883年,为了处理日趋复杂的结算业务,交易所成立了结算协会,专门对会员的交易进行结算,结算体系的出现使现代期货交易机制完善起来,这被称作期货交易史上的第三个里程碑。

衍生金融工具市场的井喷式发展开始于20世纪70年代,如利率期货、外汇期货、期权、互换等重量级的衍生产品都产生于这一时期。这并非偶然,而是这一时期特殊的经济、金融背景催生的结果。衍生金融工具市场是顺应避险的需求而产生的,因而风险越大的时期就越容易催生出衍生金融工具。20世纪70年代,利率、汇率、通货膨胀率等关键性变量陷入动荡不定的状态,从而使金融市场的风险迅速增加。从通货膨胀率来看,石油输出国组织在成立之后开始上调油价,而石油是主要工业国家的命脉。油价的攀升引发了以石油为原材料的相关产成品的价格上升,并进而扩散为全球性的成本推进型通货膨胀。因此,在20世纪70年代,主要西方工业国都经历了较为严重的通货膨胀,物价变得极不稳定。通货膨胀通常伴随着利率的上升,再加之20世纪60年代西方货币学派开始兴起,并在70年代对西方国家的领导人产生影响,西方国家普遍以货币供应量取代利率作为政府的中介目标,放松对利率的管制,利率变动更加频繁。从汇率来看,1973年布雷顿森林体系崩溃后,以美元为中心的固定汇率制度解体,各国开始实行浮动汇率制度。因此,此前一直处于蛇形浮动状态的汇率在这一时期开始了剧烈波动。综上所述,20世纪70年代利率、汇率、通货膨胀率风险的显著增加,导致对相应避险工具的需求更加迫切,因而催生出诸多新型的衍生金融工具。20世纪80年代之后,西方主要国家逐渐放松了对金融领域的管制,衍生金融工具市场获得了更加宽松的发展空间,开始迅猛增长。20世纪90年代末,信用衍生产品,如债务抵押债券(CDO)、信用违约互换(CDS)等开始快速发展,成为这一时期最为抢眼的亮点。2000年,信用衍生产品合约的总面值仅为8 000亿美元,而到2007年6月,已增至42万亿美元。2008年的次贷危机打断了这一迅猛的发展势头,但是在危机后,全球衍生品市场开始迅速恢复。2008—2011年,期权期货"全球交易总额增长了60.9%,增长的部分大多来自一些不受或较少受到2008年和2009年危机影响的、逐年增长的新兴市场,如巴西、中国、印度和俄罗斯"。根据美国期货业协会的统计,2021年全球期货与期权成交量为625.85亿手,同比增加33.68%,成交规模大幅增长。其中,金融类衍生品总成交量为519.92亿手,同比增加39.70%,占场内衍生品总成交量的83.07%;商品类衍生品总成交量为105.93亿手,同比增加10.37%,占场内衍生品总成交量的16.93%。

二、衍生金融工具市场发展的新趋势

近年来,随着市场交易规模的增长和市场结构的变化,全球衍生金融工具市场中的产品、交易者、组织者(交易所)、中介机构、技术支撑和监管政策等方面都呈现出新的发展趋势。

(一)场内交易的产品设计更为丰富多样

为了满足市场风险管理的需要,期货与期权市场自诞生之日起就在不断丰富产品种类,从合约标的的演进历程看,国际期货市场的场内交易大致经历了农产品期货、工业品期货和金融期货三个主要阶段;场内期权市场诞生较晚,合约标的的演进顺序是先金融标的再商品标的,与期货有所不同。目前,主要场内市场已上市的期货合约大都配有相应的期权合约,而新上市合约则多为期货合约和期权合约同时推出。从近年情况看,合约标的的创新层出不穷,各类价格指数、碳排放权、海运协议等标的新气未脱,房产所有权等新标的又接踵而至,合约产品丰富,多元化特征显著。国际上,期货与期权合约的创新途径主要有三个:一是复制其他市场已有的较活跃的合约,如伦敦金属交易所推出中国活跃的钢材系列品种(铁矿石、焦煤、热轧卷板)和贵金属系列品种(黄金、白银、钯金、铂金等);二是推出创新性标的产品,如芝加哥商品交易所推出黄金/白银比率期货、印度商品交易所推出钻石期货等;三是场外市场场内化,带来创新产品,如洲际交易所(ICE)和芝加哥商品交易所推出的"互换交易"。互换交易通常是场外交易,其合约不具备高度标准化的特征。美国《多德-弗兰克法案》要求将场外交易的互换产品转入清算所或交易所内进行清算,由此可形成一种标准化程度较高的清算互换合约。该类合约可在提交给清算所或交易所进行集中清算时,拆分成两个分别以清算所或交易所为中央对手方的清算互换合约,即"互换交易"。

(二)交易所国际化由跨国并购为主转为多种方式并举

20世纪70年代,为了增强自身竞争力,主要市场经济国家的交易所掀起了国内并购浪潮,整合资源,发展壮大。进入21世纪,随着经济全球化进程的不断加快,国际主要交易所积极实施跨国并购,提高跨区域服务能力,以满足实体经济在全球范围内进行风险管理的需求,同时也为自身开辟了多地区收入来源。CME、纽约泛欧证券交易所(NYSE Euronext)、纳斯达克OMX集团(Nasdaq OMX)、ICE等巨头都是通过跨国并购快速发展起来的。这些交易所的规模扩张速度均高于同期国际平均水平,在节省运营成本和提高盈利能力方面成效显著。其中,ICE更是通过跨国并购在短短10余年的时间里快速成长为跨欧美亚等多个地区、居全球第三的综合性衍生品交易所。

当前,期货交易所的跨国并购已经从以欧美地区为主逐步拓展到新兴市场国家,不仅如此,除了跨国并购方式之外,相互参股、引进境外机构投资者、跨境新设、跨境联网、平台互换等方式也已经成为期货交易所国际化的常用手段,以实现市场融合、互联互通。例如,2016年,新加坡交易所(SGX)收购波罗的海交易所(Baltic Exchange),实现新加坡和伦敦两个国际航运中心的优势互补;2017年2月,巴西证券期货交易所(BM&F

Bovespa)收购秘鲁利马证券交易所(Bolsa de Valores de Lima)8.59%的股份,巴西证券期货交易所还持有智利、哥伦比亚和墨西哥等多个交易所的股份;2017年3月,印度证券交易委员会(SEBI)宣布,印度商品衍生品交易所将逐步引入外国投资基金、资产组合管理服务机构、共同基金、银行和保险公司等境外机构投资者;2017年10月,SGX在芝加哥成立了北美地区首家代表处以扩大欧美地区业务;2017年11月,香港交易所(HKEX)旗下的香港联合交易所(SEHK)和香港期货交易所(HKFE)在新加坡开设了办事处。

(三)机构投资者的市场参与度稳步提升

机构投资者通常具有雄厚的资金实力、较强的风险承受力和较高的专业水平,是国际衍生品市场稳定运行的重要力量。机构投资者主要包括生产加工商、流通贸易商、金融机构(如银行、保险公司)、基金(如养老基金、商品投资基金)等。近年来,机构投资者的市场参与度稳步提升。国际掉期与衍生品协会(ISDA)发布的调查报告显示,2008年,世界500强企业中,有94.2%的企业都在利用金融衍生品进行风险管理,比2002年提高了4个百分点。其中,加拿大、法国、英国、日本和新西兰的企业均使用了衍生金融工具,德国、美国的企业使用衍生金融工具的分别占97%、92%,而中国的企业仅占62%。另据美国商品期货交易委员会(CFTC)的数据,近10余年来,美国机构投资者合约持仓量已占总持仓量的80%以上。其中,2016年,美国的银行在期货、期权合约上的持仓量分别达到4 970万手和3 522万手,同比分别增长10.2%和18.2%。

(四)中介机构集中度提高和业务多元化发展

美国期货中介机构主要包括期货经纪公司(FCM)、介绍经纪人(IB)、商品基金经理(CPO)和商品交易顾问四类。其中,FCM是最主要的期货中介机构,相当于我国的期货公司。近年来,为了降低经营成本和获得规模经济效益,FCM之间不断并购重组,行业集中度持续提高。根据CFTC的数据,截至2021年12月,注册登记的FCM为61家,较21世纪之初最多时的近170家,下降近2/3。然而,美国期货客户保证金规模近年来保持增长态势,截至2017年年底,客户保证金达到1 877亿美元,较10年前同比增长10.7%,较5年前同比增长6.8%。截至2017年底,前5名FCM的客户保证金占美国期货保证金总额的比例超过50%,前10名占比超过70%。

多年来,美国客户保证金规模排名前20的FCM相对稳定,它们的共同特点是业务多元化、差异化发展,盈利渠道较多。这20家FCM大致可以分为两类:一是银行系FCM。由于2003年美联储准许商业银行从事商品业务,一些综合性投资银行,如高盛、摩根大通、美林、德意志银行等,或者成立专门的期货业务部门,或者收购现有的期货公司,并依托自己全方位的金融服务能力,为客户提供经纪、自营、结算、代客理财、基金管理、投资顾问以及融资等服务,快速扩张全球期货业务。二是专业型FCM。这类FCM以亚达盟(ADM)期货、福四通(FCStone)期货为代表,都有现货企业背景,是专业从事商品交易风险管理的公司。但是,它们的业务除了风险管理,还依托其现货业务背景为客户提供融资、仓储、物流和贸易等服务。

（五）区块链等新技术成为期货与期权市场发展的新驱动力

20世纪中叶，第一台电子计算机的问世将期货与期权市场带入IT时代，电子交易逐步引入期货业，成为市场发展的主流。20世纪90年代，互联网的兴起推动期货交易所搭建电子交易平台，充分利用互联网或移动终端汇集用户进行交易，实现了又一次行业革命。近年来，以"区块链+"的方式促进云计算、大数据、移动互联网等新一代信息技术的发展，成为公认的重大突破性技术。区块链是分布式数据存储、点对点传输、共识机制、加密算法等技术的集成应用，可去中心化地完成金融衍生品交易中的数据存储、交易、清算和监管等过程，大大降低交易成本和合规成本，是金融发展的新方向和市场发展的新驱动力。纳斯达克证券交易所于2015年年底就宣布其通过基于区块链的交易平台Linq完成了首个证券交易。全球最大的区块链联盟R3（包括70余家国际大型金融机构）正与英国巴克莱银行、ISDA共同开发区块链平台Corda，并开始尝试使用"智能合同"和区块链技术交易金融衍生品。

（六）市场监管趋严促进风控体系升级

2008年全球金融危机之后，欧美等主要经济体分别出台了严厉的监管法案，扩大金融市场监管范围，升级风险防控体系，提高系统性风险防范能力。具体来看，美国于2010年7月通过的《多德-弗兰克法案》堪称美国历史上最严格的金融监管改革法案。该法案要求实施对场外衍生品市场的全面监管，指令银行逐步剥离各类商品、股票以及未清算的信用违约掉期交易等，并且提高了金融衍生品交易公司在保证金、资本比例、职业操守以及交易记录等方面的要求。按照该法案的规定，美国专门成立了金融稳定监督委员会，推进信息收集与共享，识别危及美国金融稳定的各类风险，促进金融市场的自我约束，防范系统性风险发生。同年9月，欧洲议会通过了《泛欧金融监管改革法案》，构建了由欧洲系统性风险管理委员会、欧盟银行业监管局、欧盟证券与市场监管局和欧盟保险与职业养老金监管局组成的"一会三局"监管新体系。自此，欧盟可对保险业、银行业以及金融交易活动实施分业监管，进一步扩大了监管覆盖面，并从全局控制欧盟信贷总体水平，防止泡沫出现；同时，严密监测金融市场上可能会出现的各种风险并及时发出预警。

第五节　我国的衍生金融工具市场

一、期货市场

期货市场是我国目前发展得最好的衍生金融工具市场。中华人民共和国成立前，我国期货市场已有一定程度的发展，中华人民共和国成立后，所有的金融交易市场全部关闭。

（一）快速扩张阶段

1990年10月12日，商业部和河南省政府在郑州联合开办了中国第一家引进期货机制的全国性粮食批发市场——郑州粮食批发市场，这是郑州商品交易所的前身。1991年

6月10日,深圳建立起中国第一家以标准期货合约为主要交易对象的有色金属交易所。1992年1月18日,深圳有色金属交易所正式营业。这标志着中国期货市场正式进入试点发展阶段。1992年5月28日,上海金属交易所也正式开业。伴随着期货市场的成长与发展,中国期货经纪业迅速崛起。1992年12月22日,中国第一家期货经纪公司广东万通期货经纪公司在广东正式开业。同年12月28日,由国家物资部、商业部等联合组建的中国国际期货经纪有限公司也在北京宣告成立。截至1994年年底,我国共建成期货交易所50余家,拥有会员单位3000余家,开发了近50个可以进行期货交易的上市品种,共有1000余家期货经纪机构相继成立。期货市场的迅速扩张与无节制扩充导致期货市场违规事件不断发生。

(二)第一次规范整顿阶段

为抑制期货市场的盲目发展与过度投机,国务院于1993年11月4日发布了《国务院关于坚决制止期货市场盲目发展的通知》。这标志着中国期货市场进入规范的调整阶段。中国证监会按照国务院"规范起步,加强立法,一切经过试验和严格控制"的原则,对中国期货市场进行规范。

1. 清理整顿期货交易所

将50余家期货交易所缩减为14家。清理缩减期货上市交易品种,只批准铜、铝、胶合板、绿豆、橡胶等9个品种在交易所挂牌交易,同时允许少数品种试运行交易。要求期货交易所进行会员制改革,将由部门、地方政府或少数企业出资兴办的期货交易所改为会员共同出资、共担风险、实行自律管理的非营利性组织。

2. 暂停一批品种的期货交易

1994年以后,中国暂停了钢材、白糖、煤炭、籼米、石油和国债等19个品种的期货交易,制止以中远期合约交易为名的期货交易。

3. 清除境外期货交易和外汇按金交易

制止境外期货代理业务,停止各期货经纪公司、非银行金融机构和各类咨询公司开展的外汇期货及外汇按金交易。对期货经纪业务实行许可制度。在以后的几年中,中国证监会遵循"法制、监管、自律、规范"的方针,进一步强化对期货市场的监管。

(三)第二次规范整顿阶段

1998年,中国又将14个期货交易所撤并为上海、郑州、大连的3个期货交易所。将上市运行的商品期货合约确定为铜、铝、天然胶、籼米、胶合板、大豆、豆粕、啤酒大麦、绿豆、小麦、花生仁、红小豆共12个品种。

(四)规范发展阶段

经过进一步整顿的中国期货市场进入规范发展的新阶段。2006年9月8日,中国金融期货交易所成立。2010年4月16日,该交易所推出沪深300股指期货,开启了我国金融期货时代。2013年9月6日,在暌违市场18年后,国债期货这一具备重大功能的关键品种从尘封的中国金融衍生品历史中涅槃重生,首批5年期国债期货在中国金融期货交易所正式开盘交易。之后,中国金融期货交易所于2015年4月16日再次推出上证50股指期货与中证500股指期货,并分别于2015年3月20日与2018年8月17日推出了10年期国债期货与2年期国债期货。同时,商品期货市场也获得良好发展,截至2018年10月,3个商品期货交易所的商品期货合约从12个品种发展到50个品种,广泛涵盖农业、化工、金属、能源等多个领域的大宗商品,交易金额也不断增长。特别值得注意的是,2017年3月31日、2017年4月19日、2018年9月21日,3个商品交易所分别推出了以相应期货合约为标的的豆粕期权、白糖期权、铜期权。这对于风险管理以及我国衍生品市场功能的完善有着十分重大的意义。目前,我国内地共有5家期货交易所,各交易所的情况如表1-1所示。

表1-1 我国内地期货交易所一览表

期货交易所	成立时间	主要交易品种	发展方向
郑州商品交易所	1990年10月12日	期货:普通小麦、优质强筋小麦、早籼稻、晚籼稻、粳稻、棉花、棉纱、油菜籽、菜籽油、菜籽粕、白糖、苹果、红枣、动力煤、甲醇、精对苯二甲酸(PTA)、玻璃、硅铁、锰硅、尿素、纯碱、短纤、花生 期权:白糖、棉花、PTA、甲醇、菜籽粕、动力煤、菜籽油、花生	建设成为比较完善的集农产品、工业品及各类指数于一体的综合性、现代化期货市场
上海期货交易所	1990年11月26日	期货:铜、铜(BC)、铝、锌、铅、镍、锡、黄金、白银、螺纹钢、线材、热轧卷板、不锈钢、原油、低硫燃料油、燃料油、石油沥青、天然橡胶、20号胶、纸浆 期权:原油、铜、铝、锌、螺纹钢、黄金、白银、天胶	建设成为一个在亚太地区以基础金属、贵金属、能源、化工等大宗商品为主的期货市场
大连商品交易所	1993年2月28日	期货:玉米、玉米淀粉、黄大豆1号、黄大豆2号、豆粕、棕榈油、纤维板、胶合板、鸡蛋、粳米、聚乙烯、聚氯乙烯、聚丙烯、焦炭、焦煤、乙二醇、苯乙烯、液化石油气、铁矿石、生猪、豆油 期权:豆粕、玉米、铁矿石、液化石油气、聚乙烯、聚丙烯、棕榈油、黄大豆1号、黄大豆2号、聚乙烯、豆油	多元、开放、国际一流的衍生品交易所
中国金融期货交易所	2006年9月8日	期货:沪深300股指、中证500股指、中证1000股指、上证50股指、2年期国债、5年期国债、10年期国债 期权:沪深300股指、中证1000股指、上证50股指	金融类期货交易所

续表

期货交易所	成立时间	主要交易品种	发展方向
广州期货交易所	2021年4月19日	期货：工业硅 期权：工业硅	创新型期货交易所，未来上市品种包括：碳排放权、电力类；中证商品指数、能源化工、饲料养殖、钢厂利润等商品指数类；工业硅、多晶硅、锂、稀土、铂、钯等绿色低碳类；咖啡、高粱、籼米等特色类；国际市场产品互挂类

资料来源：各期交所网站（截至2022年12月31日）。

二、权证市场

我国权证市场的发展可谓"两起两落"，每次发展都如昙花一现。

（一）1992—1996年

这一阶段，我国开始尝试发展权证市场，先后在深圳证券交易所和上海证券交易所推出了飞乐权证、保安权证、金杯权证等。由于定价和机制设计上的不合理以及投资者的认识不足，大多数权证市场反应平淡。1996年6月底，证监会终止了权证交易。

（二）2005—2011年

在淡出人们的视线9年多后，权证利用股权分置改革的机会卷土重来。这次，权证作为股权分置改革的对价支付手段重新进入交易所交易。在此期间，几个标志性事件如下。

(1) 2005年8月22日，第一只股改权证宝钢认股权证在上海证券交易所挂牌交易。
(2) 2005年11月，第一只认沽权证宝钢认沽权证在上海证券交易所挂牌交易。
(3) 2005年11月，交易所允许券商无限创设权证。
(4) 2011年11月，深沪两市最后一只权证长虹CWB1迎来最后交易日。

在此期间，利用权证进行炒作的各类违规案件层出不穷。上海证券交易所共实施权证临时停牌16次，异常交易调查217起，发出警示函、监管问询函、监管关注函90份，先后有223个异常交易账户被限制交易。

随着最后一只权证长虹CWB1最后交易日的结束，作为股改手段的权证完成了它的历史使命，再次退出了我国金融衍生品市场的舞台。

三、期权市场

我国的期权市场分为场内期权市场与场外期权市场。

场内期权的第一个品种是2015年2月9日在上海证券交易所上市交易的上证50ETF期权，首批上市交易的上证50ETF期权有认购、认沽两种类型，属于欧式现货期权，有4个到期月份、5个行权价格、合计40个合约。之后，如第一节所述，三大商品交易所又分别推出了豆粕期权、白糖期权与铜期权,这三者不同于上证 50ETF 期权的是,它们都是期货期权,其中前两个品种是美式期权,后一个是欧式期权。

场外期权是指在非集中性的交易场所进行的非标准化的金融期权合约,是根据场外双方的洽谈,或者中间商的撮合,按照双方需求自行交易的金融衍生品。2013 年 8 月,国内首只券商场外期权在推出后总体发展平稳。自 2017 年以来,名义本金和交易笔数均呈现加速增长态势。中国证券业协会数据显示,截至 2021 年 12 月,证券公司场外期权存量名义本金 9 906.5 亿元,全年累计新增 36 310.66 亿元,同比增长 39.41%。其中,个股期权名义本金占比为 11.36%;股指类期权名义本金占比为 57.33%;商品类期权名义本金占比为 8.12%;其他类期权名义本金占比为 23.19%。我国目前主要场外期权挂钩标的包括商品、股指、ETF(交易所交易基金)、个股、部分境外标的等。敲入障碍期权与敲出障碍期权在场外期权中已经较为普遍。在实践中,路径依赖型期权在报价系统和券商柜台中非常普遍,典型的如单鲨型期权、双鲨型期权、亚式期权、回望期权等。

当前证监会体系下场外期权参与活跃度较高的机构主要有证券公司、期货公司及其风险管理子公司、私募基金等,其中前两类机构最常承担场外期权创设方、做市商的角色。同时,我国券商发行场外期权的集中度高达 90%以上,我国场外期权的发行多是集中在几家规模较大的券商,包括平安证券、中信证券、中信建投、招商证券、国信证券、申万宏源等,场外期权业务的市场化程度较低,存在信息不对称。从场外期权购买方的角度来看集中度,商业银行与私募基金是场外期权的主要交易机构。

四、利率衍生品市场

我国利率衍生品目前有债券远期、人民币利率互换以及远期利率协议几个品种。

案例分析 1-2　外汇期权的避险作用

我国利率衍生品市场发展比较滞后,其根本原因是利率衍生品必须在利率市场化的环境里才能得到较好发展,而我国利率在相当长时期内都受到了严格管制。但自 2005 年以来,我国利率市场化改革已取得了重大进展。2005 年 3 月 17 日,我国又进一步放开金融机构同业存款利率,标志着我国利率已逐渐由市场供求决定。2006 年 10 月,中国人民银行在银行间市场推出上海银行间同业拆放利率(Shibor),旨在构建中国货币市场基准利率,将利率市场化向前推进了一步。2013 年与 2015 年,中国分别完成了贷款利率与存款利率的市场化。伴随着利率市场化的过程,我国利率衍生品也逐步发展起来。

我国的利率衍生品市场包括场内与场外两种形式。场内市场主要是指中国金融期货交易所,现在已经有 2 年期、5 年期与 10 年期三种期限的国债期货在中国金融期货交易所进行交易。至于利率衍生品的场外市场,2005 年 6 月 15 日,中国人民银行在银行间债券市场正式推出债券远期交易,标志着我国首个场外人民币衍生品正式诞生。当日,中国工商银行与兴业银行达成了首笔债券远期交易,开启了我国场外利率衍生品市场的先河。2006 年 1 月 24 日,人民币利率互换交易试点启动,国家开发银行与中国光大银行完成首笔 50 亿元人民币利率互换交易,拉开了我国人民币利率互换市场的历史序幕。2007 年 11 月 1 日,远期利率协议业务正式推出,进一步丰富了我国的金融衍生品。

一直到 2010 年,远期利率协议市场交易都不够活跃,交易量没有取得突破。自 2011

年以来,交易量急剧下降,甚至在 2014—2015 年无交易发生。

2021 年,银行间本币衍生品市场共成交 21.4 万亿元,同比增长 6.5%。其中,利率互换名义本金总额 21.1 万亿元,同比增长 7.5%;标准债券远期成交 2 614.8 亿元,信用风险缓释凭证创设名义本金 295.2 亿元,信用违约互换名义本金 36.3 亿元。国债期货共成交 27.5 万亿元,同比增长 4.3%。互换利率有所下降,2021 年末,1 年期 FR007 互换利率收盘价(均值)为 2.21%,较 2020 年末下降 27 个基点;5 年期 FR007 互换利率收盘价(均值)为 2.56%,较 2020 年末下降 28 个基点。

五、汇率衍生品市场

我国的汇率衍生品市场包括多种工具,现在市场上交易的品种有人民币外汇远期、人民币外汇掉期、人民币外汇货币掉期、外汇期权等产品,形成了我国外汇市场衍生品结构体系。可交易超过 30 种发达和新兴市场货币,涵盖了我国跨境收支的主要结算货币。

2005 年 8 月 2 日,中国人民银行发布《中国人民银行关于扩大外汇指定银行对客户远期结售汇业务和开办人民币与外币掉期业务有关问题的通知》,允许银行间债券市场开展人民币与外汇掉期交易业务。2005 年 8 月 8 日,中国人民银行发布《中国人民银行关于加快发展外汇市场有关问题的通知》,据此,银行间市场推出了远期外汇业务,诞生了首款国内人民币外汇衍生品。因为在风险管理成本上的比较优势,人民币与外汇掉期业务一经推出便受到了普遍欢迎。

2007 年 8 月,中国人民银行发布了《中国人民银行关于在银行间外汇市场开办人民币外汇货币掉期业务有关问题的通知》,允许银行间市场开展人民币外汇货币掉期业务。由于涉及利息交换,产品结构复杂,该业务推出后很长时间无人问津,直到 2011 年才实现零的突破。

2011 年 2 月,国家外汇管理局发布了《国家外汇管理局关于人民币对外汇期权交易有关问题的通知》,在银行间市场历史性地推出了人民币对外汇的期权交易。此后,为满足经济主体汇率避险的多样化需求,国家外汇管理局于 2011 年 11 月出台了《国家外汇管理局关于银行办理人民币对外汇期权组合业务有关问题的通知》,对商业银行办理人民币对外汇期权组合业务进行了明确。

2014 年 6 月,国家外汇管理局在《国家外汇管理局关于印发〈银行对客户办理人民币与外汇衍生产品业务管理规定〉的通知》(汇发〔2014〕34 号)中明确,银行可以基于普通欧式期权,为客户办理买入或卖出期权业务,以及包含两个或多个期权的组合业务,放开了对企业实需项下卖出期权的限制,为人民币汇率双向波动时代的汇率风险管理提供了便利。

2018 年,在外汇掉期市场交易量及活跃机构数量稳步增长的前提下,境内货币掉期也得到了长足发展。外汇期权市场也交投活跃,波动率呈现出上涨后回落的态势,反映出市场对于汇率走势和波动的预期。

【本章知识点回顾】

由于衍生金融工具的内涵和外延都处于不断发展变化过程中,对其进行定义就成了一件具有挑战性的事。就目前而言,我们倾向于将其定义为其价值由其所依附的变量来决定的金融工具。较之于其他传统的金融工具,衍生金融工具具有复杂性、多样性、杠杆性和高风险性的特点。衍生金融工具的基本类型包括远期、期货、期权和互换等,但在基本类型之外还存在大量的变异品种。同传统的金融工具一样,衍生金融工具的交易市场也分为场外市场和场内市场。衍生金融工具的交易主体可按其交易目的的不同分为套期保值者、套利者和投机者,他们都是衍生金融工具市场必不可少的成分。衍生金融工具市场最重要的功能是价格发现和规避风险。

衍生金融工具市场早在古希腊时期就已萌芽。20世纪70年代,衍生金融工具市场开始了井喷式的发展。进入21世纪,包括中国在内的新兴国家的衍生金融工具市场开始崛起。

【思考与习题】

1. 什么是衍生金融工具的杠杆性?
2. 既然衍生金融工具具有规避风险的功能,为什么又说衍生金融工具市场具有高风险性呢?

【即测即练】

第二章

套期保值概述

本章学习目标：
1. 熟知套期保值的基本原则及交易方法，了解套期保值相关的案例及其方案的设计；
2. 理解与套期保值相关的现代组合投资基础理论，掌握期货价格形成的相关理论以及检验方法的运用。

套期保值（hedging）的本质是通过买卖金融衍生品，把现货交易面临的价格风险转移给衍生品市场，从而达到风险转移的目的。套期保值功能与价格发现功能密不可分，两者也是衍生品市场的基本功能，两者的相辅相成是市场存在和发展的基础。

第一节 套期保值的概念与基本原则

一、套期保值的基本概念

套期保值又称对冲或避险。广义的套期保值工具包括期货、期权、远期、互换等衍生产品，而狭义的套期保值工具仅指期货。本书主要讨论期货套期保值。

套期保值的概念最早由凯恩斯（Keynes，1923）和希克斯（Hicks，1946）提出和总结：套期保值就是同时买进（或卖出）与现货品种、数量相同但交易方向相反的期货合约，以便在未来某一时间再通过平仓获利来抵偿因现货价格波动带来的风险。企业通过套期保值，可以降低价格风险对企业经营活动的影响，实现稳健经营。

我国《企业会计准则第 24 号——套期会计》（自 2018 年 1 月 1 日起执行）给出的套期保值定义为：企业为管理外汇风险、利率风险、价格风险、信用风险等特定风险引起的风险敞口，指定金融工具为套期工具，以使套期工具的公允价值或现金流量变动，预期抵销被套期项目全部或部分公允价值或现金流量变动的风险管理活动。

二、套期保值的交易原则

由凯恩斯（1923）和希克斯（1946）提出的传统套期保值理论概述了套期保值的四条基本原则：种类相同或相关原则，数量相等或相当原则，月份相近原则，交易方向相反原则。

（一）种类相同或相关原则

种类相同或相关是指在进行套期保值交易时，现货和期货在种类上是相同的。因为相同种类的现货和期货价格变动更加一致,才能确保在期现市场上的盈利和亏损能够对冲。

但是在现实中,很多现货没有相对应的期货商品,如果想要对这种没有期货对应的现货商品进行套期保值的话,我们可以选择一些价格相关性较强的期货,也就是期现价格变动幅度较为紧密的替代物,这种套期保值策略我们称为"交叉套期保值"。在这种策略中,选择的替代物最好是该现货商品的替代商品,因为两种商品的相互替代性和套期保值的效果成正比。

(二)数量相等或相当原则

数量相等或相当原则是传统静态套期保值的核心原则。其具体是指买卖的期货规模必须与风险暴露商品或资产的规模相等或相当。传统套期保值观点认为,只有数量相等或相当,才能使一个市场上的盈利额与另一个市场上的亏损额相等或接近。

但在实际的套期保值过程中,除了数量相等或相当,还需要注意套期保值比率(hedge ratio,HR)的问题,不是只追求期现货的数量相等,要想达到最佳的套期保值效果,期货合约的总价值与所保值的现货合同总价值的比率要提前确定。

(三)月份相近原则

月份相近原则是指套期保值交易选择月份时,期货的交割月份一般选择现货交收月份的下一个月份或现货交收月份后的最近一个月份。例如,现货交收月份是8月份,则需要选择9月份交割的期货。如果交易所没有9月份交割的合约用于交易,则可以选择之后最近月份的合约开展套期保值交易。

需要注意的是,套期保值合约选择遵循月份相近原则,而不是月份相同原则。这是因为如果现货交收月份和期货到期交割月份一致,会使套期保值面临多种风险。例如,在交割月份期货持仓量大幅减少,价格波动剧烈,导致套期保值头寸面临平仓困难;进入交割月后保证金比例有较大提升,容易对企业造成现金流压力,还可能会发生被动交割。

(四)交易方向相反原则

交易方向相反是指,若持有现货的多头,则需要通过买入期货空头头寸来进行套期保值;若持有现货空头,则需要买入期货多头头寸。如果签订远期买入合同,则买入期货空头头寸对冲风险;如果签订远期卖出合同,则买入期货多头头寸对冲风险。

需要注意的是,对于一些企业来说,未来要买入现货,套保的手法就是买入期货。在此很难用方向相反原则进行简单的解释。为防止对初学者产生误导,这里可以用"交易方向正确"来替代"交易方向相反"这一说法。判断建仓方向正确与否,最简单的方法是判断所担心的风险暴露商品或资产的价格变化方向。若担心价格下跌会对现货头寸造成不利影响,就选择事先卖空期货的方式进行套保;若担心价格上涨会造成不利影响,就选择事先买入期货进行套保。基于这种思想,在套期保值实践中还形象地总结出了"预买""预卖"概念和交易思路。其含义是:当未来要购入现货时,往往担

拓展阅读2-1　尊崇科学的套保理念

心价格会上涨,为此可以预先买入期货(等套保周期结束时再平仓或者交割);当未来要出售现货时,往往担心价格会下跌,为此可以预先卖出期货(在套保周期结束时再平仓或者交割)。

三、套期保值的作用

无论是从国内还是从国外的期货市场的运行与发展来看,一个期货品种是否具有良好的套期保值功能都是它是否能够成功的关键。有关的管理机构,在审批期货品种的时候,首先考虑的也是该品种是否具有套期保值的社会需求,所以总结起来,套期保值有以下几个作用。

(一)规避现货价格波动带来的风险

期货市场对于套期保值的参与者来说最重要的功能就是实现价格风险的转移。套期保值者进行套期保值的最重要目的是进行保值,通过把自己的风险转移给投机者的方式来规避商品价格变动的风险,以保证自己的基本经营利润。虽然在期货市场中进行的保值并不能够完全抵消在现货市场上的风险,但是按照套期保值的基本方法,能够将两个市场上的盈亏锁定在一定的区域范围内,这可以帮助企业锁定生产的成本及价格,实现预期收益。

(二)方便现货交易

企业进行套期保值后,对商品的价格和实物的交割拥有了选择权。所以企业可以依据市场的行情和本公司的生产经营状况更加合理地购入和销售产品,更加灵活地安排运输、生产和储存等项目,这使得现货的交易更加便捷。

(三)有利于期货市场的价格发现

现货企业对判断某品类的市场情况一般拥有较为丰富的经验,所以它们对该品类价格的趋势变化也有着较为理性的分析。当该品类价格的变动对自己的生产经营不利的时候,企业可能就会考虑进行套期保值来规避风险。所以拥有较为丰富经验的企业,进入期货市场之后会使期货的价格更加可靠,这就强化了期货市场的价格发现功能、减少了投机行为,使期货市场的价格更加理性。

(四)有利于企业的稳定和灵活经营

企业在期货市场上进行套期保值可以锁定现货的价格,锁定生产的基本利润,从而保证其稳定经营。这样企业就不必担心现货价格时常波动、经营利润难以得到保证,因此,套期保值为企业放心地进行生产经营活动创造了稳定的环境。

期货市场具有价格发现功能。因此企业可以参考期货的价格,合理安排企业的生产活动,比如原材料的价格大幅上升的话,企业可以考虑减少采购量。

(五)拓展采购、销售渠道

期货合约有交割日,交割日到来时,交易双方就需要进行实物交割或对冲平仓。如果企业进行套期保值,它们就可以凭借交易仓单到交易所指定的交割仓库进行实物提取,而不用像现货买卖一样需要跟客户进行沟通。期货市场的这个机制,拓展了企业的采购和销售渠道。

(六)有利于经营者灵活管理资金

期货市场具有杠杆功能,交易者缴纳保证金即可进入市场撬动大量资产。因此,如果进行套期保值,企业就可以利用保证金在期货市场上控制商品的买卖,剩余的资金可以用于企业日常的生产经营。这样企业不但能够锁定产品的购买和销售,也能够更加灵活地自我管理,加速资金的流转。

(七)有利于提高经营者的信用程度和产品质量

交易者在进行期货交易时都会缴纳一定的保证金,作为其信用凭证。生产者在期货市场上进行套期保值时,也会支付一定的保证金,所以其信用程度将会更高,而且期货市场有其自己的规范,对交割品的品质、级别、规格、等级等有较高的要求,这能够引导企业提高产品的质量。

第二节 套期保值参与者与履约方式

一、套期保值的前提与参与者

(一)套期保值的前提

当企业在现货的生产、加工、贸易等环节上存在价格风险,而且这些风险将会持续严重地危害到企业的成本和利润时,企业就可以进行套期保值来规避价格风险。如果未来现货的价格会下跌,那将导致销售型企业的利润减少,企业就可以在期货市场上卖出期货合约锁定价格进行避险。如果未来现货的价格会上涨,就会增加加工型企业的生产成本,此时企业可以在期货市场上先买入套期保值合约,锁定原料的价格,避免现货价格上升导致的成本上升问题。企业进行套期保值避免价格波动风险的同时,也放弃获得更高收益的机会成本,这就是企业进行套期保值需要的代价。

(二)套期保值的参与者

生产者、加工者、贸易者、消费者都是套期保值的参与者。另外,银行、券商、保险公司等金融机构也可能参与套期保值。

通常参与套期保值的群体具有以下几个特点。

(1)价格的变动对于套期保值参与者的生产经营或投资活动是不利的,它会直接影响到企业的收益。

(2)套期保值的参与者进入市场主要希望规避价格变动的风险。

(3)通常套期保值者的生产经营或者是投资规模会比较大,如大规模的机构或是个人,而且通常具有一定的资金实力和实操经验。

（4）套期保值的参与者在进行套期保值时，一般不会随意变换头寸方向，也不会在较短的时间内进行交割或平仓。

二、对冲平仓与实物交割

对冲平仓是套期保值了结头寸的主要方式，这是因为企业进行套期保值，主要是为了避免现货市场价格波动的风险，而期货市场进行对冲平仓的反方向头寸刚好有这个功能。

除了对冲平仓，有的交易者也采取实物交割的方式了结头寸。因为期货市场套期保值交易有其自己的规章和制度，这有利于卖方及时收取钱款，也有利于买方安全地接到仓单，能够解决现场交易存在的三角债问题。

但是，套期保值不等于实物交割，它们的主要区别在于，期货市场上的套期保值者主要的目的是把期货合约当作一种避险工具，所以都采用了对冲的方式了结头寸，从而实现对于现货市场商品的保值，只有一小部分企业选择了实物交割。所以说套期保值并不等于实物交割，实物交割只是实现套期保值的一种途径。

企业选择对冲平仓或是实物交割的方式来了结头寸，主要是参考自身头寸的盈亏情况。如果采取实物交割的方式，卖出期货合约的生产或者流通企业，需要把货品运到期货交易所的指定仓库，把货品注册成标准仓单，完成卖出套期保值。如果是买入套期保值的消费型企业，就需要把钱款交到期货公司，最终在期货交易所完成票据的转换。

案例分析 2-1
外贸公司通过棕榈油期货来避免库存风险

通过实物交割来了结头寸，有三种方法：一是期货转现货，是由买卖双方约定在某一日期，通过商定价格进行交割，有标准仓单和非标准仓单两种方法；二是滚动交割，是指在交割月的第 1～9 个交易日内，由卖方提出滚动交割申请，买方按期付款，其中买方是按照最长买持仓原则进行配对的；三是一次性交割，是指在最后一个交易日，交易所集中对实物进行交割。

第三节　套期保值方案制定与操作管理

1973 年 4 月，中国粮油食品进出口总公司布置香港华润公司所属五丰行，尽快购买年内到货的原糖 47 万吨。当时国际市场砂糖货源紧张，价格趋涨。五丰行认为，如果我们立即大量购糖，必将刺激价格上涨，可能出了高价不一定能按时买到现货。为了完成购糖任务，五丰行委托香港商人出面，先在伦敦和纽约砂糖交易所购买期货 26 万吨，平均价格每吨 82 英镑左右；然后立即向巴西、澳大利亚、伦敦、泰国、多米尼加、阿根廷购买现货 41 万多吨，平均价格每吨 89 英镑左右。从 5 月 20 日开始，市场传说中国购入大量砂糖，纽约、伦敦砂糖市场大幅度涨价。然后，澳大利亚、巴西先后证实五丰行向它们购糖，市价又进一步上涨，至 5 月 22 日涨至每吨 105 英镑。五丰行因购买砂糖现货任务已完成，从 5 月 22 日起至 6 月 5 日将期货售出。除中间商应得费用和利润 60 万英镑外，五丰行还赚 240 万英镑。

资料来源：《陈云文选》。

从上述案例中我们已经能够看到一些套期保值方案设计的理念：在合理的市场行情

分析的基础上,五丰行制订了较为全面的操作计划,确定了套期保值的方向(买入套保),明确了套期保值的比率(期货只买了26万吨,并没有按照47万吨现货数量全部买进),并且在套保操作完成后,对于期货与现货联合操作的结果进行了评估。这是新中国成立以来第一个有记载的套期保值案例。

一、套期保值方案的制定

随着套期保值理论的不断发展和完善,现代的套期保值操作已经形成了较为成熟的模式和流程。其中,制定完善的套期保值方案是企业开展整个套保业务的一个核心环节。套期保值方案除了本案例中提到的套保比率等概念以外,还应包括详细的步骤、测算以及效果评价。下面就来看一下套期保值方案的设计过程。

(一)风险敞口的概念

企业进行套期保值躲避的风险敞口主要针对的是价格风险,也就是说,套期保值解决的是企业所面临的价格风险问题。因此,要进行套期保值,首先应该确定企业的风险敞口。

风险敞口,是指暴露在外未加保护的、会对企业的经营产生消极影响的风险。有些人以为亏钱就是风险,挣钱就没有风险。实际上真正风险的概念并非如此。风险不能用盈亏来判定,它是一种不确定性:一是不确定什么时候要发生,二是不确定其发生之后的影响有多大。

(二)企业风险敞口的分类

企业的风险敞口分为单向敞口与双向敞口。单向敞口,是指企业的原材料或产品中,只有一方面临较大的价格变动风险,而另一方的价格较为确定。双向敞口则是指原材料和产品都面临较大的价格波动风险。

就生产型企业而言,企业面临的主要价格风险点包括以下几个方面。

(1)原材料价格上涨。在签订了销售或生产合同并锁定交货价格后,企业采购原材料的成本将直接影响到销售利润。

(2)产成品价格下跌。产品的生产需要一定的周期,在这个过程中,产成品可能面临价格下跌的风险,从而降低企业利润。

(3)库存产品价格下跌。大部分企业都有一定的库存保有量,产品售出之前,都会面临跌价的风险,导致企业预期利润降低或亏损。2008年金融危机时,大量尚在海运途中的大豆、金属等商品还未运到港口价值已经跌去了大半,企业损失惨重,有些甚至破产。

(三)依据企业类型识别风险敞口

企业的风险敞口和企业的类型有很大的关系。从整个产业链的角度,企业可以分为生产型、加工型、贸易型和消费型四类基本形式。下面我们具体来看一下这四类不同企业的风险敞口。

在整个产业链中,生产型企业负责原材料的生产,上游风险较小,主要风险点在于产品跌价,属于单向敞口中的上游闭口、下游敞口型。例如,矿山是比较典型的生产型企业,铜矿企业担心铜跌价,铁矿企业担心铁矿石跌价。农产品也是同理,大豆、玉米、小麦的种植方都担心农作物上市的时候价格下降,收益减少。

加工型企业同贸易型企业类似,也属于双向敞口。例如,油脂加工企业在美国买大豆,在中国生产豆油和豆粕,需要规避大豆采购价格上涨以及豆油、豆粕销售价格下跌的风险。2017年上半年,中国进口了2900万吨大豆,平均加工1吨亏损200~300元,最高500元。其原因就是芝加哥大豆价格坚挺,而国内由于政府控制小包装油零售价格致使豆油不能涨价。豆粕方面,2019年猪肉价格奇高,豆粕价格理论上应该跟涨,但实际上生猪太少,导致豆粕的总体消费减少,价格也一直在低位徘徊。

货物的涨跌对贸易型企业都有影响。采购货物时价格上涨会导致采购成本上升,当出售货物时其价格下降又会导致销售利润减少。由此看来,贸易型企业在产业链的上下游都有风险,这种情况就属于双向风险敞口类型。

消费型企业的风险主要来自上游的采购成本,因此属于下游闭口、上游敞口的类型。例如食品生产企业,其产品的零售价格较为稳定,但是其原材料比如蔗糖等波动幅度比较大,如何控制原材料的成本就成为各企业增强市场竞争力和扩大经济规模的关键因素。

对于大型企业而言,其业务范围较广,可能会覆盖上、中、下游各个领域,对其单一领域的分析很难梳理清楚,可以先梳理每个业务单元的风险点再进行整合后共同分析。例如:中粮粮油工业有限公司(简称:中粮粮油)是贸易型企业,有小麦、玉米等;中国粮油控股有限公司(简称:中国粮油)是加工型企业,可进行油脂加工、玉米加工、啤酒麦芽加工、面粉和大米加工等;中国食品有限公司(简称:中国食品)是消费型企业,品牌有金帝巧克力、五谷道场、长城酒等。

确定了企业类型及其对应的风险敞口后,我们就可以对症下药,对不同的企业采取不同的套期保值方式。上游闭口、下游敞口的企业,可以采取卖出保值的措施;上游敞口、下游闭口的企业,可以采取买入套保;而对于双向敞口的企业,可以根据不同时期不同风险点进行具体分析,既需要买入套保,也需要卖出套保。

(四)风险敞口的量化

对风险敞口进行定性分析确定企业的套期保值方向后,接下来,需要对风险敞口进行量化,即定量分析。只有通过定量分析,才能够对企业的风险承受能力进行具体的衡量,根据其风险的承受能力和所面临的风险大小,采取具体的措施。

例如,企业的经营毛利润为10%,原材料对利润影响的占比为1%,企业对风险进行量化之后,认为原材料价格影响不大,可以不进行保值操作。需要注意的是,量化后的风险对企业经营的影响程度要视每个企业的状况而定,不能生搬硬套。而且,不同的时期,对同一个企业的影响程度也会不同,需要及时调整。

量化风险的手段和工具有很多,从风险管理概念开始为企业所熟知以后,使用过的量化工具包括VaR(value at risk,风险值)法、敏感性分析法、压力测试、波动率分析法等。

(1) VaR法。VaR是指在一定概率水平（置信度）下，资产组合在未来特定一段时间内的最大可能损失。在历史模拟法、蒙特卡洛模拟模型等基本模型的基础上，新型的VaR模型应用领域不断扩展，VaR风险管理模型以其对资产组合风险衡量的科学、实用、准确和综合的特征受到了国际金融界的普遍欢迎。

(2) 敏感性分析法。敏感性分析是指从定量分析的角度研究有关因素发生某种变化对某一个或一组关键指标影响程度的一种不确定分析技术，其实质是通过逐一改变相关变量数值的方法来解释关键指标受这些因素变动影响大小的规律。

(3) 压力测试。压力测试是指将被测主体置于某一特定的（主观想象的）极端市场情况下，分析评估风险管理模式或内控流程的有效性，发现问题，制定相应措施，防止出现重大损失事件。如假设某一货币突然贬值40%，来测试该主体是否经受得起这种市场的突变，并对测试结果进行评估、制定应对方案。

(4) 波动率分析法。在各种量化风险的方法中，波动率分析法是最常用的几种方法之一。下面我们就以波动率分析法为例，对企业的风险量化过程做一个较为细致的剖析。

波动率是指商品或金融资产等的价格在某一段时间内的波动幅度，可以通过标准差等方法进行测算。波动率的大小受商品本身的特性、定价方式、外部市场环境、公众投机需求以及经济周期等因素影响。进入21世纪，大宗商品的价格波动越来越大，且越来越频繁，商品真实价格的波动周期呈现缩短的趋势。通过路透CRB（美国商品调查局）商品指数对过去100多年的资源类商品价格的观察可知，在1913年以前，商品价格的年度波幅一般小于20%，而在1913年以后，年度波幅超过20%的情况发生了多次，尤其是1970年以后，价格的剧烈波幅越来越明显，且呈现扩大的趋势。

受全球金融危机影响，商品在2008年的价格波动幅度最大，最高波幅超30%。在此过程中，相当一部分企业无法承受产品价格的下跌而最终走向破产；相反地，一些企业在期货市场上利用套期保值规避价格下跌的风险，从而在风暴中一举击败竞争对手占据了行业龙头地位。

下面，我们通过一个具体的案例，来解读如何利用波动率工具量化企业面临的某一个风险敞口。

案例 2-1

S企业是一家饲料加工企业，根据年度采购计划，2018年全年需要采购豆粕3 000吨。假设2018年初豆粕价格为3 000元/吨，豆粕现货价格的年均波动率为28%，则企业面临的风险敞口为：3 000吨×3 000元/吨×28%＝2 520 000元。

假设企业毛利率为10%，年度饲料产量为5 000吨，平均售价为5 000元/吨，则企业利润为5 000吨×5 000元/吨×10%＝2 500 000元。如果企业的毛利率不变，原材料豆粕的价格保持稳定或者下跌，企业是可以有额外盈利的，在这种情况下，企业可以不参与保值；然而，价格变幻莫测，一旦原材料豆粕的价格上涨，根据年均波动率28%计算（一段时间内价格波动率可能低于也可能高于28%），企业采购成本将上涨接近260万元，直接超过企业250万元的日常经营毛利润，导致亏损。对风险量化的结果进行综合考虑后认为，该企业原材料价格变动会对企业经营利润产生较大的威胁，超出企业日常风险承受能力的范围，应该合理利用期货市场规避经营风险，稳定赚取加工利润。

二、保值方案要素的确定

案例分析 2-2
套期保值的方法

一份合格的套期保值方案,至少应该包括以下几个部分:市场分析、保值方向、合约选择、套期保值比率、出入场点、保证金需求测算、移仓策略及交割流程;如果涉及期转现或交割环节,还应该包括交割或期转现的具体操作流程。下面我们以期货为例,来逐一看一下其中的各项保值要素。

(一)市场分析

在确定企业的套期保值具体操作方案时,应对目前的市场环境做一个细致的分析,包括宏观经济形势分析、行业当前状况分析、企业经营状况分析、品种行情分析及走势预测。

1. 宏观经济形势分析

宏观经济形势是企业赖以生存的大环境,当前全球经济联系日益紧密,在分析时不应只考虑到国内的情况。2009—2012年,欧洲债务危机不断,美国经济复苏前景低迷,中国的出口经济受到较大影响,同时欧美无节制地量化宽松,导致全球货币泛滥,大量热钱因人民币升值预期涌入中国,国内通货膨胀加剧,企业原材料价格不断上涨,使每一个企业面临经营利润下降的惨淡局面。因此,宏观环境的好坏与企业的发展息息相关。对于宏观层面的分析,应密切关注对全球经济有重大影响的几个重要经济体的状况、全球重要经济指标以及重大事件的发生和进展。

2. 行业当前状况分析

行业当前状况分析是指对企业所处的行业状况的分析。每个行业都有自己的独特之处,如行业集中度、产品定价方式、生产布局、物流状况、生产周期等,每一个特点都会影响甚至决定套期保值方案的要素。以行业集中度为例,白糖的生产集中在几个大的糖厂手中,它们掌握着定价权,风险相对较小;然而锌的生产集中度很低,大多数为中小型矿山和冶炼厂,分布也较为松散,它们是价格的被动接受者,承担着较高的经营风险。后者套期保值的必要性要高于前者,且由于经营规模相对较小,流动资金可能不是特别充足,在套期保值方案的设计过程中,更应该注重保证金需求测算等环节,防止由于价格的波动而无法补足保证金被交易所强行平仓。

3. 企业经营状况分析

企业经营状况分析应包括产品或原料的属性、采销渠道和方式、资金周转情况、库存流转、作价方式等方面。套期保值方案必须是针对每个企业的情况一对一进行量身定做,具有较高的独特性和适应性。

4. 品种行情分析及走势预测

具体品种的行情分析及走势预测,应在结合宏观环境的基础上,从品种自身的供求和影响因素着手,对当前市场的状况以及未来的走势作出一定的预测。

正确决策的基础是准确地分析判断市场趋势。对市场各个角度的分析应抓住主要矛盾,分析越细致到位,保值方案设计的基础越牢固。套保企业除了关注各类相关信息,还应定期或不定期召开市场行情分析会。市场行情突变时,更应广泛收集信息及各方意见并及时召开市场行情分析会研讨行情及相应的对策。

（二）保值方向

保值方向的确定遵循与现货方向相反的原则。该部分是整个保值方案中最容易的部分，却也是导致重大错误的关键点，一旦方向错误，保值就变成了纯粹的投机，不但无法规避经营风险，反而会招致更大的金融风险，造成无法弥补的错误。

（三）合约选择

主要有三个方面对合约月份的选择产生影响：与现货相匹配的月份、期货市场合约的流动性以及保证金的需求。一般情况下，会选择与现货较为匹配的合约进行建仓。例如，某企业3个月后需要采购一批豆粕，保值的合约可以选为距离现在3个月的合约，然而，由于该月份合约持仓量较小，流动性低，且临近交割月份时，合约保证金会大幅提高，因此综合考虑之下，可以选择在7个月后的主力合约建仓，既达到了保值的目的，又规避了流动性低及保证金提高的弊端。

（四）套期保值比率

传统的套期保值比率是1，即持有期现1：1投资组合，但当套期保值期初与期末存在基差（basis）不一致时，存在不是1：1比率套保问题。套期保值比率的确定要根据风险量化的结果，需要提前确定企业不可承担的风险有多少，国内企业的套期保值比率一般采用30%，国外一般采取90%。套期保值比率的计算可以采用一些套期保值比率模型，如马尔可夫模型、GARCH（广义自回归条件异方差）模型等，计算更为准确的套保比率。

（五）出入场点

出入场点的确定通常考虑两个方面：一是保值的时间范围要求，二是价格区间。一般情况下，单笔生意的时间跨度较短时，保值的出入场点应与现货采销对应的时间区间相吻合；针对年度采购或销售计划时，可以采取分批建仓的保值操作策略，根据价位的变动以及对行情的判断，选择合适的价格区间作为出入场点，尤其对于基差的利用，基差的变动往往会为保值企业提供一个绝佳的入场点。由于期现套利的存在，基差一般都保持在一个正常的范围之内，也就是无套利区间，超过这个区间，就会出现套利者套取差价收益，从而将基差拉回正常范围之内。因此，在区间的上沿或下沿，是套保企业入场或出场的好时机，尤其是在宏观事件或金融危机出现，期货价格剧变，而现货价格尚来不及变化时，基差往往远超正常范围，成为套保企业难得的出入场点。例如，金融危机时，橡胶期货从3万元/吨跌到2万元/吨，现货不跌而期货狂跌，导致期价远远低于现货价格，为轮胎生产企业买入套保创造了绝佳的入场点。

（六）保证金需求测算

期货交易需要占用一定的保证金，包括履约保证金和结算准备金两个部分。保证金会随着标的物价格的涨跌而变化，因此企业需要事先对保证金的需求做一个测算，留充足的流动资金以备保证金追加的需要，防止被强行平仓。另外，根据规定，上市公司参与套期保值需要经过董事会批准,保证金的需求也是需要上报董事会的内容之一。

(七) 移仓策略及交割流程

如果企业套期保值的期限较长,如时间跨度为 16 个月,而期货市场对应的合约月份最多只有 12 个月,又或者企业的保值时间跨度为 7 个月,而对应的期货合约流动性很差,就需要在主力合约建仓然后进行移仓,也叫作展期。如果企业最后选择交割而不是平仓,还需要在保值方案中注明交割流程及注意事项。不同的交易所对于交割的规定不同,需要进行细致的事前准备,防止到时因某项条件不相符导致交割失败。

三、套期保值方案设计应注意的问题

上面已对套期保值方案的设计以及各项要素的确定做了介绍,然而,市场是复杂多变的,实际操作中还是有一些地方需要加以留意,总结有以下几点。

(一) 现货与期货间的价格差异

同一商品在期现市场上的价格是有所差别的。一般情况下,现货价格和期货价格的波动方向是相同的,到了交割日,两种价格将趋于一致。但是在现实情况中,现货价格的变化较期货价格可能会有些差别,使其基差不断发生变化。尤其是在季节性收获的农产品上表现得特别明显。由此看来,套期保值并不是百分百保值,其只能回避价格不利变化带来的风险。

(二) 数量上的不吻合

期货合约中商品数量是固定的,买者只能按整张合约进行,所以有时不能对现货交易量做恰如其量的保值。

如棉花期货合约每张 5 吨,如果棉花经营者在现货市场买进 102 吨,就无法完全按买进量进行保值,而是最多买 20 张合约(100 吨),比现货少买 2 吨。这时,即使期货价格与现货价格变化完全一致,即基差不变,也无法达到完全保值的目的。

(三) 期货与现货间的差别

期货合约的标的物与企业经营的现货之间存在等级差别。

如棉花期货合约就规定 328 锯齿白细绒棉为基本品级,虽然可以以交易所规定的基本品级的替代品进行交割,但在进行套期保值交易时必须考虑到这一情况,防止因品级不符导致最终无法交割。

四、套期保值的操作管理

专业的套期保值方案只是企业成功完成套期保值的第一步,如何将套期保值方案落到实处,真正做到计划与行动一致,是套期保值能否成功的又一关键点。要实现这一点,其操作管理必须严谨,保障方案中每一个步骤的严格实施和贯彻。

一个科学的操作管理体系,必须实现以下三个目标。

一是合法合规，其包括对于特定企业的管理规则，如针对国有企业或上市公司的某些规定，以及期货行业和企业经营的相关政策法规等。

二是资产的安全，无论是在境内还是在境外参与保值业务，首要前提就是选好交易对手，保障资产的安全，这一点对于国有企业尤其重要。

三是效率和效果，即套期保值业务最终完成以后，必须保障各个环节操作和协调的效率以及整个业务的效果，这也是要求最高的一个目标。

要实现这三个目标，必须遵循以下几个方面的基本原则。

一是分工方面，要将前台、后台严格区分开，交易工作、风控工作与财务工作必须由不同的人员分别担任，三者相互牵制。

二是监督方面，即风险控制部门对交易计划、交易过程和交易结果进行全程的监督核查。

三是授权方面，必须建立健全的授权制度，确保相关协议的签订，保值过程中的交易下单、资金调拨、交易确认等环节均需在取得书面授权后予以执行。

四是培训方面，必须对相关业务人员进行严格的期货专业培训以及考核，确保人员知识和技能的完备性。

总之，套期保值的操作管理是整个保值业务中不可缺少的一环，是决定理论是否能够成功过渡到实践的关键。当然，一个完善的操作管理体系，还必须建立在科学的机构设置和人员配备、精准到位的责任分工以及严谨的规章制度的基础之上。

第四节　套期保值的起源

一、期货套期保值名称的由来

套期保值的本来意思是对冲。对冲的含义极其宽泛，它可以被应用在多个不同的场合。当你已经持有了资产甲、面临价值贬值的风险时，如果卖出另外一个资产乙，只要这个资产乙与资产甲之间有正相关的关系，我们就称之为对冲。资产甲贬值会使持有人遭受到巨大的损失，但由于资产乙也贬值，卖出资产乙就会获得与之对应的收益；资产甲的价格抬高时会有收益，但资产乙同时也升值，这时卖出资产乙就会有亏损。这样，一买一卖便形成了亏损与盈利的对冲关系。比如在常规的套期保值中，买进现货的同时在期货市场卖出同品种的期货，这就形成对冲关系；如果两种不同资产之间存在着负相关的关系，则同时购入两种资产也形成一种对冲关系，同时售出两种资产也构成对冲关系。

对冲最主要的目的就是对价格进行锁定，从而使价格波动的风险减少。在这种意义上，人们才把对冲工具称为避险工具。

在我国，通常将期货与现货之间的对冲操作称为套期保值。换句话说，套期保值就是特指"期货与现货"对冲。

二、期货套期保值交易的发展

(一) 传统套期保值理论

传统套期保值理论认为,套期保值是以减少和转移价格风险为目的,因而套期保值必须遵循"数量相等、方向相反"的原则,而具体如何对其进行有效的操作,传统的套期保值理论并未作出太多的解释,从而导致在运用套期保值进行实际操作时缺乏灵活性,排除了许多合理利用期货市场规避价格风险的机会,套期保值的实际作用往往难以得到有效的发挥。

传统套期保值理论认为,套期保值者从事期货交易的唯一目的是减少风险。套期保值者在期货市场上的头寸和现货市场上的头寸、交易工具和数量必须完全相等,且在方向上是正好相反的。举例来说,如果一个企业持有价值1 000万美元的玉米存货,它要想规避价格下跌的风险,必须在期货市场上卖出1 000万美元的玉米期货。在所持库存卖出时,应将期货合约赎回,平掉其在期货市场上的卖出头寸。传统套期保值理论认为,现货价格和期货价格的变动幅度大致相同,因此,期现市场上的盈利或亏损都相互冲抵。由此体现了基差(也就是期货价格与现货价格的差额)的重要性。如果期现价格一致也就是基差为零,或者现实的基差与预期一致,则套期保值可以称为完全的套期保值。

(二) 现代套期保值理论

Johnson(1960)和Ederington(1979)等较早提出用马科维茨(Markowitz)的组合投资理论对套期保值进行解释,该理论认为,运用套期保值实际上就是对现货市场和期货市场的资产进行组合投资,套期保值者通过对组合投资的预期收益和预期收益的方差进行分析来确定现货市场和期货市场的交易头寸,使得收益风险最小化或者效用函数最大化。组合投资理论认为,套期保值者在期货市场上保值的比例是可以选择的,最佳套期保值的比例取决于套期保值的交易目的以及现货市场和期货市场价格的相关性,而在传统套期保值交易中,套期保值的比例恒等于1。

传统套期保值理论认为,套期保值具有保险的功能。但现代许多经济学家如希隆尼、沃金(1962)等都认为,应该摒弃套期保值具有保险功能的观点。希隆尼(1977)认为,保险是建立在大数定律之上的,是一个社会共担损失的系统,一个被保险人支付了另一个被保险人损失的一部分份额。因此,与其说风险是由保险公司承担,不如说它被分散得无影无踪。然而在期货市场上,当风险通过套期保值转移时,它们和以前一样仍大量存在,只不过是被合约另一方的当事人所承担,套期保值者的风险被减少了,但风险总量仍然不变,马科维茨和鲁特利治等人也提出并进一步发展了这一理论。该理论强调:不管是否进行套期保值,风险自始至终存在于投资者的决策中,期货市场的运作将不仅仅是风险转移,也便利于风险管理。

沃金(1962)强调必须转变对套期保值的传统看法，关键点并不是转移或者降低价格风险，其焦点在于套期保值者能否从价格波动中获取基差收益，即从现货市场与期货市场的两种价格波动中获取机会利润。套期保值是对基差的投机，目的在于从基差的变动中获利，以便在既定的风险条件下获取最大利润或在收益确定的前提下将风险最小化。沃金认为，套期保值不一定会将风险全部转移，套期保值者避免了现货价格变动的大幅风险，选择了相对较小的基差风险。因此，为了减少、消除基差风险甚至从基差变动中获取额外利益，套期保值者可以在保值商品种类、合约到期月份、多空头寸(即交易方向)及持仓数量4个变量上作出适时有效的选择和调整。

因此，问题并不在于现货价格与期货价格的相关度究竟有多大，而在于商品价格的这种变动对于市场参与主体而言是否可以预见。沃金(1962)首先对小麦的价格进行了研究，确认它的基差是可以预见的，沃金这一全新的理论观点，对套期保值的动机解释具有重要的意义。《期权和期货介绍》对此做了更精确的解释，"套期保值是一种用以减少或在某种情况下消除风险的交易行为，与任何一个投资者进入任何一个市场一样，套期保值者也是为了在一定风险水平上获取最大利益"，这一教科书至今仍流行于美国高校。据此，现代套期保值理论的实质是：①套期保值可以在与期货商品合约相同或相关的现货与期货之间进行；②套期保值的头寸方向及持仓数量应有一定的灵活性和可变幅度；③套期保值者出入市的时机及价位、合约月份的选择具有市场变动的可变性。

希隆尼(1977)也认为套期保值是一种对基差的投机，即对价格关系的投机，由于期货和现货价格的关系——基差是变化不定的，因此，在期、现货两个市场上一边做空一边做多也具投机性。他进一步将投机划分为价格水平投机和价格关系投机，认为人们通常所说的投机是价格水平投机，投机者在期货市场上对期货价格水平的变化进行投机，或在现货市场上对现货价格水平的变化进行投机；套期保值者不参与单个市场价格水平的投机活动，但却没有放弃利用基差变化进行价格关系投机的机会，也就是说，套期保值的实质是进行基差投机。例如，套期保值企业可以通过同时买入和卖出现货来规避风险，但它们用期货交易代替最初用于完成商品买卖的现货交易，避免了价格水平变化的风险。如果它们最初的买卖决策是正确的，那么它们在转移现货价格水平变化风险的同时，依然拥有利用期、现货价格关系的变化盈利的机会。也就是说，它们保值不是为了避免风险，而是为了盈利。

期货专家海尔奈莫斯(1971)也认为，由于期货交易不是一个标准化的、完全免除价格变化的、十分安全的运行方法，套期保值交易并不是直接转移风险，相反，更确切地说，它还承担额外风险，还会与预期盈亏的套期保值头寸相对立。例如，如果一位饲料生产商拥有现货玉米并在期货市场上卖出玉米，他即承担了一项额外的投机，是玉米现货价格及其期货价格变动的一致性减少了他的总风险。实际上，他已经用一个基差投机取代了他原有的存货投机。

随着期货交易的深入发展，期货市场上传统的套期保值、转移风险功能已经演化成动态的风险管理概念，即市场主体参与期货交易不仅仅是为了降低风险，更重要的是要使预期利润最大化。此时，套期保值已被看成是一种重要的便

拓展阅读2-2 买入套保还是卖出套保？——基于企业"两锁一降"的套保目的

利买卖决策、增强交易决策自由度的管理手段。

第五节　套期保值的理论基础

一、期货价格形成理论

（一）远期定价理论

期货的理论定价在本质上源于远期合约的定价，这里先介绍远期合约定价的基本原理。在进行远期定价时，需要考虑不同商品和资产的内在差异，如资产在合约期内有无收益、有无储藏成本等。因此，下面将分别介绍无收益资产（零息债券、不付股息股票）、商品、外汇和已知收益资产（附息债券、有股息股票）的远期定价原理。

1. 无收益资产的远期价格确定

这里先考虑如何确定合约期内没有收益，也没有储藏成本的商品或资产的远期价格，如无红利股票、零息债券等。为了对无收益资产进行定价，我们可以构筑两个可比较的组合：组合 A 是 1 单位资产的远期合约多头和一笔数额为 Fe^{-rT} 的现金，远期价格为 F；组合 B 是 1 单位标的资产多头组合。如果这两个组合的现值相等，则可以用一个资产为另一个资产定价。

组合 A：买入 1 单位资产的远期合约＋一笔数额为 Fe^{-rT} 的现金。

组合 B：1 单位的标的资产（现价为 S）。

在组合 A 中，由于合约双方确定的 1 单位资产的远期价格为 F，因此买入者需要在当期将 Fe^{-rT} 的资金量作为无风险投资，这样期末就可以获得资金 F，通过履行合同进而获得 1 单位资产。

可以考虑，在远期合约到期时，两个组合的当前价值相等，即

$$Fe^{-rT} = S \tag{2-1}$$

我们可以得到远期定价公式为

$$F = Se^{rT} \tag{2-2}$$

这很符合常理。如果投资者在合约到期时需要持有 1 单位资产，可以选择现在就持有 1 单位现货资产，也可以选择持有 1 单位资产的远期多头（远期价格为 F），在合约到期时再获得资产。

我们可以从套利的角度，再分析以上远期定价公式的合理性。

如果交易对手报出的期限为 T 的远期合约交割价格大于现货价格的终值，即 $F > Se^{rT}$，则套利者可以借入资金 S，买入 1 单位标的资产，同时建立一个远期价格为 F 的远期合约空头。等合约到期时，套利者可以将手中的资产交付出去，获得收入为 F。这时需要归还的资金为 Se^{rT}。那么，最后的套利利润将是 $F - Se^{rT}$。

同理，如果交易对手报出的 T 期限的远期合约交割价格小于现货价格的终值，即 $F < Se^{rT}$，则可以签订远期协议以 F 买入远期资产，并以 S 卖空标的资产，对卖空资产的收益做无风险投资。在远期合约到期时，无风险投资的收益是 Se^{rT}。我们以其中一部分

资金 F 交割买回卖空的资产。那么，最后的套利收益会是 $Se^{rT}-F$。

这样，在套利机制下，金融资产的远期公平价格在合约签订时确定为 $F=Se^{rT}$。

2. 商品的远期价格确定

持有商品需要一定的储藏费 U，进行远期定价所构筑的可比较组合就会发生一定的变化。

组合 A：一份购买 1 单位商品的远期合约（远期合约中确定的 1 单位商品的远期价格为 F）+一笔数额为 Fe^{-rT} 的现金。

组合 B：1 单位现货商品（S）+商品储藏成本的现值（U）。

组合 B 中，购买 1 单位现货商品的支出有两部分：一部分是 S；另一部分则是储藏成本 U。

组合 A 和组合 B 在远期合约结束时均可以获得 1 单位商品，未来现货市场价值相等。在没有套利机会的情况下，组合 A 和组合 B 的现值也相等，即 $Fe^{-rT}=(S+U)$。这样，1 单位商品的远期价格为

$$F=(S+U)e^{-rT} \tag{2-3}$$

如果远期价格 F 和理论价格 $(S+U)e^{-rT}$ 不相等，交易者会进行套利交易：

当 $F>(S+U)e^{-rT}$ 时，套利者可借入资金买入现货商品进行储藏，同时卖出远期商品；在远期合约到期时，将手中的现货商品交割出去，连本带息归还购买现货商品和储藏商品所借入的资金，即 $(S+U)e^{-rT}$，所获得的利润是：$F-(S+U)e^{-rT}$。

当 $F<(S+U)e^{-rT}$ 时，套利者可卖出手中的现货商品，将所得资金作为无风险投资，同时买入远期商品；在远期合约到期时，用投资所得资金交割买入现货。在此过程中，需要注意卖出现货商品后节约的储藏成本相当于增加的一份收入。因此，所获得套利利润是：$(S+U)e^{-rT}-F$。

在套利交易的驱使下，等式 $F=(S+U)e^{-rT}$ 终将成立。

3. 外汇的远期价格确定

外汇远期的定价有其独特之处。首先明确几个定义：假定某一标的货币的即期汇率为 S，远期汇率为 F，合约时间为 T，该货币的无风险利率为 r_f，购买该标的货币的计价货币的无风险利率为 r。为了考察远期汇率水平，我们可以构筑如下两个组合。

组合 A：一份购买 1 单位标的货币的远期合约（远期汇率为 F）+一笔数额为 Fe^{-rT} 的计价货币现金。

组合 B：数量为 e^{-r_fT} 的标的货币（即期汇率为 S）。

组合 B 和以前的类似组合的不同之处是标的货币的数量为 e^{-r_fT}。这时进行无风险投资，在远期合约到期时得到标的货币价值为 1 的现期价值。

在远期合约到期时，组合 A 可以以远期汇率 F 获得 1 单位的标的货币。而组合 B 也可以获得 1 单位的标的货币。由于组合 A 和组合 B 在 T 时刻价值相等，均为 1 单位的标的货币，那么在没有套利机会的情况下，现值也应相等，即 $Fe^{-rT}=Se^{-r_fT}$。这样，远期汇率的定价公式就为

$$F = Se^{(r-r_f)T} \tag{2-4}$$

4. 已知收益资产的远期价格确定

对于债券、股票、股指这些已知收益的金融资产的远期定价,也可以利用以上的基本原理构筑两个组合来进行。

组合 A:购买 1 单位资产的远期合约(远期价格为 F)＋一笔数额为 Fe^{-rT} 的现金。

组合 B:1 单位资产(现价为 S)远期合约对应的到期日前 1 单位资产所获收益的现值 I。

在组合 B 中,增加了一项内容,即 1 单位资产未来所获得收益的现值 I。与前述的无收益资产相比,有收益资产相当于未来收益的贴现值减少了现有的构筑成本,这样看来,组合 B 的当前价值是 $S-I$。

在组合 A 中,Fe^{-rT} 可以按照远期合约约定的价格 F 在期末买入 1 单位现货资产。

很明显,组合 A 和组合 B 从最终结果来看,均可以获得 1 单位的现货资产。这两个组合在未来均是 1 单位现货资产,市场价值在未来相当。从现值看,二者价值也应相等。也就是说,$Fe^{-rT}=S-I$。这样远期价格应为

$$F = (S-I)e^{rT} \tag{2-5}$$

需要注意的是,如果远期合约交易的标的资产是债券,则 S 代表发票价格(现金价格),而不是市场上的净价报价,作为交割价格的 F 也是发票价格。这里的发票价格是指买方购买债券时实际要支付的价格,即发票价格＝净价报价＋应计利息。其中,应计利息是上一付息日至交割结算日之间的债券利息。案例 2-2 是对国债远期定价和发票价格的简单介绍。

案例 2-2

假如票面利率为 12% 的国债净价报价为 110.50 元,上一付息日是 99 天之前,下一付息日是 83 天之后。假设收益率曲线平坦,连续复利率是 5%,国债远期合约到期时间还有 0.5 年。我们可以据此计算国债远期价格。

首先,计算买入债券的应计利息和发票价格 S。上次债券发行方支付利息是在 99 天前,那么债券持有者现在卖出债券应得到这 99 天的利息。这 99 天的利息和票面利息、天数有关,具体的计算应为 $\frac{99}{182} \times 6 = 3.2637$ 元。这样,发票价格为 $110.50+3.2637=113.7637$ 元。

其次,债券在远期合约有效期内还会收到 1 次利息,每百元的利息收入是 6 元,现值为 $6e^{-rT}=6e^{-0.05 \times \frac{84}{365}}=5.9314$ 元。

在此基础上,我们可以计算国债远期价格为

$$F = (S-I)e^{rT} = (113.7637-5.9314)e^{0.05 \times 0.5} = 110.5621 \text{元}$$

不过,需要注意的是,这里计算的国债远期价格是发票价格,而非远期净价报价。

我们把以上各类资产的远期定价公式总结在表 2-1 中,这样不仅可以了解不同资产远期定价公式的内在一致性,而且有助于进一步学习期货的理论定价。

表 2-1 不同标的资产远期合约的定价

远期合约	交割价格	备注
无收益资产（零息债券、无红利股票）	$F = Se^{rT}$	—
商品远期	$F = (S+U)e^{rT}$ $= Se^{(r+u)T}$	U 为单位现货在到期时支付的仓储成本的现值，u 为商品的储藏费用比率，即储藏费用占即期现货价格的比
股票远期	$F = Se^{(r-q)T}$	q 为股票的股息率，S 为标的指数值
外汇远期	$F = Se^{(r-r_f)T}$	r_f 为外币（外汇交易标的货币）的利率，S 为直接标价法下的外币汇率
付息国债远期	$F = (S-I)e^{rT}$	S 为债券的发票价格，远期价格 F 也为发票价格

（二）期货的理论价格

1. 随机性理论

随机性理论认为，期货的价格变化与有效市场假说有关。在强有效的期货市场中，价格能对各种有关价值的新信息作出迅速反应。由于各类信息随机出现，因此期货的价格也呈现随机的、不规则的变化。

随机性理论的贡献是摆脱了用供求解释价格变动的传统方法，转而强调未来信息对期货价格的影响。考虑到期货价格在短期内所呈现的无方向性的波动特征，这一理论也就表现出一定的现实解释能力。随机性理论的不足之处是，认为未来的市场行情变化与以往的市场价格没有关系，也缺乏充分的理论根据和令人信服的数学描述。

2. 现货-期货平价理论

如果套期保值是完全的，也就是说所持有的资产和期货合约的投资组合是可以规避掉所有风险的，在这种情况下该组合和其他无风险投资的收益率应该趋于相同，不然投资者会在其中获得套利机会。由此我们可以推导出期货价格与标的资产价格之间的理论关系。

假设标准普尔500指数现在是1 000点，某投资者投资1 000美元于以标准普尔500指数为标的物的指数共同基金，他想进行暂时套期保值以规避市场风险。该指数基金一年内支付给投资者10美元的股利，简单起见，假定股利在年底一次支付。假定年底交割的标准普尔500指数期货合约价格为1 010美元。如果投资者利用期货空头对资产组合进行套期保值，那么当年底股指点数不同，投资者的收益也会不同。表 2-2 所示为股票套期保值总体收益。

表 2-2 股票套期保值总体收益 美元

股票投资组合的最终价值 S_T	980	990	1 020	1 045	1 060	1 090
期货空头收益（$F_0 - F_T = 1\,010 - S_T$）	30	20	−10	−35	−50	−80
股息收入	10	10	10	10	10	10
总计	1 020	1 020	1 020	1 020	1 020	1 020

期货空头的收益等于初始期货价格1 010美元与年底股价的差值。这是因为期现价

格的收敛性：合约到期时，期货的价格会趋于当时的股票价格。

这里要注意整个头寸得到了完全套期保值后，股票组合价值的增加都被期货空头收益的减少完全抵消了，此时总价值与股价无关。总收益 1 020 美元是现在的期货价格 F_0（1 010 美元）与股息（10 美元）之和。这就像投资者以现在的期货价格在年底卖出了股票，于是消除了价格风险并锁定了总收益为现在的期货价格加上股息。

我们来看一下这个无风险组合的收益率有多少，股票的初始投资额为 1 000 美元，期货空头的建立是不需要初始现金的，因此 1 000 美元投资组合年底增值为 1 020 美元，收益率为 3%。更一般地，总投资 S_0，即股票现货价格，增至期末价值 F_0+D，D 是股票组合的股息，则收益率为

$$完全套期保值股票组合的收益率 = \frac{(F_0+D)-S_0}{S_0} \tag{2-6}$$

这个收益率是无风险的，F_0 是起初购买期货合约时的期货价格。

由此推测，其他无风险投资的收益率也应该是 3%，否则投资者就会面临两种有不同收益率的无风险投资策略，这种情况是不可持续的。由此，有如下结论：

$$\frac{(F_0+D)-S_0}{S_0} = r_f \tag{2-7}$$

重新整理后得到的期货价格为

$$F_0 = S_0(1+r_f)-D = S_0(1+r_f-d) \tag{2-8}$$

其中，d 代表股票组合的股息率，即 D/S_0。这个公式称为现货-期货平价定理，它给出了正常情况下或理论上正确的现货价格与期货价格的关系。对平价的任何偏离都会提供无风险的套利机会。

案例 2-3

假如违背了平价关系，例如，如果经济中的无风险利率仅为 1%，按照式 $F_0=S_0(1+r_f)-D=S_0(1+r_f-d)$，期货价格应该为 1 000 美元 × 1.01 − 10 美元 = 1 000 美元。实际期货价格 $F_0=1\ 010$ 美元，比"理论值"高出 10 美元。这意味着投资者可以在期货做空，以 1% 的无风险利率折借资金买入价格被相对低估的股票组合就可以获得套利利润。这种策略产生的收益如表 2-3 所示。

表 2-3 策略产生的收益　　　　　　　　　　　　　　　　　　　　美元

行　动	期初现金流	一年后现金流
借入 1 000 美元，一年后还本付息	+1 000	−1 000 × 1.01 = −1 010
用 1 000 美元购买股票	−1 000	S_T + 10 美元分红
做空期货（$F_0=1\ 010$）	0	1 010 − S_T
总计	0	10

此策略的期初投资为零，一年后现金流为正，且无风险。不管股价是多少，总有 10 美元的收益，这个收益实际上就是期货的错误估价与平价之间的差额。

当平价关系被违背时，利用这种错误估价的策略就会产生套利利润——不需要初始投资的无风险利润。如果存在这种机会，最后的结果就是股价上升或者期货价格下跌，直

至满足式 $F_0=S_0(1+r_f)-D=S_0(1+r_f-d)$。类似的分析也可用于 F_0 低于 1 000 美元的情况,只需反向策略就可获得无风险利润。因此,结论是,在完善的市场内不存在套利机会,即

$$F_0=S_0(1+r_f)-D \tag{2-9}$$

概念检查

回顾案例 2-3 给出的套利策略,假如 F_0 很低,所采取的三个步骤是什么?用类似案例 2-3 中的表格给出此策略现在与一年后的现金流。确认你获得的利润与期货定价偏差相等。

更一般地,案例 2-3 中的套利策略可以表示为表 2-4。

表 2-4　案例 2-3 中的套利策略

行　　动	期初现金流	一年后现金流
1. 借入 S_0	S_0	$-S_0(1+r_f)$
2. 用 S_0 购买股票	$-S_0$	S_T+D
3. 做空期货	0	F_0-S_T
总计	0	$F_0-S_0(1+r_f-d)+D$

初始净投资额为 0,因为第二步买股票所需的钱来自第一步的借款,第三步的期货空头头寸是用来套期保值的,不需要初始投入。再者,年底的总现金流入是无风险的,因为所有的条件在合约签订时都是已知的。如果最终的现金流不为零,那么所有人都会利用这个机会进行套利,最后价格变化到年底现金流为零,此时,$F_0=S_0(1+r_f)+D$。

平价关系又称为持有成本关系(cost-of-carry relationship),因为期货价格是由在期货市场上延迟交割购买股票与在现货市场上购买立即交割股票并持有到将来的相对成本决定的。如果你现在买股票现货,就需要立即支付现金并损失其时间价值,成本为 r_f;另外,你会收到股息,股息率为 d。因此相对于购买期货合约,你的净持有成本率为 r_f-d,这部分成本会被期货与现货的差价所抵消。当 $F_0=S_0(1+r_f-d)$ 时,差价正好冲销了持有成本。

平价关系也很容易推广到多期情形。我们很容易知道,合约到期日越长,现货与期货的差价越大。这反映了合约到期日越长,净持有成本越高。当合约在 T 时到期,平价关系为

$$F_0=S_0(1+r_f-d)^T \tag{2-10}$$

尽管个股股息波动可能难以预测,宽基指数如标准普尔 500 指数的年度股息率相当稳定。但是该股息率具有季节性,一年之中出现规律的波峰与波谷,因此需要采用相对应月份的股息率。

我们是以股票与股指期货为例推导出了平价关系,但同样的逻辑适用于所有的金融期货合约。对债券来说,可用债券的息票利率代替股票的股息率。这种情况同样满足式(2-10)所描述的平价关系。

上述的套利策略使我们相信,这些平价关系绝不仅仅是理论结果,任何对平价关系的违背都会给交易者带来巨额利润的套利机会。在第三章中,我们将会看到股票市场中的

指数套利就是发现股指期货合约平价关系背离的一种工具。

3. 价格预期理论

价格预期理论认为,期货价格的形成不能局限于简单的成本和费用,还应包含各类交易者对未来不确定因素所作出的预期。价格预期理论可以分为传统预期理论和理性预期理论。

(1) 传统预期理论。传统预期理论进一步可以分为简单性预期、外推性预期和适应性预期。

在简单性预期理论中,是把上一期的价格作为本期的期货价格,即

$$F_t^* = F_{t-1} \tag{2-11}$$

其中,t 为当前时刻。

外推性预期理论的主要思想是,根据价格变动趋势预测期货价格,其数学公式可以表示为

$$F_t^* = F_{t-1} + \alpha(F_{t-1} - F_{t-2}) \tag{2-12}$$

其中,α 为预期系数。$\alpha > 0$,则与以前变化趋势方向相同;$\alpha < 0$,则与以前变化趋势方向相反。

在适应性预期理论中,现在的期货价格受到过去期货价格的连续影响,即

$$F_t^* = \beta F_{t-1} + \beta(1-\beta)F_{t-2} + \beta(1-\beta)^2 F_{t-3} + \cdots \tag{2-13}$$

其中,β 为适应性系数,$0 < \beta \leqslant 1$,β 决定着预期对过去误差的修正速度。

可以看出,在传统预期理论中,三种预期理论均汇集融入过去的价格信息。但是,该理论没有考虑非价格因素和现货市场的影响,同时更为重要的是,它缺少严谨的经济理论作为基础。

(2) 理性预期理论。理性预期理论由美国经济学家约翰·穆斯提出,被迅速用于对期货价格形成的解释。期货价格形成的理性预期理论有三个突出的特征:第一,期货价格是对未来事件进行有信息依据的预测,理性的交易者将运用有关的结构信息来形成预期。其中,结构信息不仅包括历史价格信息,而且包括诸如政局变化、经济形势、投机心理、大户操纵、持有成本、突发事件、政策调整、偶发事件、仓储和流通等因素。第二,期货市场价格实际上是市场上所有交易者预期的总和。第三,期货价格变量的预期不应限定为单一的预测值,而应看作是该变量未来值的一个完全概率分布。

我们可以用数学语言对期货价格形成的理性预期理论进行描述。假设 I_{t-1} 表示在 $t-1$ 时刻所能得到的所有信息,F_t 为 t 时刻实际的均衡价格,用 $f(F_t | I_{t-1})$ 表示期货价格的条件概率密度,F_t^* 表示 t 时刻根据 I_{t-1} 所作出的理性预期而得到的期货价格,则

$$F_t^* = E[F_t | I_{t-1}] = \int_a^b F_t f(F_t | I_{t-1}) dF_t \tag{2-14}$$

期货价格形成的理性预期理论继承了传统预期理论的精华,同时也对人们的预期形成给予了经济学上的行为分析和全面的数学描述。结合期货市场的运作规律可以发现,期货市场上的价格是交易者根据现有的信息进行理性预期后,通过公开竞价交易的结果。当影响供求的信息或者实际供需状况发生变化时,交易者的预期也会发生变化,价格也随着变化。基于这些原因,期货价格的理性预期理论是解释期货价格最具有说服力的理论。

二、期货价格发现功能

（一）价格发现的含义与功能

1. 价格发现的基本含义

理论上讲,价格发现是投资者自由竞价的过程和结果,价格最终反映供求等基本要素变化；但价格在哪个市场上决定和产生,取决于哪个市场是主导市场；哪个市场能先反映价格调整,取决于哪个市场交易机制更优越。国内学者认为,期货市场的价格发现是在公开、公平、高效的市场条件下,由大量交易者在有组织的、规范化的期货交易所集中竞价交易,形成具有真实性、权威性、连续性和预期性的价格的过程。

2. 价格发现的功能

期货的价格发现功能集中体现在三个方面：一是真实性和权威性。由于参与者众多,自由报价,公开竞争,因此期货价格能够比较权威地代表标的资产的真实价格。二是公开性,即期货价格是通过连续的公开竞价完成,依据信息披露制度向外传播。三是预期性。期货市场上汇集了大量买方和卖方对未来标的资产供求关系和价格变化趋势的看法,因此期货价格具有一定的预期性。

（二）价格发现功能的理论阐释

关于期货的价格发现功能存在着不同的理论解释：一种是基于预期理论的解释,另一种是基于信息效率和期现货价格关系的解释。

（1）基于预期理论的解释。人们通常认为,期货多头对未来期货价格看涨,期货空头对未来价格看跌。这样,由大量的买者和卖者共同竞价决定的期货价格自然也就反映了市场对未来期货价格的平均预期。由于合约到期时期货价格等于现货价格,因此期货价格就被认为是对未来现货价格的平均预期,可以发现未来价格。基于这一普遍认识,国内外大量的理论文献都尝试实证研究"当前期货价格是未来现货价格的理性预期或无偏估计"等观点,希望据此能够对"价格发现"功能进行判断。从理论上看,只有当投资者的风险偏好是中性[①],或者现货资产的系统性风险为零时,当前的期货价格才是未来现货价格的无偏估计。但是在现实世界,大部分的投资者风险偏好都不是风险中性的,大部分资产的系统性风险也不会等于零,因此尽管理论结果日趋完美,期货对未来现货价格的预期功能在现实中也并不会十分明显。基于这一认识,有的学者提出了"如果说期货市场有价格发现功能,那是指期货市场可以更好地发现现在的现货价格,而不是未来的现货价格"。

（2）基于信息效率和期现货价格关系的解释。期货市场的价格发现功能事实上体现在另外两个方面：第一,在规模和影响力都比较大的成熟市场体系中,由于期货市场具有低成本、高流动性、连续交易、公开竞价交易等优点,当新的市场信息出现时,投资者往往会先在期货市场上进行操作,使新信息在期货市场上得到反映,然后才传达至现货市场,

---

① 这是指投资者不关心风险,当资产的期望损益以无风险利率进行折现时,他们对风险资产和无风险资产同样偏好。

从而使得期货价格具有引领同一时刻现货价格变化的信号功能。很多研究者意识到了商品价格的时间序列性质,开始使用协整的概念来研究期货市场的价格发现功能。第二,期货市场的价格发现依赖于其与现货价格之间的关联关系。这种相关性一方面体现在与持有成本模型紧密相关的套利机制上,另一方面取决于现货定价对期货价格的依赖。总之,只有期货价格和现货价格之间存在着长期均衡并相互引导的关系,期货市场具有引领现货市场价格走势的能力,由两个市场共同形成的价格关系和形成过程才是真正的价格发现过程。

(三)价格发现功能在不同市场上的差异

价格发现功能在不同类的市场上表现出了很大差异。商品现货市场较为分散,难以形成权威定价,使得集中统一的商品期货市场的价格发现主要表现为价格决定,作用直接而明显。而对股票来说,集中的现货市场发挥了价格决定功能,期货市场的价格发现功能不是体现为价格决定,而是体现为价格先行。

一些研究发现了四点有意思的结论:第一,股指期货不是价格决定者,不会改变现货市场的定价主导地位;第二,股指期货是价格先行反映者,能够更快速地反映冲击影响;第三,股指期货价格发现功能不如商品期货那么显著,但这并不能否定股指期货在价格发现过程中的作用;第四,对于我国来说,由于缺乏充分的做空机制,股票现货市场的价格真实性至少在理论上会低于具有自由做空机制的股指期货市场的价格真实性。

三、期货价格发现功能的检验方法

(一) Granger 因果检验法

对于两个平稳时间序列 X、Y,若在包含了变量 X、Y 过去信息的条件下,对变量 Y 预测模型的回归解释显著地优于单独由 Y 的过去信息进行的建模,则认为变量 X 是引致变量 Y 的 Granger(格兰杰)原因。其检验模型为

$$Y_t = \gamma + \sum_{i=1}^{p} \alpha_i X_{t=i} + \sum_{j=1}^{q} \sum \beta_j Y_{t=j} + \varepsilon_t \tag{2-15}$$

其中,γ 为常数项;p、q 分别为滞后阶数;ε_t 为白噪声。检验的零假设为:X 是 Y 的非 Granger 原因,即 $\beta_1 = \beta_2 = \cdots = \beta_q = 0$。该联合检验可用 F 统计量来度量,

$$F = \frac{(\text{SSE}_r - \text{SSE}_a)/k}{\text{SSE}_a/(T-kN)} \tag{2-16}$$

其中,SSE_r 为施加约束(零假设成立)后的残差平方和;SSE_a 为不施加约束条件下的残差平方和。统计量 F 服从自由度为 $(q, T-p-q-1)$ 的 F 分布,其中 T 为样本容量。给定置信度,若 F 大于临界值,拒绝零假设 H_0,即 X 是 Y 的 Granger 原因;反之则不能拒绝零假设。同理,可以检验 Y 是否为 X 的线性 Granger 因果关系。

由于 Granger 因果检验只能在平稳序列中进行,现举例对铜期货价格和现货价格具有平稳性的一阶差分序列(DLNFP、DLNPP)进行因果检验,从而确定两个变量之间的因果及先后关系,即收益率变动的领先—滞后关系,结果如表 2-5 所示。

表 2-5　DLNFP、DLNPP 序列的 Granger 因果检验

Null Hypothesis	Obs	F-Statistic	Prob.
DLNPP does not Granger Cause DLNFP	151	0.320 57	0.726 2
DLNFP does not Granger DLNPP		2.140 89	0.121 2

表 2-5 中可以看出两个 p 值均显著大于 0.05，不能拒绝原假设。原假设为：现货价格也不是期货价格的 Granger 原因，反之亦然。所以简单来说，对铜而言，不存在两市场相互之间的领先—滞后关系，即不存在从现货价格到期货价格的引导关系，也不存在期货市场引导现货价值变动的关系。

（二）VAR 模型检验法

VAR 模型（向量自回归模型）在 1980 年被诺贝尔经济学奖得主西姆斯引用到经济学中，通过直接对经济数据本身进行分析来探究经济活动的本质。VAR 模型通常用于相关时间序列系统的预测和随机扰动对变量系统的动态影响。模型避开了结构建模方法中需要对系统中每个内生变量关于所有内生变量滞后值函数的建模问题：

$$Y_t = A_1 Y_{t-1} + A_2 Y_{t-2} + \cdots + A_p Y_{t-p} + B_1 X_t + \cdots + B_r X_{t-r} + E_t \quad (2-17)$$

基于 VAR 模型得出的最大滞后阶值，借助 Johansen 协整检验对期货价格 $\ln f_t$ 与现货价格 $\ln s_t$ 之间是否存在协整关系进行检验，在此基础上再进行进一步的研究。如果期货价格 $\ln f_t$ 与现货价格 $\ln s_t$ 之间存在协整关系，则可以利用向量误差修正模型（vector error correction model, VECM）研究期货价格与现货价格之间的相互引导关系。期货价格与现货价格之间的误差修正模型可表示为

$$\Delta \ln s_t = \alpha_{10} + \lambda_S e_{t-1} + \sum_{i=1}^{p} \alpha_{11}(i) \Delta \ln s_{t-i} + \sum_{i=1}^{p} \alpha_{12}(i) \Delta \ln f_{t-i} + \varepsilon_{1t} \quad (2-18)$$

$$\Delta \ln f_t = \alpha_{20} + \lambda_F e_{t-1} + \sum_{i=1}^{p} \alpha_{21}(i) \Delta \ln s_{t-i} + \sum_{i=1}^{p} \alpha_{22}(i) \Delta \ln f_{t-i} + \varepsilon_{2t} \quad (2-19)$$

式中，Δ 为一阶差分；$\alpha_{11}(i)$、$\alpha_{12}(i)$、$\alpha_{21}(i)$、$\alpha_{22}(i)$ 为短期调整系数；e_{t-1} 为期货价格与现货价格协整关系中的误差修正项；λ_S 和 λ_F 为误差修正项系数；p 为滞后阶数，按照赤池信息准则（Akaike information criterion, AIC）选定。赤池信息准则是 1973 年 Akaike H 在第 2 届信息理论国际研讨会上提出的。

考察 VAR 模型时，还可以采用方差分解方法研究模型的动态特征。其主要思想是，把系统中每个内生变量（共 m 个）的波动（k 步预测均方误差）按其成因分解为与各方程新信息相关联的 m 个组成部分，从而了解各新信息对模型内生变量的相对重要性。用方差分解（variance decomposition）可将向量误差修正模型进一步表示为

$$\boldsymbol{P}_t = \boldsymbol{P}_0 + \boldsymbol{\phi} \left(\sum_{k=1}^{t} \varepsilon_t \right) \boldsymbol{\tau} + \boldsymbol{\Psi}(L) \varepsilon_t \quad (2-20)$$

式中，$\boldsymbol{P}_t = (S_t, F_t)'$ 为 2×1 的列向量；$\boldsymbol{P}_0$ 为 2×1 的常数列向量；$\boldsymbol{\tau} = (1,1)'$ 为 2×1 的

单位列向量；$\Psi(L)$ 为带滞后算子的矩阵多项式，$\Psi(1)\varepsilon_t$ 包含了随机扰动对期货价格和现货价格波动的长期作用；ψ 为 $\Psi(1)$ 中的公共行向量；$\varepsilon_t=(\varepsilon_{1t},\varepsilon_{2t})'$。

Hasbrouck 指出，增量 $\Psi\varepsilon_t$ 是由于新信息的到来引起证券价格变动的长期作用部分，而该长期作用部分的方差为 $\sigma_f^2=\psi\Pi\psi'$，其中 Π 为残差 ε_t 的协方差。问题的关键在于将方差 σ_f^2 分解为两部分：一部分是由于现货价格变动引起的；另一部分是由于期货价格变动引起的。由于期货价格的变动与现货价格的变动不相互独立，因此，为消除两个市场价格变动的交叉影响，对矩阵 Π 进行 Cholesky 分解，即 $\Pi=MM'$，其中 M 为下三角矩阵。Hasbrouck 将市场 i 所占的信息份额 S_i 定义为市场 i 在总方差 σ_f^2 中的比重，即

$$S_i=\frac{(\psi M)_i^2}{\sigma_f^2}$$

由于价格变动反映了市场对新信息的作用，因此，如果一个市场所占的信息份额相对较大，则说明这个市场吸收了更多的市场信息，也即在价格发现功能中发挥了更为重要的作用。为进一步刻画期货价格变动与现货价格变动之间的相互影响，我们应用脉冲响应函数 (impulse responses function) 分析方法对其进行进一步的研究。脉冲响应函数的主要思想是分析误差修正模型 (error correction model, ECM) 中残差项 1 个标准误差的冲击对期货价格和现货价格变动影响的大小。

（三）信息份额模型检验法

股指期货价格发现能力，一方面可以通过向量误差修正模型刻画不同市场对信息的反应速度来衡量；另一方面可以基于向量误差修正模型进行的公共因子模型，通过分析不同市场对新信息的融入比例来衡量价格贡献度；此外还可采用脉冲响应分析和方差分解，利用市场之间的相互冲击反应强弱和冲击程度来刻画。因此将运用以下模型来比较期货的价格发现功能。

1. 向量误差修正模型

Engle 和 Grange 表示，期货和现货价格之间的动态相互引导关系可以用向量误差修正模型来表示。假设价格序列 $Y_t=(y_{1t},y_{2t})$ 是一阶协整的，其误差修正项用差额 $z_t=\beta'Y_t=y_{1t}-by_{2t}$ 来表示，那么协整向量即为 $\beta=(1,-b)'$。向量误差修正模型方程如下：

$$\Delta Y_t=\alpha\beta'Y_{t-1}+\sum_{i=1}^{k-1}(G_i\times\Delta Y_{t-i})+e_i \tag{2-21}$$

其中，ΔY_t 为对变量 Y_t 的一阶差分；误差修正系数向量 α 为短期调整系数；$\beta'Y_{t-1}$ 为此模型的误差修正项；e_i 为均值为零的随机扰动项。

根据 Johansen 检验的思路，两变量的向量误差修正模型可用长期与短期关系来表示，模型如下：

$$\Delta Y_t=\alpha\times(C_0+y_{i-1}+\beta x_{i-1})+\sum^{p}(\Delta y_{t-j}+\Delta x_{t-j}) \tag{2-22}$$

其中，α 为调整速度，协整方程表示两变量之间的长期关系，短期的波动关系由式 (2-22) 来反映。

2. 公共因子模型

以向量误差修正模型为基础,公共因子模型从更为深入的视角出发,研究表明期货和现货市场价格存在公共趋势部分。通过对公共趋势部分进行分析,可将期货和现货价格分解为两个部分:一是两个市场不含公共趋势项,只反映各个市场的特有变化;二是含有公共趋势项,即

$$S_t = C_t + eS_t \tag{2-23}$$

$$F_t = C_t + eF_t \tag{2-24}$$

(1)永久短暂模型。Gonzalo 和 Granger 将市场价格的波动分为永久与短暂两部分,通过误差修正系数来刻画每个市场的贡献,从而建立永久短暂模型。该模型用价格 S_t 和 F_t 的线性组合来表示式(2-23)和式(2-24)中的公共因子 C_t,表达式为

$$C_t = \gamma_1 S_t + \gamma_2 F_t \tag{2-25}$$

其中,公共因子的系数向量 $\boldsymbol{\Gamma} = (\gamma_1, \gamma_2)'$ 与式(2-22)中的误差修正系数向量 $\boldsymbol{\alpha} = (\alpha_1, \alpha_2)$ 存在正交关系,且有 $\gamma_1 + \gamma_2 = 1$。基于此,可用公共因子权重来度量价格发现,也即用 γ_i 度量这两个市场对价格发现的贡献度:

$$\boldsymbol{\Gamma} = (\gamma_1, \gamma_2) = \left(\frac{\alpha_2}{\alpha_2 - \alpha_1}, \frac{-\alpha_1}{\alpha_2 - \alpha_1} \right) \tag{2-26}$$

(2)信息份额模型。Hasbrouck 提出用新信息对公共因子的冲击方差来表示价格发现,他建立的信息份额模型核心是期货与现货市场对方差的相对贡献度。Hasbrouck 把向量误差修正模型修改为向量移动平均单整的形式:

$$Y_t = \psi(1) \tag{2-27}$$

将式(2-21)转换成如下形式:

$$\Delta Y_t = \psi(L) e_t \tag{2-28}$$

或

$$\boldsymbol{\Omega} = MM' \tag{2-29}$$

其中,$\psi(1)$ 为移动平均系数之和;$\psi(L)$ 为滞后算子 L 的多项式;残差 $e_t = (eS_t, eF_t)'$,可将公共因子表示为

$$Y_t = C_t + G_t \tag{2-30}$$

其中,C_t 表示的是公共因子,而 G_t 表示短期趋势,结合式(2-29)和式(2-30)可知,$\psi \times (L) e_t$ 即为短期趋势。在此,将 ψe_t 定义为新信息对每个市场价格的长期趋势项,其方差为:$\mathrm{Var}(\psi e_t) = \psi \boldsymbol{\Omega} \psi'$,其中 $\boldsymbol{\Omega}$ 是 $e_t = (eS_t, eF_t)'$ 的矩阵形式,也即

$$\boldsymbol{\Omega} = \begin{bmatrix} \sigma_1^2 & \rho \sigma_1 \sigma_2 \\ \rho \sigma_1 \sigma_2 & \sigma_2^2 \end{bmatrix} \tag{2-31}$$

当序列之间不存在相关性时,式(2-31)中的 $\rho = 0$,$\boldsymbol{\Omega}$ 为对角矩阵,那么第 i 个市场的信息份额可表示为

$$S_i = \frac{\psi_i^2 \sigma_i^2}{\psi \boldsymbol{\Omega} \psi'} \tag{2-32}$$

当序列之间相关,也即残差序列存在相关性时,采用 Cholesky 分解,将信息的方差—

协方差矩阵分解,以此来消除序列相关性,即 $\boldsymbol{\Omega} = \boldsymbol{MM}'$,

$$\boldsymbol{M} = \begin{bmatrix} m_{11} & 0 \\ m_{12} & m_{22} \end{bmatrix} = \begin{bmatrix} \sigma_1 & 0 \\ \rho\sigma_2 & \sigma_2(1-\rho^2)^{1/2} \end{bmatrix} \tag{2-33}$$

由此,第 i 个市场的信息份额可表示为

$$S_i = \frac{([\psi\boldsymbol{M}])^2}{\psi\boldsymbol{\Omega}\psi'} \tag{2-34}$$

本书所要研究的股指期货与现货价格序列之间是存在相关性的,因此将根据式(2-34)来计算市场的信息份额。由于 Cholesky 分解的结果与变量的顺序有关,这就意味着对变量顺序进行调整可求出每个市场信息份额的上下限。

基于以上研究,Baillie 等推导出期货和现货市场对价格发现的贡献表达式。其中,期货市场贡献度的上下限分别为

$$\text{IS}_F^H = \frac{\alpha_2^2 \sigma_1^2 (1-\rho^2)}{\alpha_1^2 \sigma_2^2 - 2\alpha_1\alpha_2\rho\sigma_1\sigma_2 + \alpha_2^2\sigma_1^2} \tag{2-35}$$

$$\text{IS}_F^L = \frac{(\alpha_2\sigma_1 - \alpha_1\rho\sigma_2)^2}{\alpha_1^2 \sigma_2^2 - 2\alpha_1\alpha_2\rho\sigma_1\sigma_2 + \alpha_2^2\sigma_1^2} \tag{2-36}$$

根据式(2-35)和式(2-36)可以看出,两个市场相关度越高,市场信息份额的上限就越高,而下限越低。本书采用上限和下限的均值作为对市场信息份额的估计,计算出的均值越大,说明此市场对价格发现的贡献比例越高,价格发现功能越强。

【本章知识点回顾】

套期保值可分为买入套期保值和卖出套期保值。传统套期保值理论由凯恩斯和希克斯提出,核心原则包括:种类相同或相关原则,数量相等或相当原则,月份相近原则,交易方向相反原则。由于传统套期保值策略的不足,基差逐利性套期保值和基于投资组合的现代套期保值理论应运而生。

无论供求双方关系如何推动价格变动,期货的价格形成总有其内在规律。期货的市场价格不会长期脱离期货的理论价格。理论界形成了三个不同的期货价格理论流派,即随机性理论、现货-期货平价理论、价格预期理论,深入了解这些理论有助于加深对期货市场运作机制的认识。另外,成熟的期货市场具有价格发现功能,对于价格发现功能的理论阐释、在不同市场上的差异及价格发现功能的检验方法,我们要熟知并掌握。对于套期保值与不确定性投资,我们要深入了解其内在联系,将套期保值的思想运用到投资组合风险管理中,达到套期保值者的价格风险管理目标。

【思考与习题】

1. 什么是套期保值?试述套期保值的基本原理。
2. 套期保值对于企业的作用是什么?
3. 传统套期保值的基本原则和主要问题有哪些?
4. 现代套期保值理论的实质是什么?

5. 简述套期保值的基本原则。
6. 简述期货价格发现功能的几种检验方法。

【即测即练】

第三章

套期保值的基本策略

本章学习目标：

1. 了解和掌握期货套期保值的相关概念和品种分类的有关知识，对其有一个全面、清晰的认知；

2. 掌握多头套期保值和空头套期保值的概念以及分别适用什么情形；

3. 了解利率期货的产生和发展以及几种主要的国际市场利率期货合约，掌握利率期货合约的应用；

4. 了解期权交易的主要特点以及管理期权交易风险的几个重要指标，掌握期权套期保值的交易策略；

5. 理解外汇掉期交易的概念和基本原理，了解我国掉期交易的分类。

套期保值是利用期货市场的潜在收益对冲现货市场可能面临的亏损，使期货工具的盈亏与被套期保值商品的盈亏形成一个相互冲抵的关系，从而规避因价格变动带来的风险。而套期保值策略的制定与实施，是整个套期保值过程中最关键的一个环节。多头套期保值（long hedge）与空头套期保值（short hedge）是最基本的套期保值策略，在具体实施套期保值时，投资者是选择多头套期保值还是选择空头套期保值，应根据自己在现货市场上所持有现货情况而决定。在现实的金融期货套期保值中，投资者还可以根据需要选择其他多种比较复杂的套期保值策略，但本质上这些策略也只是多头套期保值或空头套期保值的某种特殊形式。本章将对期货套期保值的基本原理以及这些基本策略进行详细的介绍。

第一节 期货套期保值

一、商品期货套期保值

（一）多头套期保值

多头套期保值即买入套期保值的操作，主要适用于以下情形。

第一，预计在未来需要购买某类商品或固定资产，购买的价格还未得到确定，担心当前市场价格的上涨，使其购入成本大幅增加。

第二，目前尚未持有某种商品或资产，但已按固定价格将该商品或资产卖出（此时处于现货空头头寸),担心市场价格上涨,影响其销售收益或者采购成本。

第三,按固定价格销售某商品的产成品及其副产品,但尚未购买该商品进行生产(此时处于现货空头头寸),担心市场价格上涨,购入成本提高。

案例3-1

某加工商计划购买一批铜,但同时担心价格上涨会使现货市场的购货成本增加,因此可以考虑在期货市场上做多头套期保值。多头套期保值是指交易者在期货市场上买进同样数量、同种商品的期货合约,期货合约交割之前在现货市场上买进同样的商品,并在期货市场上卖出同种期货合约平仓的保值操作。购买价格下跌的多头套期保值如表3-1所示。

表3-1　购买价格下跌的多头套期保值

现货市场	期货市场
7月10日,铜现货价格为1.95万元/吨	7月10日,该加工商买进50吨12月份铜期货合约,价格为1.99万元/吨
12月10日,买进50吨铜,价格为1.9万元/吨	12月10日,卖出50吨12月份铜期货合约,价格为1.94万元/吨
购买成本节约0.05×50=2.5万元	亏损0.05×50=2.5万元

该加工商12月份买入比7月份买入少支付了2.5万元,但由于多头套期保值操作在期货市场亏损2.5万元,实际进货成本仍为1.95万元/吨,现货市场上少支付的2.5万元弥补了期货市场上亏损的2.5万元。

因此,无论未来现货价格上涨还是下跌,加工商通过多头套期保值都能使进货成本维持在7月份的1.95万元/吨。不过,在成功规避价格上涨风险的同时,加工商也因此放弃了价格下跌时获取更低购买成本的机会。

(二)空头套期保值

空头套期保值即卖出套期保值的操作,主要适用于以下情形。

第一,持有某种商品或资产(此时持有现货多头头寸),担心国际市场商品价格的大幅下跌,使其持有的某种商品或资产在国际市场上的实际价值大幅度下降,或者其商品销售的利润大幅度下降。

第二,已经按固定价格买入未来交收的商品或资产(此时持有现货多头头寸),担心市场价格下跌,使其商品或资产市场价值下降或其销售收益下降。

第三,预计在未来可能会销售一些商品或者是资产,但是由于销售的价格还未得到充分的确定,担心当前市场价格的下跌,使其实际销售的收益有所下降。

案例3-2

某贸易商打算向客户经销玉米的现货,即先买入后卖出,担心玉米在买入和卖出的过程中由于现货的价格下跌导致利润大幅降低,因此,在玉米期货市场上进行空头(也就是卖空)套期保值,如表3-2所示。

表 3-2　空头套期保值效果

现货市场	期货市场
7月10日,某贸易商买进玉米100吨,价格为1 040元/吨	7月10日,某贸易商卖出10手12月份到期的玉米期货合约,价格为1 070元/吨
10月8日,该贸易商卖出玉米100吨,价格为1 000元/吨	10月8日,某贸易商买进10手12月份到期的玉米期货合约,价格为1 030元/吨
亏损 40×100=4 000元	盈利 40×100=4 000元

可见,该贸易商转移了价格下降给现货买卖带来的风险,因为他在期货市场上盈利,现货端虽然亏损,但盈亏完全相抵,实现了完全保值。

二、国债期货套期保值

(一) 利率期货的产生和发展

第二次世界大战后,在布雷顿森林制度下,各国实行固定汇率制,同时利率政策也基本一致。全球主要工业国家都以凯恩斯主义为指导思想,为刺激消费需求和投资需求而推行低利率政策。一旦市场利率出现上升趋势,就采取扩大货币供应的方法来降低利率和稳定利率。

20世纪70年代,利率监督管制政策的负面影响和效应越来越明显。经济发展滞胀的局面和布雷顿森林制度的瓦解使世界上各国都被迫改弦更张,弗里德曼的货币主义理论受到各国政府的青睐。与放弃固定汇率制一样,控制利率、稳定利率不再是金融政策的目标,而是变为以控制货币供应量为主。随着利率控制政策的大幅放松或取消,市场中利率波动越来越多,利率风险已经成为各类金融机构,特别是银行和投资者所需要面临的主要风险。在这样的背景下,利率期货应运而生。

1975年10月20日,CBOT推出了历史上第一张利率期货合约——政府国民抵押协会(Government National Mortgage Association,GNMA)抵押凭证(Collateralized Depository Receipt,CDR)期货合约。政府国民抵押协会抵押凭证是美国住房和城市发展部批准的银行或金融机构以房屋抵押方式发行的一种房屋抵押债券,平均期限12年,最长期限可达30年,是当时一种流动性较好的信用工具。

随后一系列利率期货品种在美国期货市场逐一上市。1976年1月,CME国际货币市场(IMM)分部推出了13周的美国国债期货交易;1977年8月,CBOT推出了美国长期国债期货交易;1981年7月,CME国际货币市场分部、CBOT同时推出可转让定期存单(CDs)期货交易;1981年12月,CME国际货币市场分部推出3个月欧洲美元期货交易。其中,CME的欧洲美元期货在美国市场首度引入现金交割制度(此前澳大利亚悉尼期货交易所已于1980年推出了现金交割的美元期货)。

继美国之后,很多国家和地区的期货市场也都推出利率期货交易。1982年,伦敦国际金融期货期权交易所(LIFFE)上市利率期货品种;1985年,东京证券交易所(TSE)开始利率期货交易;1990年2月7日,香港期货交易所推出了3个月银行间同业拆放利率期货;法国、澳大利亚、新加坡等国家和地区也先后上市利率期货品种。利率期货自诞生后发展迅猛,交易金额很快超过了传统的商品期货,并一直在全球期货市场占有较大的市场份额。近年来,在全球期货市场交易活跃的短期利率期货品种有 CME 的 3 个月欧洲美元期货、纽约泛欧交易所集团伦敦国际金融期货期权交易所的 3 个月欧元银行间拆放利率期货、3 个月英镑利率期货(Short Sterling Futures)、巴西证券期货交易所的 1 天期银行间存单期货(One-day Interbank Deposit Futures)、墨西哥衍生品交易所(MexDer)的 28 天期银行间利率期货(28-Day Interbank Equilibrium Interest Rate Futures)等。

在全球期货市场交易活跃的中长期利率期货品种有:CBOT 的美国 2 年期国债期货(2-Year Treasury Note Futures)、3 年期国债期货(3-Year Treasury Note Futures)、5 年期国债期货(5-Year Treaury Note Futures)、10 年期国债期货(10-Year Treasury Note Futures)和美国长期国债期货(Treasury Bond Futures);欧洲期货交易所(Eurex)的德国国债期货,包括德国短期国债期货[Euro-Schatz Futures(FGBS),剩余期限为 1.75~2.25 年]、德国中期国债期货[Euro-Bobl Futures(FGBM),剩余期限为 4.5~5.5 年]、德国长期国债期货[Euro-Bund Futures(FGBL),剩余期限为 8.5~10.5 年];英国政府长期国债期货(Long Gilt Futures);澳大利亚证券交易所集团(ASX)悉尼期货交易所的 3 年期澳大利亚国债期货等。

(二) 利率期货合约标的

利率期货合约标的主要可分为货币资金、短期存单和债券三大类。基于货币资金的代表性品种有 3 个月欧元银行间拆放利率期货、3 个月英镑利率期货、28 天期银行间利率(墨西哥衍生品交易所)期货等;基于短期存单的代表性品种是 3 个月欧洲美元期货;基于债券的期货品种主要为各国国债期货,其代表性品种有美国国债期货、德国国债期货、英国国债期货等。下面选择三个代表性的利率期货品种的合约标的进行简要介绍。

(1) 欧洲美元(Eurodollar)。欧洲美元是指美国境外的金融机构或美国金融机构设在境外的分支机构的美元存款和美元贷款,是离岸美元。这种美国境外美元存贷业务开始于欧洲,因此称为"欧洲美元"。欧洲美元不受美国政府监管,不需提供存款准备,不受资本流动限制。

欧洲美元与美国境内流通的美元是同一货币,具有同等价值。欧洲美元出现于 20 世纪 50 年代初,曾因其自身经济具有供给充裕、运用灵活等特点,享有完全不受任何地方国家金融行政管理部门汇率规定以及法规的直接干预和严格限制等巨大优势,为各国和地区的地方政府或大型外资企业的发展提供了大量的资金。其对第二次世界大战后期的西欧地区和欧洲各国的经济建设与社会发展都起了积极的经济促进作用。除美国外,最大、最有代表性意义的欧洲美元交易市场在伦敦,欧洲美元已经成为国际金融市场上最重要的融资工具之一。

(2) 欧元银行间拆放利率(Euro Interbank Offered Rate,Euribor)。欧元银行间拆放利率是指在欧元资信较高的银行间资金的拆放利率,自 1999 年 1 月开始使用。Euribor 有隔夜、1 周、2 周、3 周、1~12 个月等各种不同期限的利率,最长的 Euribor 期限为 1 年。

最常见的 Euribor 期限是隔夜、1 周、1 个月、3 个月、6 个月、9 个月和 12 个月,确定方法类似于伦敦银行间拆放利率。Euribor 是欧洲市场欧元短期利率的风向标,其发布时间为欧洲中部时间的上午 11 时,以 365 日为 1 年计息。

（3）美国国债(U. S. Treasury Securities)。美国国债市场将国债分为短期国债(T-Bills)、中期国债(T-Notes)和长期国债(T-Bonds)三类。美国短期国债是指偿还期限不超过 1 年的国债,美国中期国债是指偿还期限在 1～10 年的国债,美国长期国债是指偿还期限在 10 年以上的国债。

美国短期国债通常采用贴现方式发行,到期按照面值进行兑付。比如 1 000 000 美元的 13 周期国债,按照 2% 的年贴现率发行,其发行价为 995 000 美元,到期兑付 1 000 000 美元,因此 5 000 美元的差价相当于利息,其年贴现率为

$$年贴现率 = 5\,000/1\,000\,000 \times 4 \times 100\% = 2\%$$[1]

然而,该国债的年收益率 $= 5\,000/995\,000 \times 4 \times 100\% = 2.01\%$,要大于其年贴现率。

美国中长期国债通常是附有息票的附息国债。附息国债的付息方式是在债券期满之前,按照票面利率每半年（或每年、每季度）付息一次,最后一笔利息在期满之日与本金一起偿付。比如,10 年期国债的票面利率为 4%,面值为 100 000 美元,每半年付息一次,则债券持有人每隔半年可得到 2 000 美元的利息;10 年期满时,债券持有人将得到 102 000 美元,即在得到最后一期 2 000 美元利息的同时收回 100 000 美元本金。

（三）国际市场利率期货合约介绍

1. 短期利率期货

短期利率期货是以货币市场的各种债务凭证作为标的物的利率期货,主要有以下五个品种。

（1）短期国债期货合约。短期国债期货合约是指以 90 天期的国债为交割品的期货合约（表 3-3 和表 3-4）。

表 3-3　IMM 短期债券期货合约

合约名称	90 天国库券期货	90 天 CD 期货	3 个月欧洲美元期货
交易单位	100 万美元	100 万美元	100 万美元
最小变动价位	0.01%（1 点）	0.01%（1 点）	0.01%（1 点）
最小变动值	25 美元 (100 万×0.01%×3/12)	25 美元	25 美元
每日交易限价	0.60,即每份合约 1 500 美元	0.80,即每份合约 2 000 美元	无
交易时间	芝加哥时间 8:00—14:00	芝加哥时间 7:00—14:00	芝加哥时间 7:00—14:00,最后交易日交易截至 9:30

---

[1]　13 周为 3 个月,因此计算年利率时需要乘 4。

续表

合约名称	90天国库券期货	90天CD期货	3个月欧洲美元期货
最后交易日	交割日前一营业日	交割日前一营业日	交割月份第三个星期三之前的第二个伦敦银行营业日
交割日	交割月份中一年期国债券还余13周期限的第一天	交割月份15日至月底	最后交易日

表 3-4 LIFFE 交易的短期英镑存款合约

交易单位	500 000 英镑
最小变动价位	0.01%（1 点）
最小变动值	12.50，即 500 000×(90/360)×0.01%＝12.50 英镑
每日交易限价	0.60(60 点)，即每份合约 1 500 美元①(＝25×60)
合约月份	3月、6月、9月、12月
交割日	最后交易日之后的首个营业日

短期国债期货的报价惯例是使用 IMM 指数报价，报价指数按式(3-1)计算：

$$\text{期货报价（IMM 指数）} = 100 - \text{短期国债利率（贴现率）} \times 100 \tag{3-1}$$

每 100 美元的期货现金价格按式(3-2)计算：

$$f = 100 - (100 - \text{期货报价}) \times n/360 \tag{3-2}$$

式中，n 为合约期限。

交易者买卖期货合约的现金价格可用式(3-3)计算：

$$F = 100\text{万} - 100\text{万} \times Y_d \times n/360 \tag{3-3}$$

式中，Y_d 为票面年贴现率。

案例 3-3

90 天短期国库券利率为 8.25%，则该期货合约的 IMM 指数报价为

$$100 - 8.25\% \times 100 = 91.75 \tag{3-4}$$

每 100 美元的期货现金价格为

$$f = 100 - (100 - 91.75) \times 90/360 = 97.937\ 5 \tag{3-5}$$

美元期货合约的现金价格为

$$\text{面值} \times 97.937\ 5/100 = 1\ 000\ 000 \times 97.937\ 5/100 = 979\ 375(\text{美元}) \tag{3-6}$$

或

$$F = 1\ 000\ 000 - 1\ 000\ 000 \times 8.25\% \times 90/360 = 979\ 375(\text{美元}) \tag{3-7}$$

以 IMM 指数报价是为了符合交易者的习惯，如果以协定利率报价，就会出现卖价高于买价时无法成交的现象。例如，卖方愿意提供利率为 5% 的期货，而买方需要利率为 6% 的期货。若用指数报价，卖价为 95，买价为 94。因此，只有卖价下降(利率上升)、买价上升(利率下降)才能成交。

---

① 一个基点为 25 美元。

案例 3-4

面值为 100 美元的 3 个月期国债,当成交价为 93.58 时,意味着年贴现率为(100－93.58)×100%＝6.42%,即 3 个月贴现率为 6.42%/4＝1.605%,也即以 100×(1－1.605%)＝98.395 美元的价格成交 100 美元面值的国债。当成交价为 92.58 时,年贴现率为(100－92.58)/100×100%＝7.42%,3 个月的贴现率为 7.42%/4＝1.855%,也即以 100×(1－1.855%)＝98.145 美元的价格成交 100 美元面值的国债。这样,在指数式报价下,报价越低,收益越高。

(2) 欧洲美元期货合约。欧洲美元的利率基于伦敦银行同业拆借利率(London Interbank Offered Rate,LIBOR)。最活跃的欧洲美元期货是 CME 交易的 3 个月期欧洲美元期货,它的交易量最大(表 3-5)。

表 3-5　IMM 3 个月期欧洲美元期货合约

交易单位	1 000 000 美元
最小变动价位	0.01%
最小变动值	25 美元
合约月份	3 月、6 月、9 月、12 月
结算方式	现金结算

各种到期未平仓的欧洲美元期货头寸必须通过最后结算价格加以结清,并采用现金结算方式。欧洲美元期货的最后结算价格不由期货市场决定,而由现货市场决定:最后结算价格＝100－合约最后交易日的 3 个月期 LIBOR。

(3) 商业票据期货。商业票据期货是一种以商业票据为交易对象的短期利率期货。

(4) 港元利率期货。港元利率期货是以香港银行同业拆借利率为交易对象的短期利率期货,主要有 1 个月及 3 个月港元利率期货合约两种。

(5) 定期存单期货。定期存单期货是一种以定期存单为交易对象的短期利率期货。

(6) 3 个月欧元利率期货。3 个月欧元利率期货合约(Three-month Euro Interest Rate Futures Contract),全称为 3 个月欧元银行间同业拆放利率(EURIBOR)"期货合约",最早在 1998 年由 LIFFE 推出,目前交易量排在全球短期利率期货交易的前列(表 3-6)。

表 3-6　NYSE Liffe 3 个月欧元利率期货合约

合约单位	1 000 000 欧元
合约月份	最近到期的 6 个连续月,连续循环季月(3 月、6 月、9 月、12 月)。共有 28 个合约
报价方式	指数式,100.00 减去不带百分号的年利率
最小变动价位	0.005 点(合约的变动值为 12 欧元)
最后交易日	交割月第三个星期三回数第二个交易日的上午 10:00(伦敦时间)
交割日	最后交易日后的第一个交易日
交易时间	01:00-06:00,07:00-21:00(伦敦时间)
交割方式	现金交割

2. 中长期国债期货合约

(1) CBOT 上市的部分中长期国债期货合约详见表 3-7。

表 3-7 CBOT 中长期国债期货合约

名　　称	5 年期国债期货	10 年期国债期货	长期国债期货	GNMACDR 期货
交易单位	10 万美元面值的中期国库券	10 万美元面值的中期国库券	10 万美元面值的长期国库券	10 万美元本金,息票率为 8%
最小变动价位	一个百分点的 1/64	一个百分点的 1/32	一个百分点的 1/32	一个百分点的 1/32
最小变动值	15.625 美元	31.25 美元	31.25 美元	31.25 美元
每日交易限价	上一交易日结算价上下各 3 点,即每份合约 3 000 美元	3 点,即每份合约 3 000 美元	3 点,即每份合约 3 000 美元	3 点,即每份合约 3 000 美元
合约月份	3 月、6 月、9 月、12 月			
交易时间	芝加哥时间 7:20—14:00	芝加哥时间周一至周五 7:20—14:00	7:20—14:00（交易池）	芝加哥时间 7:20—14:00,最后交易日交易截至 9:30
最后交易日	日历月份的最后营业日,到期合约的交易在最后交易日下午 12:01 收市	从交割月份最后营业日往回数第七个营业日	从交割月份最后营业日往回数第七个营业日	交割月份第三个星期三之前的星期五

(2) 德国中期国债期货合约。德国国债期货主要在 Eurex 交易。Eurex 有多个中长期利率期货品种可以同时挂牌交易,包括德国、意大利和瑞士等国中长期国债期货品种。其中,德国国债期货交易量极大,近年来交易量排名一直在全球利率期货交易前列。

(3) Eurex 挂牌交易的德国国债期货包括德国短期国债期货(剩余期限为 1.75～2.25 年)、德国中期国债期货(剩余期限为 4.5～5.5 年)、德国长期国债期货(剩余期限为 8.5～10.5 年)三种。

(4) 中长期国债期货的报价与中长期国债本身采用的报价方式相同。

(四) 利率期货的应用

利用利率期货进行套期保值规避的是市场利率变动为投资者带来的风险。利率期货套期保值策略包括买入套期保值和卖出套期保值。利率期货买入套期保值者最初在期货市场买入利率期货合约,目的主要是有效对冲市场利率下降给其带来的风险;利率期货卖出套期保值者最初在期货市场上卖出利率期货合约,目的是对冲市场利率上升为其带来的风险。

1. 利率期货多头套期保值

利率期货多头套期保值是通过期货市场开仓买入利率期货合约,以在现货和期货两个市场建立盈亏冲抵机制,规避市场利率下降的风险。其适用的情形主要有:

(1) 计划购买一只固定收益的债券,担心贷款利率的下降,导致其债券市场价格的上升;

(2) 承担按固定利率计息的借款人担心利率下降,导致资金成本相对增加;

(3) 资金的贷方担心利率下降,导致贷款利率和收益下降。

案例 3-5

某国外公司 4 月 5 日预计将于 7 月 10 日收到 1 000 万欧元,该公司打算将其投资于 3 个月的定期存款。4 月 5 日存款利率为 7.65%,该公司担心 7 月 10 日利率会下跌,决定运用利率期货进行套期保值,其过程及保值效果如表 3-8 所示。

表 3-8 运用利率期货进行多头套期保值操作

日 期	现货市场	期货市场
4 月 5 日	预期 6 月 10 日收到 1 000 万欧元,到时转换为利率为 7.65% 的 3 个月期定期存款	以 92.40 点的价格买进 10 份 6 月份到期的 3 个月期欧元利率期货合约
7 月 10 日	存款利率下跌到 5.75%,收到 1 000 万欧元,以此利率存入银行	以 94.29 点的价格卖出 10 份 6 月份到期的 3 个月期欧元利率期货合约对冲
损益	10 000 000×(5.75%−7.65%)×1/4＝−47 500 欧元	10 000 000×(94.29−92.40)×1‰×1/4＝47 250 欧元

该公司实际存款利息为

$$10\,000\,000 \times 5.75\% \times 1/4 = 143\,750(欧元) \tag{3-8}$$

实际收益率为

$$(143\,750 + 47\,250)/10\,000\,000 \times 4 = 7.64\% \tag{3-9}$$

利率期货保值后实际收益率与预期的 7.65% 较为接近。

2. 利率期货空头套期保值

利率期货空头套期保值是通过期货市场开仓卖出利率期货合约,以期在现货和期货两个市场建立盈亏冲抵机制,规避市场利率上升的风险。其适用的情形主要有:

(1) 持有固定收益债券,担心利率上升,其债券价格下跌或者收益率相对下降;

(2) 利用债券融资的筹资人担心利率上升,导致融资成本上升;

(3) 资金借方担心利率上升,导致借入成本增加。

案例 3-6

假设 4 月份市场利率为 9.55%,某公司须在 9 月份借入一笔期限为 3 个月、金额为 100 万美元的款项,由于担心利率会升高,公司在 CME 以 90.30 点卖出 2 份 9 月份到期的 3 个月期国库券期货合约。7 月份因利率上涨,9 月份合约价格跌到 88.00 点,此时对冲 2 份 9 月份合约,并以 12% 的利率借入 100 万美元,操作过程和效果如表 3-9 所示。

表 3-9 利率期货空头套期保值效果

日 期	现货市场	期货市场
4 月 3 日	借入美元,3 个月的利息成本为: 1 000 000×9.55%×1/4＝23 875(美元)	卖出 2 份 CME 9 月份到期的 3 个月期国库券期货合约,成交价格为 90.30 点

续表

日期	现货市场	期货市场
7月3日	借入美元,3个月的利息成本为： $1\,000\,000 \times 12\% \times 1/4 = 30\,000$（美元）	买入2份合约,与4月3日抛出的合约进行对冲,成交价格为88.00点,净赚2.3点
损益	支付利息损失 $23\,875 - 30\,000 = -6\,125$（美元）	盈利 $2 \times 2.3\% \times 1\,000\,000 \times 1/4 = 11\,500$（美元）

市场利率上升使该公司借款利息多支付6 125美元,但期货保值获利11 500美元,其实际利息成本为 $23\,875 - (11\,500 - 6\,125) = 18\,500$ 美元,实际利率为：$18\,500/1\,000\,000 \times 4 = 7.4\%$,保值后预期成本被成功锁定。

3. 基于久期的套期保值策略

在运用利率期货进行套期保值时,一个重要的概念是久期(duration)。债券的久期是用来衡量债券的持有者在收到现金付款之前,平均需要等待多长时间。期限为 n 年的零息票债券的久期为 n 年。然而,期限为 n 年的附息票债券的久期小于 n 年。这是由于持有者在 n 年之前就收到一些利息了。

假定现在是0时刻,债券持有者在 t_i 时刻收到的利息为 $c_i (1 \leqslant i \leqslant n)$。债券的价格 B 和收益率 y（连续计复利）的关系为

$$B = \sum_{i=1}^{n} c_i e^{-y t_i} \tag{3-10}$$

债券久期 D 的定义为

$$D = \frac{\sum_{i=1}^{n} t_i c_i e^{-y t_i}}{B} \tag{3-11}$$

也可以写为

$$D = \sum_{i=1}^{n} t_i \left[\frac{c_i e^{-y t_i}}{B} \right] \tag{3-12}$$

其中,方括号中的那项为 t_i 时刻支付的现值与债券价格的比率。债券的价格是将来所有本息的现值。因此久期是付款时间的加权平均值,对应 t_i 时刻的权重等于 t_i 时刻所有支付的现值占债券总现值之比率,权重之和为1.0。我们现在来说明为什么在套期保值中,久期是一个重要的概念。

根据式(3-13)：

$$\frac{\partial B}{\partial y} = -\sum_{i=1}^{n} c_i t_i e^{-y t_i} \tag{3-13}$$

再根据式(3-12),式(3-13)又可以改写为

$$\frac{\partial B}{\partial y} = -BD \tag{3-14}$$

如果我们对收益率曲线进行微量平移,使所有期限的利率都增加 Δy,所有债券的收

益率也增加 Δy,式(3-15)表明,债券价格增加了 ΔB,其中,

$$\frac{\Delta B}{\Delta y} = -BD \tag{3-15}$$

或

$$\frac{\Delta B}{B} = -D\Delta y \tag{3-16}$$

这表明债券价格变化的百分比等于其久期乘以收益曲线的平行增量。

案例 3-7

考虑某个面值为 100 美元、附息票利率为 10% 的 3 年期债券。假定该债券连续复利的年收益率为 12%,即 $y=0.12$。息票每 6 个月付息一次,利息为 5 美元。债券久期的计算如表 3-10 所示。贴现率用收益率代替,将计算出的现值列在表 3-10 第三列中(例如,第一次付息的现值为 $5e-0.12\times0.5=4.709$)。第三列中的数字之和等于债券价格 94.213 美元。第三列中的数字除以 94.213 就可得到权重。第五列中的数字之和即为久期 2.654 年。根据公式:

$$\Delta B = -94.213 \times 2.654 \Delta y \tag{3-17}$$

即

$$\Delta B = -250.04 \Delta y \tag{3-18}$$

如果 $\Delta y=+0.001$,即 y 增加到 0.121,表明我们预计 ΔB 为 -0.25。换句话说,我们预计债券的价格将下降到 $94.213-0.250=93.963$。按 12.1% 的收益率重新计算债券价格,就能得到证明。

表 3-10 债券久期的计算

时 间	付款金额	现 值	权 重	时间×权重
0.5	5	4.709	0.050	0.025
1.0	5	4.435	0.047	0.047
1.5	5	4.176	0.044	0.066
2.0	5	3.933	0.042	0.084
2.5	5	3.704	0.039	0.098
3.0	105	73.256	0.778	2.334
合计	130	94.213	1.000	2.654

我们可以将债券组合的久期定义为组合中单个债券久期的加权平均,权重为单个债券的价格占组合价格的百分比。式(3-18)表明收益曲线平移 Δy 的影响即为该组合的久期乘以 Δy。

这一分析是在假定 y 为连续复利率的基础上得出的。如果 y 为年复利率,则式(3-18)变为

$$\Delta B = -\frac{BD\Delta y}{1+y} \tag{3-19}$$

设有某个利率头寸,该利率依赖于诸如某个债券组合或某个货币市场证券这样的资产,我们这里考虑运用利率期货合约对该利率头寸进行套期保值。下列字母的含义为:

F：利率期货合约的合约价格；
D_F：期货合约标的资产的久期；
S：需进行套期保值的资产的价值；
D_S：需进行套期保值的资产的久期。

我们假定收益率的变化 Δy 对所有期限来说都是一样的，即我们假定收益曲线只能发生平行移动，根据式(3-16)，得到一个近似公式：

$$\Delta S = -SD_S \Delta y \qquad (3\text{-}20)$$

通过合理的近似，式(3-21)也同样成立：

$$\Delta F = -FD_F \Delta y \qquad (3\text{-}21)$$

因此为了对冲 Δy 的不确定性，对冲所需要的合约数为

$$N^* = \frac{SD_S}{FD_F} \qquad (3\text{-}22)$$

这就是基于久期的套期比率(duration-based hedge ratio)。有时我们也将它称为价格敏感的套期比率(price sensitivity hedge ratio)。运用它可使整个头寸的久期为零。

案例3-8

5月20日，公司的财务主管得知将于8月5日收到3 300 000美元。下一年2月份该项资金将用于一项重要的资本投资项目。因此财务主管计划在收到款项时就将它投资于6个月期的短期国债。现在6个月期短期国债的收益率为11.20%，每半年复利一次。该财务主管担心在5月20日到8月5日之间短期国债的收益率可能会下降，于是他决定利用短期国债期货进行套期保值。9月份短期国债期货合约的报价为89.44。在本案例中，如果利率下降，公司就会有损失。而当利率下降，即短期国债的价格上升时，对冲的期货收益一定为正值。这意味着应使用多头套期保值。

为了计算对冲所需要购买的短期国债期货合约的数量，我们注意到该期货合约的标的资产的持续期为3个月。由于短期国债是贴现证券，它的久期就是3个月或0.25年。与此类似，财务主管计划投资的6个月期的短期国债的久期就是6个月或0.50年。每一短期国期货合约交割1 000 000美元的短期国债。合约的价格为

$$10\,000 \times [100 - 0.25 \times (100 - 89.44)] = 973\,600 \qquad (3\text{-}23)$$

根据式(3-24)，应购买的合约数为

$$\frac{3\,300\,000}{973\,600} \times \frac{0.5}{0.25} = 6.78 \qquad (3\text{-}24)$$

近似到整数位，则该财务主管应购买7张合约。

案例3-9

8月2日，基金管理者已将10 000 000美元投资到政府债券中，他预计在下3个月内利率的变动将十分剧烈。他决定运用12月份的长期国债期货合约对投资组合进行套期保值。现在期货的价格为93-02即93.062 5，由于每一合约要交割面值为100 000美元的债券，此期货合约的价格为93美元。

在接下来的3个月内，债券组合的平均久期为6.80年。在长期国债期货合约中交割最便宜的债券是20年期年息票利率为12%的债券。现在该种债券的年收益率为

8.80%,在期货合约到期时,该债券久期为9.20年。

为了对债券组合进行套期保值,基金管理者需要在长期国债期货上持有空头。如果利率上升,期货空头将会盈利,而债券组合将会发生损失。如果利率下降,期货空头将发生损失,而债券组合会有盈利,根据式(3-25),我们可以计算出应卖空的期货合约数:

$$\frac{10\ 000\ 000}{93\ 062.50} \times \frac{6.80}{9.20} = 79.42 \quad (3-25)$$

近似到整数位,基金管理者应卖空79张合约。

(五) 利率期货价格的影响因素

市场利率的变化对于投资者分析利率期货价格的走势和波动至关重要,本小节介绍影响市场利率以及利率期货价格的主要因素。

1. 政策因素

(1) 财政政策。扩张性的财政政策,通过财政分配来增加和刺激社会的总需求,造成对资金需求的增加,市场利率将上升;紧缩性的财政政策,通过财政分配来减少和抑制社会的总需求,造成对资金需求的减少,市场利率将下降。

(2) 货币政策。扩张性的货币政策是通过提高货币供应增长速度来刺激总需求,在这种政策下,取得信贷更为容易,市场利率会下降;紧缩性的货币政策是通过削减货币供应的增长率来降低总需求水平,在这种政策下,取得信贷较为困难,市场利率也相应地有所上升。

(3) 汇率政策。一国政府一般通过本国货币汇率的升降来控制进出口及资本流动以达到国际收支(balance of payments)均衡之目的。汇率将通过影响国内物价水平、短期资本流动而间接对利率产生影响。首先,当一国货币汇率下降时,有利于促进本国商品的出口、限制进口、进口商品成本上升,推动一般商品物价水平上升,引起国内物价水平的上升,进而导致实际利率下降;如果一国货币汇率上升,对利率的影响正好与上述情况相反。其次,一国货币贬值,受心理因素的影响,人们往往会产生该国货币汇率进一步走低或者下降的观念和预期,在本币贬值预期的作用之下,短期资本外逃,国内资金供应的减少将推动本币利率的上升;与此相反,一国货币升值,短期内将推动市场利率的下降。如果一国货币汇率下降之后能够改善该国的贸易条件,随着贸易条件的改善,该国外汇储备将增加。假设其他条件不变的情况下,外汇储备的增加意味着国内资金供应的增加,资金供应的增加将导致利率的降低。相反,如果一国货币汇率上升将造成该国外汇储备的减少,则有可能导致国内资金供应的减少,而资金供应的减少将影响利率使之上升。

2. 经济因素

(1) 经济周期。在当前市场经济发展周期的不同时间和各个阶段,商品市场和资金市场的供求关系会发生相应变化,包括财政政策和货币政策在内的宏观经济政策也会随之作出相应调整,从而对市场利率水平及其走势产生重要影响。

(2) 通货膨胀率。通货膨胀率的高低不仅影响市场利率的变化,而且影响人们对市场利率走势的预期。市场利率的变动通常与通货膨胀率的变动方向一致。通货膨胀率上升,市场利率也上升;通货膨胀率下降,市场利率也下降。

(3) 经济状况。经济增长速度较快时,社会资金需求旺盛,市场利率会上升;经济增长速度放缓,社会资金需求相对减少,市场利率会下跌。

3. 全球主要经济体利率水平

由于国际资本流动十分频繁,因此一国的利率水平很容易受到其他国家利率水平的影响。在世界经济走向全球化的今天,全球主要市场经济体的利率水平将直接或间接影响一个国家的利率政策和利率水平。

4. 其他因素

其他因素包括人们对经济形势的预期、消费者收入水平、消费者信贷等,也会在一定程度上影响市场利率的变化。

在分析影响市场利率和利率期货价格的因素时,要特别关注宏观经济数据及其变化,主要包括国内生产总值、工业生产指数、消费者物价指数、生产者物价指数、零售业销售额、失业率、耐用品订单及其他经济指标等。经济数据统计信息的好与坏可以直接影响我国经济宏观政策的变化和投资者对于资本市场的乐观预期程度,进而影响到市场利率水平的变动。

三、股票指数期货套期保值

股票指数期货简称"股指期货",是指期货交易所同期货交易双方签订的、约定在将来某个特定时期,买卖双方向交易所结算公司收付等于股价指数若干倍金额的合约。股指期货交易的特点是:采用现金结算而非实物交割、具有高杠杆作用、交易成本较低、市场的流动性较高。

(一) 股票指数期货的种类

股票指数期货合约的种类较多,都以合约标的物指数的点数报价,合约的价格通常是由这个点数与一个固定金额相乘而得。合约价格=股票指数水平×乘数。

例如,对恒生指数及其分类指数期货,固定金额为50港元。假如现时香港恒生指数是5 000点,则一份香港恒生指数期货合约的价格就是25万港元=50港元×5 000点。表3-11为主要的股票指数期货合约乘数。

表3-11 主要的股票指数期货合约乘数

股指期货合约	乘 数	最小价格变动	最小变动价值
标准普尔500指数期货	250美元	0.10	25美元
NYSE综合指数期货	500美元	0.05	25美元
价值线指数期货	500美元	0.05	25美元
主要市场指数期货	250美元	0.05	12.5美元
《金融时报》指数期货	25英镑	0.50	12.5英镑
日经225指数期货	1 000日元	10	10 000日元
香港恒生指数期货	50港元	1	50港元
沪深300指数期货	300元	0.2	60元

1. 标准普尔 500 指数期货

标准普尔 500 指数从 1923 年开始编制，采用加权平均法计算。1957 年，该指数包括 500 种股票，从 1982 年开始在芝加哥商品交易所进行期货交易。当时该指数为 117，该指数的基期为 1941—1943 年间股票的平均价格，并将其定为 10。如果该指数为 256，则意味着当前 500 种股票的平均价格为 1941—1943 年间的 25.6 倍，具体如表 3-12 所示。

表 3-12　标准普尔 500 指数期货合约

交易所名称	芝加哥商品交易所（CME）
交易单位	250 美元×S&P500 指数点
开盘价格限制	在开盘期间，成交价格不得高于或低于前一交易日结算价格 5 个指数点，若在交易的最初 10 分钟结束，主要期货合约的买入价或卖出价仍受到 5 个指数点的限制，则交易将停止，2 分钟后以新的开盘价重新开盘
最小变动价位	0.10 指数点（每份合约 25 美元）
合约月份	3 月、6 月、9 月、12 月
交易时间	上午 10:00—下午 4:15（美国东部时间）
最后交易日	每个合约交易月份的第三个星期四
交割方式	以最后的结算价格实行现金结算，此最后的结算价格系根据合约月份第三个星期五特别报出的 S&P500 股价指数之成分股的开盘价格确定

2. 纽约证券交易所（NYSE）综合指数期货

NYSE 综合指数从 1965 年开始编制，采用加权平均法计算，基期指数定为 50，由在纽约证券交易所上市的大约 1 500 种股票构成（表 3-13）。

表 3-13　纽约证券交易所综合指数期货合约（NYSE 综合指数期货）

交易所名称	纽约证券交易所（NYSE）
交易单位	500 美元 NYSE 综合指数点
最小变动价位	0.05 指数点（每份合约 25 美元）
合约月份	3 月、6 月、9 月、12 月
交易时间	上午 10:00—下午 4:15（美国东部时间）
最后交易日	每个合约交易月份的第三个星期五
交割方式	合约到期时以现金结算，最后结算价格系根据构成 NYSE 综合指数的所有上市股票在合约月份的第三个星期五的开盘价格，经特别计算求得

3. 价值线指数期货

价值线指数从 1961 年 6 月 30 日开始编制，采用几何平均法计算，基期指数定为 100，由大约 1 700 种股票构成，约占美国股市总量的 96%，反映了美国股市整体价格水平。1982 年 2 月，堪萨斯期货交易所推出全球最早的股指期货——价值线指数期货（表 3-14）。

表 3-14　价值线指数期货合约

交易所名称	堪萨斯期货交易所（KCBT）
交易单位	500 美元×价值线指数点
最小变动价位	0.05 指数点（每份合约 25 美元）

续表

合约月份	3月、6月、9月、12月
交易时间	上午10:00—下午4:15(美国东部时间)
最后交易日	每个合约交易月份的第三个星期五
交割方式	根据合约月份最后交易日收盘时实际价值线算术平均指数计算

4. 主要市场指数(MMI)期货

主要市场指数从1983年开始编制,采用算术平均法计算,基期指数定为5,由在纽约证券交易所上市的20种蓝筹股股票构成,其中17种成分股为道琼斯工业指数列名公司的股票。其期权交易始于1983年;期货交易始于1984年。

5.《金融时报》指数期货(FTSE)

《金融时报》指数从1935年开始编制,采用几何平均法计算,基期指数定为1 000,其资本额占伦敦股市的70%左右。其有30种股票、100种股票、500种股票三种形式,FTSE100指数为主要形式。

6. 日经225指数期货(Nikkei225)

日经225指数从1950年9月开始编制,采用修正的道琼斯股价指数计算方法,以1950年算出的平均股价176.21为基数。其由在东京证券交易所第一市场上市的225种股票构成。新加坡国际金融交易所首先于1986年推出日经225指数期货,两年后才在日本由大阪证券交易所(OSE)推出这一期货,1990年美国CME也推出了该种期货。

7. 香港恒生指数期货

香港恒生指数从1969年11月开始编制,采用加权平均法计算,1964年7月31日作为基期,基期指数定为100,由香港恒生银行与财经人士共同选出的33种股票构成,约占香港上市股票市场总值的70%;1986年5月推出恒指期货。

8. 沪深300指数期货

沪深300指数在2005年4月8日开始编制。它由上海证券交易所和深圳证券交易所联合发布,是反映中国内地A股市场规模和流动性的重要指标之一。沪深300指数包含了沪深两市300只规模大、流动性好的股票,覆盖了沪深市场约80%的市值。2010年4月16日推出沪深300指数期货。

(二)股票指数期货的应用

1. 股票指数期货套期保值

案例3-10

某公司拟7月3日发行股票融资500万美元,计划发行20万股,每股发行价25美元,实际发行日为7月10日,由于市场价格下跌,只能以每股23.25美元发行20万股,为避免股价下跌导致筹资金额减少,公司决定采用标准普尔500指数期货套期保值。已知7月3日标准普尔指数为456,该指数期货为458点,7月10日标准普尔指数为442,该指数期货为443点。公司的具体操作和保值效果分析如表3-15所示。

表 3-15 某公司利用股票指数期货套期保值的操作和效果

日　　期	现 货 市 场	期 货 市 场
7月3日	标准普尔500指数为456,计划发行股票20万股,每股25美元,计划收入500万美元	卖出44份6月份到期的标准普尔500指数合约,点数为458,合约总值为503.8万美元
7月10日	标准普尔500指数为442,计划发行股票20万股,每股23.25美元,实际筹得资本465万美元	买进44份6月份到期的标准普尔500指数合约,点数为443,合约总值为487.3万美元
保值效果	少收入：35万美元 (23.25-25)×20	盈利：16.5万美元 (458-443)×250×44

2. 股票指数期货套利

案例 3-11

6月10日,某交易者预测将出现多头股票市场,而且主要市场指数的上涨会大于NYSE综合指数,于是运用跨市套利策略,在382.75点水平上买进2份主要市场指数期货合约,并在102.00点水平上卖出1份NYSE综合指数期货合约,当时差价为280.75点。经过3个月,差价扩大到284.25点。该交易者在388.25水平上卖出2份主要市场指数期货合约,在104.00点水平上买进1份NYSE综合指数期货合约进行合约对冲。期货投机结果如表3-16所示。

表 3-16 股票指数期货投机的应用实例

日　　期	主要市场指数期货	NYSE综合指数期货	差　　价
6月10日	买进2份12月份主要市场指数期货合约,点数382.75	卖出1份NYSE综合指数期货合约,点数102.00	280.75
9月10日	卖出2份12月份主要市场指数期货合约,点数388.25	买进1份12月份NYSE综合指数期货合约,点数104.00	284.25
结果	获利：2 750美元 (388.25-382.75)×250×2	亏损：1 000美元 (102.00-104.00)×500×1	获利：1 750美元 3.5×500

(三) 股票指数期货的定价

(1) 支付已知红利的股票指数期货的定价公式：
$$F = (S - I)e^{r(T-t)} \tag{3-26}$$

(2) 支付已知红利收益率的股票指数期货的定价公式：
$$F = (S - I)e^{(r-q)(T-t)} \tag{3-27}$$

其中,F 表示股指期货的理论价格；S 是股票价格；r 是市场利率；q 是红利收益率；I 是股息的贴现值。

案例 3-12

考虑一个标准普尔500指数的3个月期货合约。假定股票的红利收益率为每年3%,指数现值为400,连续复利的无风险利率为8%。求股票指数期货价格。

$$F = 400e^{(0.08-0.03)\times 0.25} = 405.03(美元) \tag{3-28}$$

四、外汇期货套期保值

外汇期货合约是约定在未来特定的时期进行外汇交割并限定了标准币种、数量、交割月份及交割地点的标准化合约。外汇期货交易是指交易双方在期货交易所买卖外汇期货合约的交易。

美国国际货币市场几种外汇期货合约的主要内容如表 3-17 所示。

表 3-17 IMM 的主要外汇期货合约

币 种	交 易 单 位	最小变动价位	每日波动限制
英镑	62 500 英镑	0.000 2(2 点) 每份合约 12.50 美元	400 点 每份合约 2 500 美元
瑞士法郎	125 000 瑞士法郎	0.000 1(1 点) 每份合约 12.50 美元	150 点 每份合约 1 875 美元
加拿大元	100 000 加拿大元	0.000 1(1 点) 每份合约 10 美元	100 点 每份合约 1 000 美元
日元	12 500 000 日元	0.000 1(1 点) 每份合约 12.50 美元	150 点 每份合约 1 875 美元
欧元	125 000 欧元	0.000 1(1 点) 每份合约 12.50 美元	200 点 每份合约 2 500 美元
澳大利亚元	100 000 澳大利亚元	0.000 1(1 点) 每份合约 10 美元	150 点 每份合约 1 500 美元

(一)外汇概述

1. 外汇的概念

外汇是国际汇兑的简称。外汇的概念有动态和静态之分。动态意义上的外汇,是指把一国货币兑换为另一国货币以清偿国家间债务的金融活动。从这个意义来说,外汇等同于国际结算。静态意义上的外汇又有广义和狭义之分,广义的静态外汇是指一切以外币表示的资产,而狭义的静态外汇是指以外币表示的可以用于国际结算的支付手段和资产,这也是人们通常意义上所称的外汇。各国外汇管理法令中所称的外汇一般是指广义的外汇。

2. 汇率的标价

如同商品有价格一样,外汇也有价格。汇率是指以一国货币表示的另一国货币的价格,即两种不同货币的比价,表明一个国家货币折算成另一个国家货币的比率。国际进行贸易与非贸易往来,各国之间需要办理国际结算,所以一个国家的货币对其他国家的货币,都规定有一个汇率。折算两个国家的货币,首先要确定用哪个国家的货币作为标准。由于折算的标准不同,汇率的标价方法可分为直接标价法、间接标价法和美元标价法。

(1)直接标价法。直接标价法是目前包括中国在内的世界上绝大多数国家采用的汇率标价方法。直接标价法,是指以本币表示外币的价格,即以一定单位(1、100 或 1 000 个单位)的外国货币作为标准,折算为一定数额本国货币的标价方法。例如,2012年10月18日中国国家外汇管理局公布的外汇牌价为:100美元/人民币为630.21,表示100美元可以兑换630.21元人民币;100欧元/人民币为825.98,表示100欧元可以兑换825.98元人民币;100英镑/人民币为1 016.47,表示100英镑可以兑换1 016.47元人民币,以上采用的就是直接标价法。

在直接标价法下,外国货币数额固定不变,本国货币的数额则随着外国货币或本国货币币值的变化而改变。外汇汇率的涨跌与本国货币标价数额的增减趋势是一致的,本国货币标价数的提高表示外汇汇率的上涨,表明单位外币所能换取的本币增多,外国货币升值,本国货币贬值;相反,本国货币标价数的减少表示外汇汇率的下降,表明外国单位货币所能换取的本币减少,外国货币贬值,本国货币升值。例如,中国外汇交易市场上的汇率标价100美元/人民币由630.21变为632.26,表明要用更多的人民币才能兑换100美元,外国货币(美元)升值,即外汇汇率上升,相应地,本国货币(人民币)贬值。

(2)间接标价法。间接标价法是以外币表示本币的价格,即以一定单位(1、100或1 000个单位)的本国货币作为标准,折算为一定数额外国货币的标价方法。例如,某日纽约外汇市场的汇率标价为:1美元/英镑为0.64,表示1美元可兑换0.64英镑;1美元/日元为83.31,表示1美元可兑换83.31日元。又如,某日伦敦外汇市场的汇率标价为1英镑/美元为1.55,表示1英镑可兑换1.55美元。以上所采用的方法就是间接标价法。

在间接标价法下,本国货币的数额固定不变,外国货币的数额则随着本国货币或外国货币币值的变化而改变。外汇汇率的涨跌与外国货币标价数额的增减是反方向的,外国货币标价数的提高就表示外汇汇率的下跌,表明单位本币所能换取的外币增多,本国货币升值,外国货币贬值;反之,则相反。例如,伦敦外汇市场的汇率标价1英镑/美元由1.54变为1.55,表明要用更多的美元才能兑换1英镑,本国货币(英镑)升值,相应地,外国货币(美元)贬值,即外汇汇率下跌。

(3)美元标价法。直接标价法和间接标价法主要都是针对本国货币和外国货币之间的关系而言的,在两种货币当中有一种是本国货币,另一种是外国货币。因此,对于某一国家或地区或某个国际外汇市场而言,本币以外其他各种货币之间的比价无法用直接标价法或间接标价法来判断。自从第二次世界大战以后,特别是自从欧洲主要货币交易市场活动开始重新兴起以来,国际金融交易市场之间的外汇交易发展迅速,为便于在国际市场上进行外汇业务交易,银行间的报价都以美元为标准来表示各国货币的价格,这就是美元标价法。目前,它是国际金融市场上通行的标价法。

美元标价法即以若干数量非美元货币来表示一定单位美元的价值的标价方法,以美元与非美元货币的汇率作为基础,其他货币两两间的汇率则通过套算而得。目前,除欧元、英镑、澳大利亚元、新西兰元等几种货币外,其他货币都以美元为基准货币进行标价。例如,USD/JPY=83.31,是指1美元兑83.31日元;USD/CAD=1.03,是指1美元兑1.03加拿大元。欧元、英镑、澳大利亚元、新西兰元的标价采用的是以本身为基准货币、以美元为标价货币的方法。

3. 汇率的种类

根据不同的标准,汇率可分为以下几种。

(1) 官方汇率和市场汇率。按照对外汇管理的形式和程度，汇率可以分为官方汇率(official rate)和市场汇率(market rate)。

官方汇率是指一个国家的政府或货币管理当局(如中央银行、财政部或经指定的外汇专业银行)所规定的汇率，往往又称为法定汇率。在外汇管制比较严格的国家，禁止外汇自由市场存在，官方汇率即实际汇率。

市场汇率是指在外汇市场自由买卖的基础上形成的汇率。在外汇管制较松的国家，官方汇率往往只是一种形式，实际外汇交易还是按照市场汇率进行。

(2) 基本汇率和套算汇率。按照汇率的判定是否通过第三国货币，汇率可分为基本汇率(basic rate)和套算汇率(cross rate)。

基本汇率是根据一个国家的货币和某个关键性货币之间实际价值的对比得到的汇率。世界上各国货币种类繁多，不可能一一为本国货币制定与各国货币兑换的汇率，因此就要选择某一关键货币作为制定汇率的主要对象。

套算汇率又称为交叉汇率，是指根据本国货币对关键货币的基本汇率和关键货币对其他国家货币的汇率套算得到的本国货币对其他国家货币的汇率。

(3) 即期汇率和远期汇率。按照外汇交易的交割时间，汇率可分为即期汇率和远期汇率。

即期汇率又称为现汇汇率，是指外汇买卖双方成交后，当日或两个营业日之内交割款项时所使用的汇率。通常我们所说的即期货币汇率与在其他媒体上公布的汇率，如无特别说明，一般是指即期汇率。

即期汇率主要包括三种形式：第一种是电汇汇率，它是银行用电信方式通知国外付款的外汇价格，在银行外汇交易中均以电汇汇率作为交易的价格，电汇汇率是计算其他各种汇率的基础。第二种是信汇汇率，它是银行通过信函邮寄方式通知国外付款的外汇价格。第三种是票汇汇率，它是指银行在兑换各种外汇汇票、支票和其他收据时所采用的汇率。票汇汇率按票汇支付期限不同，又可以分为即期票汇汇率和远期票汇汇率。即期票汇汇率是银行买卖即期票汇的汇率。即期票汇交付时间比电汇晚，所以汇率也比电汇汇率低。远期票汇汇率是指买卖远期外汇的汇率。买卖双方签订合同，约定交割日期，届时不管汇率如何变动，协议双方都要按预定的远期汇率、币别、金额进行结算。远期交割的期限一般为1个月、3个月、6个月或1年，远期外汇买卖协议中预定的汇率即为远期汇率。

远期汇率的标价方法有两种：一种是将远期汇率的数字直接标出。这种标价方法比较简单，适用于经营外汇业务的银行向其客户报价。另一种是只标明远期汇率与即期汇率的差额。差额又有三种表示方法：升水、贴水和平价。其中，升水表示远期汇率高于即期汇率，贴水表示相反，平价则表示远期汇率与即期汇率相等。这种以差额表示远期汇率的方法，适用于经营外汇业务的银行之间的外汇交易。

(4) 固定汇率(fixed exchange rate)和浮动汇率(float exchange rate)。

固定汇率是由一国政府制定公布的汇率。政府对汇率的最大波动幅度有一定的限制，超过规定的限度，政府有义务及时采取各种政策措施或者其他手段对汇率作出直接干预或者进行调节，以保持汇率的稳定。

浮动汇率，是由外汇市场供求情况决定的汇率。政府并未明确规定汇率波动幅度，汇率可自由涨跌，并且政府没有义务进行干预。但事实上，大多数国家政府出于各种目的仍对浮动汇率进行干预。根据是否有政府的干预，浮动汇率可分为自由浮动汇率和管理浮动汇率。自由浮动汇率又称清洁浮动汇率，是指没有任何政府干预的浮动汇率，但现实中这种情况是不存在的。管理浮动汇率则是指政府通过各种手段对外汇加以干预的浮动汇率，目前绝大多数国家都采用这种浮动汇率制度。

4. 影响汇率的主要因素

在外汇及外汇衍生品交易中，汇率的高低和变动是投资者最关注的。投资者在进入市场之前，都要对未来的汇率走势作出判断。判断的准确与否将直接影响到他们的盈亏状况。因此，了解影响汇率走势的各种因素是进行外汇及外汇衍生品交易的重要前提。

从表面上分析，影响汇率变化的因素相当复杂，但从市场的角度出发，汇率变化的走势主要是由供需关系所决定。一般而言，影响我国外汇供需量的主要因素有：经济增长水平，利率相对水平，国际收支水平，物价水平，市场心理与投机交易，政治形势、军事冲突与突发事件。

(1) 经济增长水平。各个国家之间的经济发展水平，即经济增长速度与经济运行态势是影响汇率波动的最重要因素之一。在其他条件不变的情况下，一国经济增长率相对较高，其国民收入增加相对也会较快，随之对商品的需求也比较旺盛。一般而言，一国国民总产值的增加会引起国民收入和支出的增加，而收入增加会导致该国居民对进口产品与劳务需求的扩张，结果会使该国对外汇需求增加，从而会引起本币贬值。同样，一国处于经济运行周期的上升阶段，而其他国家经济增长速度相对较慢时也会有相同的结果。

在其他条件不变的情况下，一国经济增长率相对较高，其国民收入增加相对也会较快，这样就会促进该国增加对外来商品的需求，该国货币汇率下跌。但要注意一些特殊情况：第一，如果一个国家的经济增长主要依赖于出口，那么其经济增长速度越快，出口收入越多，又同时伴随着更为巨大的外贸盈余，在这种情况下往往会出现经济高速增长与本币升值相伴而行的现象。第二，如果国外投资者把一国高经济增长率视为经济前景看好、投资回报率提高的反映，就有可能会直接导致国外投资者对本国投资的增加，从而扩大其对本币购买的需求，在这种情况下，高经济增长可能会引起本国货币汇率的上升。

(2) 利率相对水平。一国同其他国家之间的利率相对水平的高低是影响汇率的重要因素。当一国的利率水平相对高于其他国家时，会吸引外国资本流入该国，增加对该国货币需求，从而使货币趋于升值。相反，当一国的利率水平相对较低时，往往会引起国内资本流出，减少对该国货币的需求，增加对外国货币的需求，从而使该国货币贬值。另外，一国政府在面对不同的经济环境和经济运行周期的不同阶段时，都会采用不同的市场经济政策，而不同的市场经济政策将有可能对其利率水平造成影响，从而对汇率产生不同的影响。例如，在一般情况下，紧缩性的货币政策往往会使本国货币供应量减少，利率水平相对上涨，因此会使本国货币趋于升值，而扩张性的货币政策对汇率的影响正好相反。

(3) 国际收支水平。国际收支是一国居民与非居民在一定时期内因各种往来而引起的全部货币收付活动或国际交易。

在国际收支各项目中,经常项目贸易收支和非贸易收支的失衡对汇率变动影响尤为显著。一般来讲,如果一个国家的出口量超过进口量,该国经常项目会出现顺差现象,意味着国际市场对该国货币的需求增加,往往会造成本币升值。相反,若进口大于出口,该国出现逆差现象,资金流出,则国际市场对该国货币需求下降,本币往往会贬值。对于大多数发展中国家来说,以进出口贸易的劳务输出为主体的经常账户收支是国际贸易的主要内容。由于经济发展水平落后,其出口商品主要是初级产品,在国际上价格较为低廉,而进口的主要是昂贵的资本密集型商品和技术密集型商品,因此会经常造成国际收支逆差。

(4) 物价水平。汇率是两种货币交换的比价,一种货币相对于另外一种货币是升值还是贬值,在一定程度上受两种货币发行数量的影响,同时也受两个国家物价水平的影响。如果一个国家的货币发行过多,会形成过多货币追逐过少商品的现象,从而形成通货膨胀。通货膨胀会直接导致物价水平上涨,它是货币发行过多国家国内货币相对于商品贬值的一种反映,而这种情况也会反映在汇率上,即相对通货膨胀率较高国家的货币会贬值。

(5) 市场心理与投机交易。外汇市场上投资人的心态预期在很大程度上会直接影响到汇率走向和变动的幅度。宏观经济的变动和各种各样的信息都可以直接影响到外汇市场的参与者对于汇率趋势的判断,从而直接影响其决策。在绝大多数投资者对汇率走势达成一定共识的情况下,会在一定程度上影响汇率的变化。同样,在一定程度上投机交易也可以影响汇率。

(6) 政治局势、军事冲突与突发事件。汇率除受宏观经济形势影响之外,还在一定程度上受国际、国内政治局势变化以及军事冲突与突发事件的影响。在一般情况下,如果一国政治局势相对较为稳定,则本币汇率也会相对稳定。而如果局势动荡则往往会造成汇率下跌。其中,政治局势的不稳定、国际的政治与军事冲突、党派斗争、动乱、暴乱、战争等是影响汇率波动的重要因素。因为这些不稳定会造成某一地区的不安全,对相关国家货币的汇率也会造成负面影响。

另外,各国的中央银行有时会在某些情况下对本国外汇市场进行干预,以实现某些特定的经济目标,如稳定汇率或者使汇率朝着某些特定的方向变化。央行对外汇市场干预的效果往往是短期的,大多数情况下不会改变汇率的长期趋势。

影响人民币汇率的许多因素之间的关系是错综复杂的,对于人民币汇率的影响和方式也是不同的,或者是综合发挥作用,或者是相互抵消。在实践中,不同时期的各个因素都会给汇率波动带来一定的影响。因此,只有针对各类因素的稳定性进行综合而全面的评估和考察,对其具体情况进行具体的分析,才能够对汇率波动的预测和分析得出较为正确的判断与结论。

5. 汇率风险

汇率风险又称外汇风险,是指经济主体以外币计价的资产或负债,因汇率变动而引起的价值变化给外汇持有者或外汇交易者造成经济损失的可能性。外汇风险的种类繁多,按其形式和内容不同,大致可分为储备风险、经营风险、交易风险、会计风险。

(1) 储备风险。储备风险是指国家、银行、公司等持有的储备性外汇资产因汇率变动而实际价值减少的可能性。这种风险有时会因某些突发性因素而使损失变得异常巨大,如战争、政府倒台等,给资产持有者带来巨额损失。

(2) 经营风险。经营风险是指意料之外的汇率变动引起企业产品成本、销售价格等发生变化,从而造成了企业未来的经营利润和收益发生变化。经营风险的分析是一种汇率分析,对经营风险的分析在很大程度上依赖于公司的预测能力,预测准确的程度会直接关系到该公司的投资、销售和生产管理等各个环节。

(3) 交易风险。交易风险是指在约定以外币计价成交的交易过程中,由于结算时的汇率与交易发生时所签订合同的汇率不同而引起亏损的可能性。

(4) 会计风险。会计风险又称折算风险或转换风险,是指由于外汇汇率的变动而引起的企业资产负债表中某些外汇资金项目金额变动的可能性。当公司将其以外币计量的资产负债、收入费用等折成以本币表示的有关项目时,汇率的变动很可能给公司造成账面损失,这种风险就是由货币转换带来的。例如,某外国企业在2020年进口了50万美元的设备,当时汇率为100美元=712.40元人民币,换算成人民币为356.2万元,在该企业资产负债表上外汇资金项目的负债记录为356.2万元人民币。在会计期末对外币业务账户金额进行换算时,汇率变化为100美元=683.80元人民币,这时这笔负债经过重新折算,仅为341.9万元人民币。同样数额的负债经过不同汇率的折算,最终账面价值减少了14.3万元人民币,这就是会计风险。

综上所述,会计风险是对过去的、已发生的以外币计价交易因汇率变动而造成的资产或负债的变化,是账面价值的变化。交易风险和储备风险是当前交易在结算中因汇率变化而造成实际的经济损失。而经营风险是因汇率变化对未来的经营收益所产生的潜在的影响。20世纪70年代初,浮动汇率制实行后,各国的货币汇率大幅度、频繁地波动,这在很大程度上加大了涉外经济主体的外汇风险,市场对外汇风险的防范要求也日益强烈。为了规避日渐增大的外汇风险,基于外汇的各种衍生金融工具不断出现,外汇期货成为应用最为广泛和最为有效的手段之一。

(二) 中国外汇市场

人民币在1948年12月1日随中国人民银行一起诞生,并且由中国人民银行直接发行和管理。目前,中国人民银行对人民币的浮动汇率实行了有效控制的人民币浮动管理,国家外汇管理局对国家浮动汇率实行了集中管理。

1. 中国外汇市场的发展

中国的外汇市场在其发展过程中经历着由分散性的外汇调剂市场向集中统一的外汇交易体系转变。

(1) 中国外汇市场的建立。中国外汇市场的形成及其发展与中国外汇体制改革及其对外开放有很大的联系,尤其是与中国外贸体制的改革及其对外汇体制的改革息息相关。中国进行经济体制改革,实行对外开放政策以来,伴随着外汇体制改革的深入和推行,外汇监督管理体制也进行了重大的改革,从传统的外汇统收统支计划体制逐渐向市场化的外汇供求体制发展。

(2) 外汇调剂市场的形成。我国的外汇市场，是从传统的外汇调剂市场逐步发展而来的，而外汇调剂市场又起源于外汇调剂业务。1978年以前，中国基本上实行一个高度集中的计划经济和管理制度。对外汇采取了严格规范化的计划和管理，外汇资金按照一个指令性的计划进行纵向的分配，资本流出和人民币兑换汇率均由地方政府确定，当时只有中国银行一家银行负责办理其他外汇业务，没有外汇市场。这种体制在一定程度上阻碍了经济的发展。1979年实行外汇留成制以后，有的企业创汇不用汇，有的企业用汇不创汇，这样，就产生了调剂外汇的需要。经济的发展需要建立外汇市场，为解决外汇供求的调剂问题，1980年10月，中国银行开始在12个城市试办外汇调剂业务，对象仅限于国营、集体、事业单位。1985年，深圳特区建立了第一个外汇调剂中心，隶属深圳市政府领导。买卖双方经外汇管理局深圳分局批准后，由调剂中心负责办理交易。1986年2月，中国人民银行在总结经验的基础上，制定了《关于办理留成外汇调剂的几项规定》，在各省、自治区、市及4个开放城市、计划单列市、经济特区开办外汇调剂业务，同年5月又允许市地级分局办理辖区内单位的调剂业务。

1987年，全国各地先后设立了外汇调剂服务中心，调剂服务市场基本完善。1988年，上海创办了我国第一家外汇调剂公开市场，把原来位于外汇调剂服务中心的柜台交易方式改为竞价交易，允许其价格的浮动，体现了公开化、市场化的基本原则，提高了其透明性。像这种外汇调剂的公开市场，在全国陆续设立了几家。至1993年年底，全国累计建立了108家境内外汇调剂服务中心。外汇调剂服务中心的成功设立标志着我国境内外汇调剂服务市场的正式形成，并且促使其外汇调剂服务业务进一步扩张。此时，全国范围内80%的外汇资源均通过外汇市场来配置。除了1981年国务院作出决定的外汇政策继续维持和保留对人民币的公开牌价，适用于非贸易性的收支外，还逐渐形成了反映外汇供需关系的外汇调剂价格。

(3) 银行间外汇市场的建立。在外汇调剂市场的基础上建立了银行间外汇市场，不仅吸取了调剂市场的经验，同时参照了国际外汇市场的惯例，符合中国国情。1993年11月14日，中共中央发布了《中共中央关于建立社会主义市场经济体制若干问题的决定》，明确提出：改革外汇管理体制，建立以市场为基础的有管理的浮动汇率制度和统一规范的外汇市场。逐步使人民币成为可兑换的货币。按照这一要求，外汇体制在1994年进行了重大改革，实行银行结售汇制，建立了以中国外汇交易中心暨全国银行间同业拆借中心（以下简称"外汇交易中心"）为运作机构的银行间外汇交易市场，统一了区域性分割状态的外汇调剂市场，并形成了单一的市场汇率，中国外汇市场机制实现了一次质的飞跃。新的外汇市场在市场结构、组织形式、交易方式、汇率形成机制及中央银行调控方面，都朝着统一、规范、有效的市场化方向迈进了一大步。新的市场有以下特点。

人民币官方汇率与市场汇率并轨，实行以市场供求为基础的、单一的、有管理的浮动汇率制，并轨时的人民币汇率为1美元合8.70元人民币。人民币汇率由市场供求形成，中国人民银行公布每日汇率，外汇买卖允许在一定幅度内浮动。人民币实现了经常项目有条件可兑换。

1996年12月1日，中国正式宣布接受国际货币基金组织协定第八条款，实现人民币经常项目完全可兑换。经常项目的自由兑换是我国外汇管理方面的重大举措,向人民币最终走向自由兑换迈出了坚实的一步。2005年是中国外汇市场改革进一步向纵深发展、人民币汇率形成机制发生重大变化、外汇市场建设加快的重要的一年。从2005年7月21日起,中国开始实行以市场供求为基础、参考一篮子货币进行调节、有管理的浮动汇率制度。汇率机制改革后,人民币汇率总体保持平稳升值的趋势,波动幅度有所扩大。为加大市场深度,充分发挥市场在汇率发现和外汇资源配置中的作用,配合人民币汇率机制改革,中国外汇市场采取了增加外汇市场交易品种、扩大外汇市场交易主体、丰富交易方式、修改交易规则等一系列措施。2005年7月人民币汇率形成机制改革以来,我国外汇市场加快发展,机制逐步完善。2006年1月,银行间外汇市场引入做市商制度。做市商根据自身的风险能力和市场判断持续提供买卖双向报价。2010年8月,国家外汇管理局发布《银行间外汇市场做市商指引》,推出银行间外汇市场、尝试做市业务,降低非做市商开展做市竞争的准入门槛。建立做市商分层制度,提高远期、掉期等衍生品市场的流动性和交易效率。完善做市商优胜劣汰的考核机制,增强做市商做市积极性。2021年1月,国家外汇管理局对其进行修订。截至2021年2月,外汇交易中心外汇做市商共25家银行。其在保障市场流动性、提高市场交易效率、转移和分担风险、促进市场发展等方面发挥了重要作用。为进一步发挥市场在做市商选择中的重要作用,应适应银行间外汇市场交易产品不断丰富、银行业市场定位日益细分的新形势。

  事实证明,银行间外汇市场做市商制度实施以来,市场成交活跃,流动性显著提高,市场主体参与交易的自主性增强,对汇率行情的反应更加敏感和快捷,人民币汇率形成机制的灵活性得到进一步改善。可见,做市商的引进,增强了外汇指定银行的报价能力,增加了市场竞争力度,提高了我国银行间外汇市场的市场化程度和交易效率。

  中国人民银行2006年初发布公告称,自2006年1月4日起,在银行间即期外汇市场上引入询价交易(以下简称"OTC方式"),改进人民币汇率中间价的形成方式。随着我国外汇市场交易量的增大、交易主体的增多,市场主体的交易和避险需求也日益多样化,客观上要求引入OTC方式,鼓励金融机构在有效控制风险的前提下,充分发挥OTC方式和撮合方式的比较优势,进行金融创新,满足企业和居民的避险需要。根据有管理的浮动汇率制度的需要,遵循国际外汇市场发展规律,在银行间即期外汇市场引入OTC方式、改进人民币汇率中间价的形成方式,有利于建立多种交易方式并存、分层有序的外汇市场体系和联动的汇率传导机制,促进外汇市场的纵深化发展;有利于在新的市场结构下提高人民币汇率中间价的代表性;有利于培育外汇市场的价格形成和反馈机制,增强国民经济应对外部冲击的弹性,提高资源配置效率;有利于提高金融机构特别是做市商的自主定价能力,鼓励金融机构为企业和居民提供更加丰富多样的汇率风险管理工具。目前,伴随着人民币国际化的进程,我国外汇市场制度逐渐完善、交易品种日益增加、成交活跃,交易主体不断完备,呈现全面、健康发展的态势。

2. 中国外汇市场的组织运行

  中国外汇市场的建立是我国改革开放新时期重要发展阶段的一项历史性成果,对于建立和完善人民币兑美元汇率的形成机制、合理配置外汇资源、保证结算汇体系的顺利运行发挥着重要的作用。在中国外汇市场,国家外汇管理局为外汇市场的监管部门,中国人民银行公开市场业务操作室为外汇市场调控部门,外汇交易中心负责外汇市场的组织运行。

(1) 国家外汇管理局。国家外汇管理局由中国人民银行领导,是管理外汇和外国货币相关的主要政府机构,是根据国家法律批准的对国际外汇市场收支、买卖、借贷、转移以及世界各国间的贸易结算、外汇市场汇率和国际外汇市场活动进行严格管制的金融机构。其主要职责包括:设计、推行符合国际惯例的国际收支统计体系,拟定并组织实施国际收支统计申报制度,负责国际收支统计数据的采集,编制国际收支平衡表,研究确定外汇国际收支和其他国际收支的发展状况,提出维护国际收支平衡的政策建议,研究人民币在资本项目下的可兑换性。

(2) 中国人民银行公开市场业务操作室。通过不断调节中国外汇市场供需、平衡国际物价、保持国内人民币国际汇率的基本平稳,中国人民银行在中国现行的公开外汇交易管理体制中直接进行公开外汇市场购买,保持了中国市场外汇供需流动关系的基本平衡。

(3) 外汇交易中心。外汇交易中心为中国人民银行直属单位,其主要职能是:组织进行全国银行间外汇交易、人民币同业拆借及债券交易和票据报价业务;办理外汇交易的资金清算、交割,负责人民币同业拆借及债券交易的清算监督;提供外汇市场、债券市场和货币市场的信息服务;开展经中国人民银行批准的其他业务。外汇交易中心的外汇交易活动共有三个层次:银行和客户之间的交易,成员金融机构之间的交易,成员金融机构和中国人民银行之间的交易。市场的汇率主要由市场的供求关系决定。

(4) 清算服务。

清算原则:外汇市场实行"集中、双向、差额、一级"的清算原则,由交易中心在清算日集中为会员办理人民币、外汇资金收付净额的清算交割。

清算速度:外汇市场本、外币资金清算速度为 $T+1$,交易日后的第一个营业日办理资金交割。

清算方式:人民币资金清算通过中国人民银行支付系统办理,外汇资金清算通过境外清算系统办理。

3. 中国外汇市场主要货币和市场参与者

2005 年完善人民币汇率形成机制实施以来,我国外汇市场在产品和市场活跃程度等方面有了巨大发展。

(1) 外汇市场的主要货币。到 2006 年底,我国的国家外汇服务贸易管理中心所进行交易的五种主要外汇货币分别是美元、港元、日元、欧元和英镑。

其中,美元是交易最活跃的品种,2002 年到 2004 年美元交易额分别达到外汇交易中心总交易额的 97.86%、97.81% 和 97.78%,港元的份额在 2% 左右,日元和欧元所占份额不到 1%。2005 年和 2006 年美元交易额分别达到外汇交易中心总交易额的 97.86% 和 97.78%,港元的份额为 2% 左右,日元和欧元所占份额不到 1%。

(2) 主要市场参与者。即期外汇市场做市商是外汇市场的主要参与者。首批作为外汇交易中心外汇做市商的有 10 家国内外银行,其中,7 家是外资银行,3 家是中资银行。7 家外资银行分别是德意志银行、花旗银行、汇丰银行、荷兰银行、荷兰商业银行、苏格兰皇家银行、加拿大蒙特利尔银行。3家中资银行是中国银行、中国工商银行和中信实业银行。上述银行是国内外从事外汇交易的主要银行,直接参与我国外汇交易市场,对我国外汇市场国际化、加快人民币汇率形成机制的改革非常重要。

截至2019年5月,外汇市场即期做市商共有30家。截至2022年底,外汇交易中心外汇做市商共25家银行,其中18家中资银行、7家外资银行。这些新增加的中外银行进一步扩大了做市商的规模,对我国外汇市场的发展壮大具有重要意义。

(三)外汇套期保值的应用

1. 多头套期保值操作

多头套期保值指即期外汇市场上处于空头部位(拥有外汇负债)的投资者,为防止将来偿付时外币汇率上升,而在外汇期货市场上先做一笔买进交易,再伺机平仓的保值操作。

案例3-13

5月10日,美国进口商预计3个月后需付货款2 500万日元,目前的即期汇率是146.70日元/美元,该进口商为避免日元升值,便购入2份9月到期的外汇期货合约,进行多头套期保值,操作如表3-18所示。

表3-18 多头套期保值操作

日 期	即期市场	期货市场
5月10日	即期汇率1美元=146.70日元,2 500万日元价值170 416美元,预计日元升值	买入2份日元期货合约,成交价格为0.006 835美元/日元,即146.31日元/美元,或6 835点
8月10日	1美元=142.35日元,买入2 500万日元,付出175 623美元	卖出对冲日元期货合约,成交价格为7 030点,即142.25日元/美元
保值效果	成本增加 175 623-170 416=5 207美元	获利 (7 030-6 835)×12.5×2=4 875美元

2. 空头套期保值操作

空头套期保值指即期外汇市场上处于多头部位(持有外汇资产)的投资者,为防止外汇汇率将来下跌,而在外汇期货市场上先做一笔空头交易,再伺机平仓的保值操作。

案例3-14

某外国投资者发现欧元利率高于美元利率,决定购买50万欧元以获取高息,计划投资3个月,但又担心其间欧元对美元贬值。为避免欧元汇价贬值风险,该投资者利用外汇期货市场进行空头套期保值,操作如表3-19所示。

表3-19 空头套期保值操作

日 期	即期市场	期货市场
9月12日	即期:USD1=EUR1.005 5 购买50万欧元,付出497 265美元	卖出4份12月到期的欧元期货合约,成交价USD1=EUR1.002 1

续表

日 期	即 期 市 场	期 货 市 场
12月10日	即期：USD1＝EUR1.035 0 出售 50 万欧元，得到 483 092 美元	买入欧元期货合约，价格 USD1＝EUR1.033 5， 汇率下跌 303 点
保值效果	亏损 483 092－497 265＝－14 173 美元	盈利 4×303×12.5＝15 150 美元

第二节　期权套期保值

期货投资者往往需要利用一些期权策略对期货头寸的风险进行良好管理。交易者既可以利用单一的期权管理标的物的风险，同时也可以利用期权组合策略管理标的物风险。

一、期权套期保值主要特点

期权套期保值的特点比较明显，主要表现在以下几个方面。

（一）资金占用少

期权套期保值的最大特点是需要支付一定的权利金。但是，对于期权交易来说，权利金的支出占比较小。第一章中已经提出，期权交易具有杠杆效应。交易者在利用期权进行套期保值时，选择虚值期权将放大这种杠杆效应。由于虚值期权的价格较低，因此套期保值者构筑套期保值策略所需的资金量也不会很大。

（二）在保值的同时可以获得标的物价格向有利方向变动的收益

这是期权套期保值的独特之处。期货套期保值的基本原理就是利用期货与现货头寸相反，价格变化方向相同，从而直接实现了规避交易风险、锁定交易成本的套期保值目标。当标的看涨看跌期权的市场价格已经超过看涨期权的执行价格或者低于看跌期权的执行价格，期权头寸和标的物头寸的损益曲线出现相反变化，标的物的亏损会被期权的盈利抵消。

（三）期权买方不会有追加保证金的风险

由于期权买方的风险都是有限的，因此在支付了权利金之后，无论其价格怎样发生变动，都不必再缴纳任何保证金，也就不存在追加保证金的情况了。在投资者用自己所持有的期货为现货进行套期保值的过程中，若期货头寸出现亏损，就需要向其他人追加交易保证金。如果因为资金紧张或亏损过大而无法得到及时的补充，还可能导致被强行平仓，从而导致整个计划失败。通过买入期权来进行套期保值，最大的损失范围是有限而明确的，可以有效避免这种问题。期权更符合套期保值者厌恶风险的需求。

（四）期权保值效果更加确定

期货保值中，保值者为了规避较大价格变动的不利风险，代而面临的就是基差风险。

基差变化对套期保值的效果极为重要。也正是基差投资风险的存在,影响了当前期货市场进行套期保值的有效性。如果运用期权进行套期保值,就不会出现类似的问题。期权合约的内容,已经明确规定了将来的固定交割价格。而对于这些期权买方,他们所拥有的是权利而非义务。其风险程度是完全可以被预见的,最大的损失就是自己所支付的权利金。通过购买看涨期权,可以有效地计算出将来最高的购买价。通过买入看跌期权,可以有效地确定将来的最低卖价。因此,对于那些厌恶这种风险的投资者,期权本身就是一种有效的风险管理手段,能够比较好地满足生产和经营企业风险管理的需求。

(五) 期权套期保值的策略多,可灵活选择

在套期保值策略中,为了防止市场价格的上涨(或者是下跌)风险,一般只能通过买入(或者是卖出)期权来进行。有了期权,保值者就可以拥有更多的选择,如买入看涨期权或者是卖出看跌期权,就可以有效地规避市场价格大幅上涨的风险,再加上不同的执行时间和价格、不同到期月份的选择,可以为不同需求的保值者实现不同的保值效果。

二、希腊值与期权头寸的风险管理

为防止期权隐含的巨大风险,出售者要购买标的物对期权头寸进行保护。如某上市大型金融机构通过卖掉 10 万股支付股息股票的欧式看涨期权,获得收入 30 万元。假设股票现在的价格是 49 元,执行价格是 50 元,无风险年利率是 5%,股票价格的预期波动收益率是每年 20%,距离到期日还有 20 周(0.384 6 年),股票的预期收益率是每年 13%。根据 B-S(布莱克-斯科尔斯)模型,可以测算出每股的期权价格大致为 2.4 元。

如果该机构卖出期权后什么都不做,则被称为裸期权交易策略。期权被执行时,金融机构不得不按市场价格购买 10 万股股票交付给投资者。假设这时股票价格是 60 元,则金融机构损失(60-50)×10 万-30 万=70 万元。

为了防止出现这种损失,金融机构可以在卖出期权的同时,以市价 49 元买入 10 万股股票。这样如果期权被执行,就可以以每股 50 元的价格交付期权购买者。这时该金融机构每股收入 1 元,如果加上权利金收入,相当于总收入达到 40 万元。这种策略称为简单的抵补期权头寸策略。

抵补期权头寸策略看上去很好,但是却又隐含了一个问题,即如果股票价格下跌,期权购买者不会行权,期权卖出者购买的股票也可能亏损。例如,在 20 周后,股票价格下跌到 40 元,股票的损失达到了 90 万元,这就大大超过了权利金收入。因此,不仅裸期权交易往往面临巨大的风险,而且简单的抵补期权头寸策略也并非一个理想的套期保值交易方式。一种理想的风险管理方法应当确保总的成本为 24 万元(即每股权利金 2.4×10 万股),即卖出看涨期权的成本和对它进行对冲的成本之间的标准偏差为 0。

为了实现这种有效管理风险的策略,就需要分析期权影响因素与期权价格的定量关系。前面已经讲述,影响期权价格的因素包括标的物的价格、期权的执行价格、期权的有效期、标的物的波动性、无风险利率等。这些因素直接对应着一些希腊值参数(表 3-20),而这些希腊值是管理期权交易风险的极为重要的指标。通过利用这些参数动态调整标的物头寸,可以较好地避免风险对冲过程中出现的风险。

表 3-20　期权希腊值参数及其敏感性

参　　数	敏　感　性
Delta(Δ)	和标的物价格变化相比的期权价格变化(即速度)
Gamma(Γ)	和标的物价格变化相比的期权 Delta 值变化(即加速度)
Theta(θ)	与有效期变化相比的期权价格变化(即时间衰退)
Vega(K)	与标的物价格波动率变化相比的期权价格变化(即历史波动性)
Rho(ρ)	与无风险利率变化相比的期权价格变化(即利率)

(一) Delta 的含义及其风险对冲交易

$$\Delta = \frac{\partial \Pi}{\partial S} \tag{3-29}$$

Delta 的计算方法与布莱克-斯科尔斯期权定价模型有关联,分子为期权价格的变化,分母为标的资产价格变化,该模型的一个关键假定是在没有套利的可能性时,期权均衡价格能够唯一存在。表 3-21 列示了不同类型期权有不同的 Delta(Δ)值和无风险利率(r)等。例如,如果你持有一份头寸,它可以提供你通过借入资金购买标的物期权的一个均衡损益,那么,这份均衡组合的价值应该等于期权的价格。如果不是这样,就可以通过借入资金去购买标的物并卖出期权对冲它,或是卖出短期证券、投资于附息证券、买入期权而建立一个无风险投资策略。布莱克和斯科尔斯发现的一个主要突破点,是能够确定建立一个无风险策略的恰当的套期保值比率。这个套期保值比率,即为 Delta,决定了人们需要持有的标的头寸的恰当数量,该头寸是一个期权头寸的等价物。

表 3-21　不同类型的期权有不同的 Delta(Δ)值

期权类型	看涨期权 Δ 值	看跌期权 Δ 值	d_1
不付股息的欧式股票期权	$N(d_1)$	$N(d_1)-1$	$d_1=\dfrac{\ln(S/X)+(r+\sigma^2/2)T}{\sigma\sqrt{T}}$
支付股息的欧式股票期权	$e^{-qT}N(d_1)$	$e^{-qT}[N(d_1)-1]$	$d_1=\dfrac{\ln(S/X)+(r-q+\sigma^2/2)T}{\sigma\sqrt{T}}$
欧式货币期权	$e^{-r_fT}N(d_1)$	$e^{-r_fT}[N(d_1)-1]$	$d_1=\dfrac{\ln(S/X)+(r-r_f+\sigma^2/2)T}{\sigma\sqrt{T}}$
欧式期货期权	$e^{-rT}N(d_1)$	$e^{-rT}[N(d_1)-1]$	$d_1=\dfrac{\ln(F/X)+(r+\sigma^2/2)T}{\sigma\sqrt{T}}$

案例 3-15

假设某股票看涨期权的 Delta 为 0.5,期权价格 $c=10$ 元,股票价格为 100 元。某机构卖出了 20 份该股票的看涨期权合约,每份合约含 100 股股票。为了对冲掉这 20 份期权的头寸风险,该机构应当买入 $0.5\times2\,000=1\,000$ 股股票。如果股票价格上涨 1 元,持有股票就会增值 1 000 元,期权价格就会上涨 0.5×1 元=0.5 元,即出售的看涨期权头寸就会损失 1 000 元;如果股票价格下跌 1 元,则持有股票会损失 1 000 元,而期权价格下跌 0.5 元,即出售看涨期权头寸将增值 1 000 元。

案例 3-15 中,股票价格无论向哪个方向变化,该机构的期权头寸盈亏和股票头寸盈亏相抵,我们称之为 Delta 中性。所谓 Detla 对冲实际上就是构筑一个包括期权和期权标的物的组合,并使得总头寸的 Δ 为零。下面对 Delta 对冲进一步归纳。

假设期权含有的股票数为 w,Delta 为 Δ,则对冲期权空头所需的股票数为 $w\times\Delta$。

表 3-22 同时给出了前面两种方式利用期权进行股票对冲的风险及其他方式的股票对冲策略(关于利用期权对冲标的物的策略在后续章节将有所介绍)。可见,对期权的风险进行对冲和对现货的风险进行对冲,两者具有相同的原理,所不同的是二者的方向不一样。可见,Delta 中性是一个十分广泛的课题,其所牵涉的问题已经不是期货交易中的 Delta 那么简单。

表 3-22　Delta 对冲策略

交 易 内 容	风险控制意向	对 冲 方 式
看涨期权空头(假设内含 w 股)	防止期权价格上涨带来风险	做多 $\Delta\times w$ 只股票
看跌期权空头(假设内含 w 股)	防止期权价格下跌带来风险	做空 $\Delta\times w$ 只股票
做空 $\Delta\times w$ 只股票	防止股票价格上涨	做多看涨期权(假设内含 w 股)
做多 $\Delta\times w$ 只股票	防止股票价格下跌	做多看跌期权(假设内含 w 股)

从计算原理来看,Delta 值的变动不是完全线性的,因此随着股票价值的波动,期权价值和 Delta 也可能会相应改变。无论是利用期权对股票保值,还是利用股票对期权风险进行对冲,都要不断随着 Delta 变化而调整相应的头寸。例如,需要不断地调整股票头寸,才能有效对冲期权头寸的风险。

在动态对冲中,根据 Delta 调整现货头寸对于实现有效管理风险具有极为重要的意义。从理论上看,对冲越频繁,那么效果就越好。在对冲中,需要遵循"买升卖跌"(buy high sell low)的原则,即在股票价格开始下降时就售出股票,在股票价格上涨时就购入股票。

(二) Gamma 的含义及其风险对冲交易

我们知道保持 Delta 中性需要不断调整标的物头寸,那么,究竟是不是必须不断调整组合呢？这里就需要引入一个新的概念,即 Gamma(Γ)。所谓 Gamma 或称 Delta 值的 Delta 值,实际上就是 Delta 变化相对于标的物价格变化的比率。

表 3-23 列示了某股票 50 看涨期权的 Delta 和 Gamma 的变化数据,我们可以先观察其中有何变化特点。可以发现,Gamma 表明 Delta 的稳定性。当 Gamma 较小时,表明 Delta 变化相对于标的物的价格变化较为缓慢,也就是说不需要进行频繁的头寸调整;当 Gamma 很大时,就说明标的物价格的细微变化就会引起 Delta 值十分敏感的反应。这时,如果不对期权组合作出及时调整,将会面临很大的风险。

表 3-23　某股票 50 看涨期权的 Delta 和 Gamma

期权执行价格	91 天价值	Delta	Gamma
55	6.515 3	0.794 1	0.031 9
54	5.757 4	0.757 9	0.036 2
53	5.039 7	0.717 7	0.040 2

续表

期权执行价格	91 天价值	Delta	Gamma
52	4.366 0	0.673 7	0.044 0
51	3.739 8	0.626 2	0.047 5
50	3.164 0	0.575 8	0.050 4
49	2.641 1	0.522 9	0.052 9
48	2.172 4	0.468 7	0.054 2
47	1.758 5	0.413 9	0.054 8
46	1.398 9	0.359 6	0.054 3
45	1.091 9	0.307 0	0.052 6

对于期权交易者而言,具有正 Gamma 值的头寸相对安全,也就是说它会产生受益于标的资产上下波动的 Delta 值;具有负 Gamma 值的头寸则非常危险。

Gamma 值可以用 $\Gamma = \dfrac{\partial^2 \Pi}{\partial s^2}$ 计算。

对于不付股息股票的欧式看涨期权或看跌期权而言,Gamma 值为

$$\Gamma = \frac{N'(d_1)}{s\sigma\sqrt{T}}$$

其中,

$$N'(x) = \frac{1}{\sqrt{2\pi}} e^{-x^2/2} \tag{3-30}$$

对于支付股息 q 的欧式看涨期权或者看跌期权价格而言,Gamma 值为

$$\Gamma = \frac{N'(d_1)e^{-qT}}{s\sigma\sqrt{T}}$$

其中,

$$N'(X) = \frac{1}{\sqrt{2\pi}} e^{-X^2/2} \tag{3-31}$$

同样,读者可以推出外汇期权和欧式期货期权的 Gamma 值。

Gamma 的变化对证券组合的价值是有风险影响的。那么,如何抵消其中的风险呢?这就需要构造出 Gamma 中性的证券组合:在证券组合中引入一定数量的证券,使得证券组合的 Gamma 为零。但是,对引入的证券是有要求的。由于标的物本身的头寸或者该标的物远期合约头寸的 Gamma 为零,因此构造组合的 Gamma 中性,所需要的证券应该是期权或者类似的衍生品。

其具体的方法如下。

假设某 Delta 中性的有价证券组合,其 Gamma 值为 Γ,某个可交易期权的 Gamma 为 Γ_T。如果加到原证券组合中的可交易期权的数量是 ω_t,则总组合的 Gamma 是

$$\omega_t \Gamma_T + \Gamma \tag{3-32}$$

如果我们想要使总组合的 Gamma 中性化,那么我们就可以将交易期权的头寸量定义为 $\omega_t = -\Gamma/\Gamma_T$。这时,由于证券组合 Delta 值加入一个新的期权头寸而脱离了中性,因此

就必须对标的物的头寸进行调整。

需要注意的是,新的组合只是在短时期内达到 Gamma 中性。随着时间的变化,Gamma 还会发生新的变化,因此需要不断调整可交易期权的头寸,并使得该头寸总是等于 $-\Gamma/\Gamma_T$,才能维持 Gamma 中性。在每次调整完 Gamma 后必须调整标的物头寸,以维持 Delta 中性。

可以认为,Delta 中性避免了对冲组合再调整之间较小的股价变动的影响;而 Gamma 中性则消除了对冲组合再调整之间较大的股价波动的影响。

表 3-24 是构造 Gamma 中性和 Delta 中性的一个案例。

表 3-24 构造组合证券 Gamma 中性和 Delta 中性

市场情况
假设某种有价证券组合的 Delta 是中性的,该组合的 Gamma 是 $-3\,000$。某个特定的可交易看涨期权的 Delta 与 Gamma 分别是 0.62 和 1.50。

基本策略
为了使 Gamma 中性,则应购入的头寸数是 $-(-3\,000)/1.5=2\,000$。
这时,总组合的 Gamma=0。但是,由于加入新的期权,组合的 Delta 不再是中性,由原先的 0 变成了 $2\,000\times 0.62=1\,240$。
为保持 Delta 中性,需要在购入新的期权的同时,再售出 1 240 份标的物。

三、期权套期保值的基础策略

在期权市场上有很多种可供选择的交易策略用于对不同交易方向的标的物进行套期保值,下面将介绍几种比较重要的期权套期保值基础策略(表 3-25)。

表 3-25 期权套期保值基础策略

保护性策略		抵补性策略	
策略	适用范围	策略	适用范围
买入看涨期权	在担心即将购买的现货价格上涨或者已经持有的期货空头价格上涨时使用	卖出看跌期权	担心价格上涨
买入看跌期权	在担心持有的现货或期货多头出现价格下跌时使用	卖出看涨期权	担心价格下跌

在期货套期保值交易中,买入多头套期保护现货头寸的活动又可以被统称为买入多头套期保值,卖出期货保护现货头寸的活动可称为空头套期保值。在期权领域,则不完全相同。由于期权头寸有看涨期权的多头也有看涨期权的空头,有看跌期权的多头也有看跌期权的空头,因此再简单地将期权套期保值划分为多头套期保值和空头套期保值,就会造成概念上的混淆。

我们可以根据期权的性质将期权套期保值策略划分为保护性策略(protective strategy)和抵补性策略(cover strategy)两类。保护性策略是指买入期权,以保护期权标的物头寸。如买入看涨期权,防止期权标的物(例如,股票空头、期货空头)价格上涨带来风险;买入看跌期权,以防止期权标的物(如股票多头、期货多头)价格下跌带来风险。抵补性策略则是通过卖出看涨期权或看跌期权获得一定的权利金,来抵补标的物价格风险的套期保值策略。这两种策略的四个方法是最简单的期权套期保值策略,分别适用于不同的市场变化情形。在实践中,人们可能会根据需要,采用一些形式更灵活多样的策略开展套期保值业务。

四、期权套期保值案例分析

(一) 买进看涨期权套期保值策略

套保目标:保护未来计划买入的资产(如股票、外汇)或者现在卖空的资产(如期货空头或者股票空头)的头寸,以免价格上涨带来风险。

构筑方法:在套期保值开始时,购买看涨期权。期权的选择可以以标的物的价格或期货头寸的建仓价为衡量标准,选择虚值期权或平值期权,最好是虚值期权。这样可以确保套期保值策略成本不会因为选择实值期权而过高。

损益分析:图 3-1 合成了利用看涨期权进行套期保值的收益曲线(较粗的实线)。很明显,当标的物价格上涨的时候,投资者并不会遭受巨大的损失。而当标的物价格下跌后,该套期保值会获得较为丰厚的利润。但是无论如何,这种套期保值都需要一定的初始投资,即购买看涨期权需要花费一定的权利金。这一点对于投资者来说应予以关注。以下分别举出利用期权对现货和期货套期保值的案例。

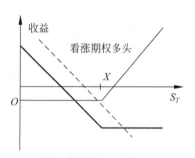

图 3-1 组合期权的收益曲线

案例 3-16

假设投资者卖出 3 个月后到期的白糖期货,建仓价格为 5 000 元/吨,担心价格上涨,于是决定购买执行价格为 5 050 元/吨的白糖看涨期权锁定亏损。看涨期权的价格为 50 元/吨。过一段时间后,期货价格可能出现多种变化,投资者的损益也相应地变化,表 3-26 模拟了几种投资者利用看涨期权进行保护性套期保值的损益情况。这一案例表明,通过买进看涨期权对标的物进行套期保值,既可在期货价格发生不利变动时,以有限的代价来避免可能发生的巨大损失;又可在期货发生有利变动时,获得这种价格变动所带来的良好收益。

表 3-26 买入看涨期货期权的套期保值效果模拟

损益计算日期货价格	期货头寸盈亏	买入期权的净盈亏	净 损 益
5 200	−200	100	−100
5 150	−150	50	−100
5 100	−100	0	−100
5 050	−50	−50	−100
5 000	0	−50	−50
4 950	50	−50	0
4 900	100	−50	50
4 850	150	−50	100
4 800	200	−50	150

案例 3-17

一家美国公司于某年 6 月 10 日和来自瑞士的一家机器设备制造商达成了一份进口机器的合同。按照交易合同附件中的条款约定,瑞士制造商将于 9 月 10 日交货,而美国公司同时向瑞士制造商交付货款总计 1 000 000 瑞士法郎。当时(6 月 10 日)即期货币汇率价值为 1SF=0.495 0US $。该美国公司非常担心未来 3 个月内到期的瑞士法郎升值,因此其近日决定买进 9 月份到期的瑞士法郎看涨期权实施套期保值。假定 6 月 10 日,有两个执行价格的 9 月份瑞士法郎看涨期权,一个是实值期权,一个是虚值期权(表 3-27)。虚值期权的执行汇率与 6 月 10 日的即期汇率相对接近,且其所持权利金也相对便宜,所以该美国公司买进了 16 份(1 000 000/62 500)9 月份即期到期、执行价格基本为 0.500 0 的瑞士法郎看涨虚值期权合约,共向投资者支付权利金 15 200 美元(=0.015 2 美元×62 500×16)。

表 3-27　PHLX 9 月份瑞士法郎看涨期权行情

执行价格(US $ /SF)	看涨期权价格(US $ /SF)	执行价格(US $ /SF)	看涨期权价格(US $ /SF)
0.480 0	0.024 9	0.500 0	0.015 2

9 月 10 日,如果瑞士法郎的市场汇率下跌,且跌至执行汇率以下,它尽可放弃期权,而以市场汇率买进所需的 1 000 000 瑞士法郎;如果瑞士法郎的市场汇率上升,就可以执行汇率买进所需的瑞士法郎。所以,在买进看涨期权后,即使市场汇率有大幅度的上升,该美国公司所实际执行的汇率也将被控制在执行汇率与权利金之和(亦即 0.515 2)这一最高水平。

(二)买进看跌期权套期保值策略

买进看跌期权套期保值策略在期权交易策略中又称为配对看跌期权,或者保护性看跌期权。

套保目标:担心标的物价格下跌风险,保护现货或期货多头头寸。

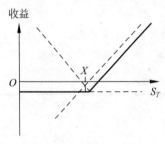

图 3-2　买进看跌期权进行套期保值的损益

构筑方法:在套期保值开始时,购买虚值或平值的看跌期权。期权执行价格的选择可以标的物的目标价或期货头寸的建仓价为衡量标准。

损益分析:图 3-2 合成了利用看跌期权进行套期保值的收益曲线(实线)。很明显,当一个标的物价格走低或者下跌时,投资者就不会因此损失权利金。而当目标货币价格出现了上涨,套期保值者不行权但是会获得标的物多头的盈利。这种套期保值由于需要支付权利金,因此也需要一定的初始投资。

案例 3-18

假定投资者以 3 000 元/吨买入玉米期货后,担心价格下跌。于是,其选择购买玉米期货看跌期权,执行价格 2 950 元/吨,期权价格为 50 元/吨。10 日后,可能出现的期货价格列在表 3-28 中。可以看出,如果本案例中的期货价格下跌,通过套期保值能将总头寸的总损失保持在 100 元/吨水平上;如果期货价格上涨,则总能获得除去权利金支出后的收益。

表 3-28 买入看跌期货期权的套期保值效果模拟

损益计算日期货价格	期货盈亏	期权净盈亏	净损益
3 170	170	−50	120
3 150	150	−50	100
3 100	100	−50	50
3 050	50	−50	0
3 000	0	−50	−50
2 970	−30	−50	−80
2 950	−50	−50	−100
2 940	−60	−40	−100
2 900	−100	0	−100
2 850	−150	50	−100
2 800	−200	100	−100

(三)卖出看涨期权套期保值策略

卖出看涨期权,期权卖方承担在未来某个特定时间以协议价格向期权买方卖出一定数量标的物资产的义务。假设 S、X、C 的含义和买入看涨期权一致,则卖出看涨期权的盈亏如表 3-29 和图 3-3 所示。

表 3-29 卖出看涨期权盈亏分析

标的物资产价格范围	看涨期权空头盈亏	标的物资产价格范围	看涨期权空头盈亏
$S \geqslant X$	$X - S + C$	$S \leqslant X$	C

从图 3-3 可以看出,卖出看涨期权的亏损理论上无限大,最大获利为 C,盈亏平衡点为 $X + C$。

案例 3-19

美国某交易者看涨英镑后市,于 2020 年 8 月 10 日在 CME 以 1.566 7 的价格(S)买进 1 手 DEC12GBP/USD 期货合约(62 500 英镑),合约总价值 97 918.75 英镑。10 月 29 日,GBP/USD 期货合约的价格涨至 1.609 5(S_2),该交易者认为英镑上涨

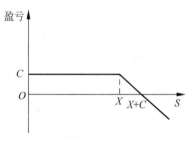

图 3-3 卖出看涨权盈亏图

势头减弱,如果他以此价格将期货合约对冲平仓,可获得 2 675 美元的收益,但其希望通过构建期权头寸以更高的价格出售英镑。10 月 29 日,该交易者在 CME 以 0.003 8 的价格卖出执行价格为 1.620 0 的 DEC12GBP/USD 美式看涨期货期权(交易者谨慎看多,卖出的看涨期权的执行价格略高于标的期货合约的市场价格)。

2020 年 11 月 20 日,由于 GBP/USD 现货下跌,该标的期货合约的市场价格下跌至 1.589 0,执行价格为 1.620 0 的期权合约的市场价格下跌至 0.000 7,该交易者认为后市不乐观,决定用组合头寸。该交易者以 1.589 0 的价格卖出期货合约,期货头寸损益=

(1.589 0－1.566 7)×62 500＝1 393.75 美元,低于以 1.609 5 平仓时所获收益;同时,该交易者以 0.000 7 的价格买进期权合约对冲其期权头寸,期权损益＝(0.003 8－0.000 7)×62 500＝193.75 美元,部分弥补了期货市场价格判断错误所造成的损失,组合策略的净损益＝1 393.75＋193.75＝1 587.5 美元。

在期权有效期内,如果 GBP/USD 期货合约的价格上涨至 S_r,但 $S<1.620\ 0$,则买方不会行权,卖出期权头寸的权利金收入等于增加了所持标的期货合约的售价,标的期货合约售价最大可增至 $S+0.003\ 8$。

如果标的期货合约的市场价格涨至 1.620 0 及以上,组合策略的最大净损益为 $X-S_r+C=1.620\ 0-1.566\ 7+0.003\ 8=0.057\ 1$,最多可获得 $0.057\ 1\times62\ 500=3\ 568.75$ 美元的收益,且不再随标的期货合约价格的上涨而提高,组合策略损益状态如图 3-4 所示。

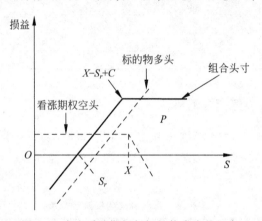

图 3-4 卖出看涨期权与标的物多头的组合

(四)卖出看跌期权套期保值策略

卖出看跌期权,期权卖方承担在未来某个特定时间以协议价格从期权买方手中买入一定数量标的物资产的义务。假设 S、X、P 的含义和买入看跌期权一致,则卖出看跌期权的盈亏如表 3-30 和图 3-5 所示。

表 3-30 卖出看跌期权盈亏分析

标的物资产价格范围	看跌期权空头盈亏	标的物资产价格范围	看跌期权空头盈亏
$S\geqslant X$	P	$S<X$	$S-X+P$

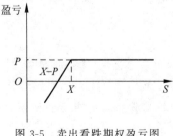

图 3-5 卖出看跌期权盈亏图

从图 3-5 可以看出,卖出看跌期权的亏损理论上无限大,最大获利为 P,盈亏平衡点为 $X-P$。

案例 3-20

2012 年 8 月 17 日,CME 交易的 DEC12 月 EUR/USD 期货合约价格为 1.437 2。某交易者分析该价格过高,以 1 欧元等于 1.437 2 美元的价格(S_r)卖出 1 手(1 手为 125 000 英镑)DEC12 月 EUR/USD 期货合

约,卖出收入 125 000×1.437 2×1=179 650 美元。10 月 18 日,所卖出的期货合约的市场价格下跌至 1.373 4(S_r),交易者认为欧元下跌势头减弱,如果将其持有的期货合约空头平仓,可获收益(1.437 2－1.373 4)×125 000＝7 975 美元。他希望通过构建期权头寸以更低的价格买入期货合约平仓其空头头寸。

当日交易者卖出了 1 张执行价格为 1.300 0 的 DEC12 月 EUR/USD 美式看跌期货期权,期权权利金为 0.013 2 美元(期权合约规模为 1 张标的期货合约,即 125 000 欧元)。如果 EUR/USD 期货合约的市场价格跌至 1.300 0 以下,交易者被要求行权,他以 1.300 0 的价格买入期货合约对冲其空头持仓,如果标的期货合约的价格下跌,但价格在 1.300 0 以上,交易者自行买入期货合约平仓其空头头寸。以上策略使交易者在平仓的同时获得了权利金收入。如果期货合约价格上涨,交易者盈利减少甚至出现亏损,其所获权利金可弥补部分损失。该组合策略损益状态如图 3-6 所示。

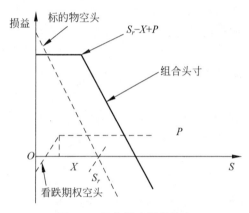

图 3-6 组合策略损益状态

在期权有效期内,如果 EUR/USD 期货合约的市场价格下跌至 S_r,但仍然在执行价格以上,即 $S>X$,则买方不会行权,交易者可获得权利金收入。卖出的期权头寸等于降低了所持标的期货合约空头的平仓价格,或增加了所出售的标的期货合约的卖价,扩大了盈利空间,标的期货合约卖价最高可提至 S_r+P。

如果标的期货合约的市场价格跌至执行价格及以下,即 $S<X$,交易者被指定履约,可按执行价格 X 买入标的期货合约并将所持标的期货空头对冲平仓,同时获得权利金收入,交易者持仓净损益最大为 $(S_r-X)+P$,且不再随标的期货合约价格的下跌而提高。

当标的资产的市场价格跌至 $X-P$ 以下时,单独持有标的期货合约更为有利。

2012 年 11 月 20 日,该标的期货合约的市场价格下跌至 1.276 8,执行价格为 1.300 0 的期权合约的市场价格上涨至 0.020 6,如果交易者被指定接受买方行权要求,以 1.300 0 的价格买进期货合约,则其组合策略的净损益＝[(1.437 2－1.300 0)+0.013 2]×125 000＝18 800 美元,高于以 1.373 4 平仓时所获收益 7 975 美元,但由于标的期货合约的跌幅较大,如果不卖出期权盈利会更高,为(1.437 2－1.276 8)×125 000＝20 050 美元;交易者如果不被指定履约,也可考虑将期权买进平仓,平仓损益＝(0.013 2－0.020 6)×125 000＝－925 美元,然后以 1.276 8 的价格对冲其期货合约空头头寸,总损益＝20 050－925＝

19 125 美元。

(五) 期权套期保值策略效果

1. 保护性策略和抵补性策略分析

一般而言,保护性套期保值策略较适用于预期市场价格会有较大幅度波动的情况,而抵补性套期保值策略则更适用于预期市场价格会有小幅度波动的情况。具体应该采用什么样的策略,决定于投资者对未来市场价格波动的预测和分析能力、风险的承受能力和对期权交易的操作能力。

保护性策略的优点是:风险局限在执行价格。保值者能够将损失完全控制在已知的范围之内,不会存在操作方向错误造成损失不断扩大的风险,最大的风险和损失就是其已经交纳的权利金。而当操作方向正确的时候,获利能够跟随价格的变化而提升;保护性策略不用交保证金,保值者能够承受行情的震荡,不存在追加保证金及被强平的风险,可以保持较好的交易心态,使保值计划得到完整的执行。保护性策略的缺点在于其成本较高,买入期权需要向卖方交纳权利金,必须在价格的有利变动弥补权利金的损失之后,才会开始出现净盈利。与保护性策略相比,抵补性策略是负成本,同时降低风险的能力有限。

对于保护性和抵补性的策略,二者各自有其优点和缺点,但都可以用来对冲投资者标的物头寸风险,结合不同的情况可以选择不同类型的保值策略。首先我们需要思考的问题就是期权的价格和它们的价值相比,是高还是低。如果一个期权的价格远远低于它的价值,那么买入期权的保护性策略是比较有利的。反之,选择抵补性策略卖出期权则更加有利。而评估期权的价格则离不开隐含波动率。假定其他条件一定,如果隐含波动率偏大,投资者应该尽可能多卖出而少买入期权;若隐含波动率偏小,则投资者就应该尽量多买进而少卖出。一些投资者在面对策略的选择时,可能更在乎价格的变动程度,尤其重视自身对于风险的接受能力。因为只要市场变化与预期相同,你就有机会充分地享受策略的优势,回避它们的缺陷。如果你对于市场商品价格的观念比较坚定,并且很愿意自己承担风险,建议你采用一种抵补性策略,这样就可以在市场波动率降低的前提下扩大你的盈利。

2. 保护性策略的成本分摊问题

保护性套期保值策略需要解决的一个大问题是,如何降低购入成本。对于一些机构投资者而言,可以选择相应的组合套期保值策略。例如这里介绍的 90/10 策略。90/10 策略又称保证回报基金。狭义的 90/10 策略是指机构投资者将暂时闲置资金的 90% 用来购买无风险的货币市场工具,剩余的 10% 用来购买期权进行套期保值。这样通过无风险货币市场的投资收益可以有效抵补购买期权的成本支出。因此,既可以确保原有资产的价值不降低,又可以从期权市场中获利。广义的 90/10 策略不限于上述投资比例的机械划分,而是由各个机构投资者根据实际情况动态地调整其比例。显然,市场投资收益率越高越好,套期保值的买入成本越低越好。通过 90/10 策略,套期保值者不仅可以有效防范标的物价格出现不利变化、无法行权造成的成本支出,而且提高买入期权的杠杆程度。

当然，还有一些通过降低期权套期保值成本来实现这一目标的方法。例如，在买入期权的同时，可以再卖出一些虚值期权，以此来抵消买入套保的成本支出。很明显，这也是组合套期保值策略的重要内容，虽然可以获得降低成本支出的好处，但是卖出的期权可能会被多头行权，因此套期保值的获利空间会封死。

3. Delta 套期保值局限性

静态套期保值的主要缺点在于套期保值的不完全性，而动态套期保值正是为弥补静态套期保值的这一缺陷而被人们创造出来的。与静态套期保值不同，动态套期保值者持有的期货头寸并不是恒定不变的，而是根据企业经营与期货市场价格波动状况进行不断调整，从而实现套期保值效果最优化。但是，动态套期保值也并非十全十美，它同样也存在多方面的缺点。尤其值得注意的是，动态套期保值实际上也很难实现完全套期保值，其主要原因有如下两个。

第一，在动态套期保值中，作为套期保值工具的往往是场内期权。这主要是因为只有场内期权才具有较高的流动性，投资者也才能够随时通过反向交易来达到资金对冲。但是，场内期权的标准化特点却限制了投资者的选择空间，进而严重影响了其套期保值的效率。如在每一期权合约的交易单位一定时，投资者根据 Delta 值算得的套期保值所需的期权合约数往往不是一个整数，而投资者实际买进或卖出的期权合约数又显然必须是整数。这样，投资者实际上无法做到完全的 Delta 中性，而只能做到基本或近似的 Delta 中性。这是动态套期保值之所以难以实现完全套期保值的一个重要原因。

第二，要实现完全套期保值，投资者必须不断地随着市场的波动及权利期间的缩短，计算新的 Delta 值，并据以调整自己的套期保值头寸。但是，在调整套期保值头寸时，投资者又不可避免地需要支付相应的交易成本。头寸调整得越频繁，投资者所需支付的交易成本也就越高。因此，过于频繁地调整套期保值头寸，必将引起交易成本的过度提高，从而影响套期保值的实际效果。

所以，期权动态套期保值是一种要求很高、难度很大、技术性很强的交易形式。它要求套期保值者既能准确地观察 Delta 的变动情况，又能恰如其分地作出是否调整、何时调整，以及怎样调整套期保值头寸的决策。一个可选的方法是确定 Delta 的敞口阈值，当 Delta 超过阈值时，进行调整。只有这样，人们才能以最低的成本，实现最有效的套期保值。但是，对一般投资者而言，要真正做到这样，并非轻而易举。

第三节 外 汇 掉 期

一、外汇掉期交易

掉期(swap)交易是外汇市场普遍存在的交易。我们通常可以将掉期交易定义为交易双方在交易日达成约定，在一前一后两个不同的交割日进行方向相反的两次货币交换的过程(图3-7)。在第一次货币交换中，一方按照约定的汇率用基础货币(base currency)交换次级货币(sub-currency)；在第二次货币交换中，该方再按照另一约定的汇率，用次级货币交换回基础货币。可以看出，掉期交易在实质上是一笔即期外汇交易和一笔远期外汇交易的结合。在掉期交易中，有一系列设计要素，如交割日、掉期汇率等。

图 3-7 掉期交易示意

(一)交割日

每笔掉期交易包含一个近端期限和一个远端期限,分别用于确定近端交割日和远端交割日。这两个期限可以是标准期限(例如,1月、1年),也可以是非标准期限。

近端交割日是第一次货币交割的日期,远端交割日则是第二次货币交割的日期。

按照交割日的不同,掉期交易分为即期对远期掉期交易(spot-forward swap)、远期对远期掉期交易(forward-forward swap)和隔夜掉期交易,其中隔夜掉期交易包括 O/N(overnight)、T/N(tomorrow-next)和 S/N(spot-next)三种(表 3-31)。

表 3-31 我国掉期交易分类

期限	全称	近端起息日	远端起息日
O/N	overnight	T	$T+1$
T/N	tomorrow-next	$T+1$	$T+2$
S/N	spot-next	$T+2$	$T+3$
1W	spot-one week	$T+2$	即期起息日之后一周
1M	spot-one month	$T+2$	即期起息日之后一个月
1Y	spot-one year	$T+2$	即期起息日后一年

资料来源:中国外汇交易中心产品指引 2.0 版。

(二)掉期汇率

掉期汇率包括近端汇率(near-leg exchange rate)和远端汇率(far-leg exchange rate)。

近端汇率是交易双方约定的第一次交割货币所适用的汇率。

远端汇率是交易双方约定的第二次交割货币所适用的汇率。

掉期点(swap point)是指用于确定远端汇率与近端汇率之差的基点数。掉期点可以为正,也可以为负。

掉期交易是外汇市场普遍存在的交易。

二、外汇掉期案例分析

某出口企业收到国外进口商支付的出口货款 1 000 万美元,该企业需要将货款结汇成人民币用于国内支出,但同时该企业需要进口原材料并将于 3 个月之后支付 1 000 万美元的货款。此时,该企业就可以与银行办理一笔即期对 3 个月远期的人民币与外币掉期业务:即期卖出 1 000 万美元,取得相应的人民币,3 个月远期以人民币买入 1 000 万美元。通过上述的交易,该企业可以弥补其中的资金缺口,达

案例分析 3-1
人民币货币掉期

到规避风险的目的。

【本章知识点回顾】

　　本章主要介绍常见的金融期货与金融期权的交易机制及保值原理,包括商品期货、国债期货、利率期货、外汇期货、外汇掉期等,同时介绍了股指期货的应用和定价、期权套期保值的特点、基础操作策略、风险管理等内容,使同学们对套期保值的了解更加深入。套期保值的目的就是利用期货市场的潜在收益对冲现货市场面临的可能亏损。按照在期货市场上所持的头寸,具体介绍了买入套期保值和卖出套期保值的操作策略,买入套期保值适用于担心价格上涨对现货头寸造成不利冲击的情形,而卖出套期保值适用于担心价格下跌对现货头寸造成不利冲击的情形。通过引入案例深入了解利用不同金融工具进行套期保值的方法以及特点,并分析其策略效果。但同时由于套期保值存在一定风险,需要完善风险评估方法。

【思考与习题】

1. 什么是套期保值?试述套期保值的基本原理及操作原则。
2. 多头套期保值和空头套期保值分别适用于哪些情况?分别举例说明。
3. 简述期权套期保值主要特点。
4. 简述外汇期货保值的基本原理。
5. 期权套期保值的基础策略有哪些?

【即测即练】

第四章

静态期货套期保值比率估计

> **本章学习目标：**
> 1. 了解基本的静态期货套期保值比率估计方法，对其有一个全面、清晰的认知；
> 2. 了解最小方差套期保值模型、OLS 模型、ECM 和 BVAR 模型估计期货静态套期保值比率的基本原理；
> 3. 理解和掌握静态套期保值模型在 Python 软件中的运行代码，能够灵活使用 Python 软件计算静态套期保值比率。

第一节 套期保值模型发展脉络

套期保值比率是指为规避现货市场风险，套期保值者在建立交易头寸时所确定的期货合约的总价值与所保值的现货合同总价值的比率。确定合适的套期保值比率是减少套期保值风险、达到最佳套期保值效果的关键。

案例分析 4-1
最优套期保值比率一定为 1 吗？

从套期保值理论与实践应用的探索历程来看，最优套期保值比率的估计及效率的计算尤为重要。传统套期保值是指套期保值者在期货、期权市场上建立一种与其现货市场数额相等、方向相反的头寸后，不做任何调整，而当市场价格发生不利变动时，通过行权或对冲期权头寸达到保值的目的，对冲比例是1∶1。套期保值比率为 1 的优点在于简便易行，缺点是无法规避由期货、期权价格与现货价格变动不一致带来的风险。由于基差的存在，套期保值（特别是交叉套保）很难完全对冲价格风险，因此需要对套期保值比率进行估计，寻找期货头寸和现货头寸之间的最佳比率。

从套期保值模型发展脉络来看，Johnson（1960）、Stein（1961）率先将 Markowitz（1952）的投资组合理论与套期保值问题相结合，提出了现代套期保值理论。Ederington（1979）基于 Johnson 的理论，使用普通最小二乘法（OLS）对期货收益率与现货收益率回归估计套期保值比率，并首次提出用组合资产收益方差的减小程度作为套保效率的测度指标。Bell 和 Krasker（1986）证明了如果期货与现货价格变化依赖于前期信息，传统 OLS 将得到最优套期保值比率的错误估计，这源于 OLS 模型的残差存在自相关性。为了修正残差的自相关问题，Herbst（1989）等采用 ARIMA（差分整合移动平均自回归）模型研究了外汇期货市场上存在的自相关情况，指出 ARIMA 模型在大多数情况下比 OLS 模型要好。Myers 和 Thompson（1989）发现 OLS 模型残差项中的序列相关与异方差性导致了套期保值比率的偏差,而使用 BVAR(贝叶斯向量自回归)模型可以提高参数估计的有效性。Ghosh(1993)根据 Engle-Granger 的协整理论,对多国的现货和期货市场进行研究,发现各国的期货、现货市场之间均存在协整关系,并在传统 OLS 模型中引入误差修正项,提出估计最优套期保值比率的误差修正模型。实证结果表明,加入误差修正项的模型能更准确地估计出最优套期保值比率,从而提高套期保值效果[Chou(1996)等]。

从最优套期保值比率的形式来看,OLS、BVAR 和 ECM 三种模型得到的最优套期保值比率是一个定值,不随时间变化,因此被称为静态套期保值模型。套期保值策略事实上是一个现货与期货的投资组合,其中组合比率也称为套期保值比率,是指持有期货合约的头寸大小与风险暴露现货资产头寸大小的比值,即对一单位风险暴露资产进行风险管理所需的期货合约的数量。

考虑一个包含 X_S 单位的现货多头头寸和 X_F 单位的期货空头头寸的组合,记 S_t 和 F_t 分别为 t 时刻现货和期货的价格,则该套期保值组合的收益率为

$$R_t^h = \frac{X_S \Delta S_t - X_F \Delta F_t}{X_S S_t} = \frac{\Delta S_t}{S_t} - \frac{X_F \Delta F_t}{X_S S_t} \times \frac{F_t}{F_t} = \frac{\Delta S_t}{S_t} - h\frac{\Delta F_t}{F_t}$$

$$= R_t^s - h R_t^f \approx \Delta \ln S_t - h \Delta \ln F_t$$

其中,$R_t^s = \Delta S_t / S_t \approx \Delta \ln S_t$,$R_t^f = \Delta F_t / F \approx \Delta \ln F_t$ 分别表示现货和期货在 t 时刻的收益率,而 $h = X_F F_t / X_S S_t$ 为套期保值比率。

第二节　最小方差套期保值模型

一、最小方差套期保值原理

套期保值比率是指保值者持有期货合约的头寸大小与需要保值的基础资产大小的比率,用 h 表示。假定 S_1 为 t_1 时刻现货的价格,S_2 为 t_2 时刻现货的价格,F_1 为 t_1 时刻期货的价格,F_2 为 t_2 时刻期货的价格。$\Delta S = S_2 - S_1$,$\Delta F = F_2 - F_1$。假定交易商在 t_1 时刻进行对冲操作,在 t_2 时刻平仓。可以看出 ΔS 是套期保值期限内现货价格的改变量,ΔF 是套期保值期限内期货价格的改变量。由于 t_2 时刻的现货价格 S_2 和期货价格 F_2 的不确定性,因此 ΔS、ΔF 也是不确定的。

对于一个空头套期保值者来说,在 t_1 时刻持有现货多头和期货空头,在 t_2 时刻出售现货资产,同时进行期货平仓。在该期间保值者头寸的价值变化为 $\Delta S - h\Delta F$。相反,对一个多头套期保值者来说,在这期间保值者头寸的价值变化为 $h\Delta F - \Delta S$。

令 e_S 是 ΔS 的标准差,e_F 是 ΔF 的标准差,则 $e_S^2 = \text{Var}\Delta S$,$e_F^2 = \text{Var}\Delta F$,用 ρ 表示 ΔS 和 ΔF 的相关系数,则

$$\rho = \frac{\text{cov}(\Delta S, \Delta F)}{e_S \cdot e_F}$$

其中,$\text{cov}(\Delta S, \Delta F)$ 表示 ΔS 和 ΔF 的协方差。

考虑上面两种情况套期保值头寸价值变化的方差,显然

$$\text{Var}(\Delta S - h\Delta F) = \text{Var}(h\Delta F - \Delta S)$$

不妨用 V 表示套期保值头寸价值变化的方差,则

$$\begin{aligned}V&=\mathrm{Var}(\Delta S-h\Delta F)\\&=E[(\Delta S-h\Delta F)-E(\Delta S-h\Delta F)]^2\\&=E[(\Delta S-E\Delta S)-h(\Delta F-E\Delta F)]^2\\&=E(\Delta S-E\Delta S)^2+h^2E(\Delta F-E\Delta F)^2-2hE(\Delta S-E\Delta S)(\Delta F-E\Delta F)\\&=\mathrm{Var}\Delta S+h^2\mathrm{Var}\Delta F-2h\mathrm{cov}(\Delta S,\Delta F)\end{aligned}$$

得:$V=e_S^2+h^2e_F^2-2h\rho e_Se_F$ (4-1)

从式(4-1)来看,由于 e_S、e_F、ρ 是常数,因此,V 是关于 h 的函数。

现在来考虑当 h 为何值时,价格变化的方差最小(价格风险最小)。对式(4-1)求 V 关于 h 的一阶导数,可得到

$$\frac{\mathrm{d}V}{\mathrm{d}h}=2he_F^2-2\rho e_Se_F \quad (4\text{-}2)$$

再求 V 关于 h 的二阶导数,得到 $\frac{\mathrm{d}^2V}{\mathrm{d}h^2}=2e_F^2$,注意到 $\frac{\mathrm{d}^2V}{\mathrm{d}h^2}>0$,由微积分知识我们知道,使 V 最小的值是式(4-2)中 $\frac{\mathrm{d}V}{\mathrm{d}h}=0$,得到

$$h^*=\rho\frac{e_S}{e_F} \quad (4\text{-}3)$$

将 h^* 代入式(4-1),可得到 V 的最小值为 $V^*=(1-\rho^2)e_S^2$。

在实际应用中,为避免因数据波动较大对计算结果产生影响,可以使用对数收益率 (R_t^s,R_t^f) 时间序列代替价格一阶差分序列 $(\Delta S,\Delta F)$。由以上分析可见,最优套期保值比率 h 等于 ΔS 和 ΔF 之间的相关系数乘以 ΔS 的标准差与 ΔF 的标准差的比率。若 $\rho=1$,$e_S=e_F$,则最优套保比率为 1。若 $\rho=1$,且 $e_F=2e_S$,则最佳套期保值比率为 0.5,这一结果也正如我们所预期的,期货价格变化等于现货价格变化的 2 倍。

从上面的分析我们还可看到:当相关系数 $\rho=1$,h^* 确定为 $\frac{e_S}{e_F}$,则有方差 $V=Q$。也就是说,这时完全消除了价格风险,做到了完全的套期保值。而只要 $\rho<1$,则无论怎样确定 h,方差 V 总满足 $V\geqslant(1-\rho^2)e_S^2$,这时没有做到完全的套期保值。

二、最小方差套期保值比率估计

案例 4-1

我们选择已经上市的有色金属期货品种——铜作为样本数据进行套期保值比率的计算,选择 2018 年 10 月—2020 年 9 月作为样本区间。铜是上海期货交易所上市交易的第一个金属品种,迄今已有 30 多年历史,近年来铜期货市场不断发展完善,2020 年铜期货成交 50 069 837 手,同比增长 52.43%,成交金额 120 800.28 亿元,同比增长 54.30%。铜也是重要的工业原料,常用于制造电子元件,会影响汽车、建筑、5G 电网、消费电子产品等诸多行业的发展,同时中国是铜需求大国,铜消费占全球近 50%,所以其需求量与宏观经济形势密切相关。目前上海期货交易所作为世界三大铜定价中心之一的地位已得到

公认。

在对铜的期、现货数据进行匹配的基础上,将匹配好的数据保存在 Excel 文件中。通过将数据导入 Python 软件可以实现套期保值比率的计算,具体代码见本章第六节。

首先计算铜现货与铜期货价格序列的收益率,并使用单位根法检验序列的平稳性,得到检验结果如表 4-1 所示,实证结果表明,铜现货和期货价格收益率的 ADF(增强的 Dickey-Fuller)值均分别小于其 10%、5%、1% 的水平临界值,拒绝原假设,铜现货与铜期货价格收益率序列是平稳的。而铜现货与期货价格的 ADF 值均分别大于其 10%、5%、1% 的水平临界值,不拒绝原假设,序列是不平稳的。

表 4-1 铜期货、现货价格 ADF 单位根检验结果

变 量	ADF 值	10%水平临界值	5%水平临界值	1%水平临界值
铜现货价格	−1.553 5	−2.570 0	−2.867 5	−3.444 0
铜期货价格	−1.618 1	−2.570 0	−2.867 5	−3.444 0
铜现货价格收益率	−14.205 9	−2.570 0	−2.867 5	−3.444 0
铜期货价格收益率	−24.144 0	−2.570 0	−2.867 5	−3.443 9

根据式(4-3)得到最优套期保值比率 h 如表 4-2 所示,即保值者持有期货合约的头寸大小与需要保值的基础资产大小的比率为 0.778 2,此时投资组合价格变化的方差最小。

表 4-2 最小方差套期保值模型下的套期保值比率

参 数	结 果 值
套期保值比率(h)	0.778 2

第三节 OLS 模型

一、OLS 模型原理

Ederington(1979)运用最小二乘法对现货收益率和期货收益率进行回归估计套期保值比率:

$$E(U) = X_s E[S_2 - S_1] \tag{4-4}$$

$$\mathrm{Var}(U) = X_s^2 \sigma_s^2 \tag{4-5}$$

$$E(R) = X_s E[F_2 - F_1] + X_f E[F_2 - F_1] - K(X_f) \tag{4-6}$$

$$\mathrm{Var}(R) = X_s^2 \sigma_s^2 + X_f^2 \sigma_f^2 + 2 X_s X_f \sigma_{sf} \tag{4-7}$$

其中,U 表示未进行对冲操作的投资组合的头寸,则 $E(U)$ 表示未进行对冲操作的投资组合的收益;S_1 和 S_2 表示 t_1、t_2 时刻的现货价格,F_1 和 F_2 表示 t_1、t_2 时刻的期货价格;X_s 和 X_f 表示现货合约与期货合约的持有数;R 表示同时持有 X_s 份现货和 X_f 份期货的投资组合的头寸;$K(X_f)$ 表示从事期货交易的经纪费用和其他费用,包括提供保证金的费用;σ_s^2、σ_f^2 和 σ_{sf} 表示从 t_1 到 t_2 时刻现货和期货价格的方差与协方差。

令 $b = -X_f / X_s$,表示被对冲的现货头寸的比例,由于 X_s 和 X_f 互为相反数,因此

$h>0$，代入上列公式，可得

$$\mathrm{Var}(R) = X_s^2 \{\sigma_s^2 + h^2 \sigma_f^2 - 2h\sigma_{sf}\} \tag{4-8}$$

其中，

$$\begin{aligned}E(R) &= X_s\{E(S_2-S_1) - hE(F_2-F_1)\} - k(X_s,h) \\ &= X_s\{(1-h)E(S_2-S_1) + hE(S_2-S_1) - hE(F_2-F_1)\} - k(X_s,h)\end{aligned} \tag{4-9}$$

$$\frac{\partial \mathrm{Var}(R)}{\partial h} = X_s^2\{2h\sigma_f^2 - 2\sigma_{sf}\} \tag{4-10}$$

因此，在考虑期货交易的经纪费用和其他费用的情况下，满足投资组合风险最小化[式(4-10)中一阶导数等于零]的条件下，可得最优套期保值比率：

$$h^* = \frac{\sigma_{sf}}{\sigma_f^2} \tag{4-11}$$

运用最小二乘法对现货和期货价格变化量进行线性拟合：

$$\Delta S_t = a + h^* \Delta F_t + u_t \tag{4-12}$$

其中，a 为回归函数的截距项（常数）；ΔS_t 为现货价格变化；ΔF_t 为期货价格变化；h^* 为最优套期保值比率；u_t 为随机误差项（残差）。在实际应用中，为避免因数据波动较大对计算结果产生影响，可以使用对数收益率（R_t^s，R_t^f）时间序列代替价格一阶差分序列（ΔS_t，ΔF_t）。因此最小二乘法通常使用如下线性拟合方程：

$$R_t^s = a + h^* R_t^f + u_t \tag{4-13}$$

由于最小二乘法的核心思想是对残差平方和最小化，残差平方和即为投资组合中残差的最小化。因此，OLS 模型估计结果已经暗含投资组合的风险最小化原理。另外，在残差序列满足经典线性回归模型（CLRM）的基本假设下，保证了最小二乘法估计量的方差趋近于零，排除了近似多重共线性的可能。因此，方程估算得出的回归系数 h^* 即为最优套期保值比率。

由于实务中期货与现货价格序列通常是非平稳的，不应当忽略期现货市场间的协整关系，这使得 OLS 模型的估计量是有偏的，即所得的最优套期保值比率并非实际最优值（通过案例分析对比发现 OLS 模型的估计值更小）。因此下文将引入误差修正模型，同时考虑期货和现货价格的长期与短期关系，并将两者间可能存在的协整关系考虑在内，通常情况下会估计出更精确的最优套期保值比率。

二、在 Python 中实现 OLS 模型下套期保值比率估计

案例 4-2

仍然选择 2018 年 10 月—2020 年 9 月作为样本区间，在对铜的期、现货数据进行匹配的基础上，将匹配好的数据保存在 Excel 文件中。通过将数据导入 Python 软件可以实现套期保值比率的计算，具体代码见本章第六节。

通过运行 Python 语言得到 OLS 模型可决系数 R^2 为 0.592，描述回归曲线对真实数据点的拟合程度，即判断估计的准确性，越接近 1，说明因变量的解释能力越强，0.594 表示具有较强的解释力度；回归系数 h 估计值为 0.789 4，t 值为 26.563，P 值为 0.000，小

于 0.01，说明系数在 1% 水平下显著，最终得到最优套期保值比率。

如表 4-3 所示，套期保值比率（OLS 模型估计值），即保值者持有期货合约的头寸大小与需要保值的基础资产大小的比率为 0.789 4，此时投资组合的风险最小。同时，我们还能得出套期保值比率的有效性指标 HE 为 0.593 1，HE 越大，说明套期保值效果越好，这里表明铜具有较好的套期保值效果。

表 4-3　OLS 模型下套期保值比率及有效性结果

参　　数	结　果　值	参　　数	结　果　值
套期保值比率（OLS 模型斜率）	0.789 4	套期保值比率的有效性指标 HE	0.593 1

第四节　ECM

一、ECM 原理

戈什（Ghosh）引进 Engle-Granger 协整理论，在传统 OLS 模型中引入误差修正项，提出估计最优套期保值比率的误差修正模型。周（Chou）等（1996）提出的简化两步法（也称 EG 两步法）的基本思想为：

第一步，先求模型的 OLS 估计，又称协整回归（或静态回归）：

$$R_t^s = c + h R_t^f + u_t \tag{4-14}$$

得到 c、h 估计值及残差序列 $\hat{\mu}_t$。

第二步，再用 OLS 估计回归方程：

$$R_t^s = c + a \hat{z}_{t-1} + h R_t^f + \varepsilon_t \tag{4-15}$$

在式 (4-15) 中，$\hat{z}_{t-1}$ 是误差修正项，则系数 h 为套期保值比率。

ECM 考虑了期货与现货价格的协整关系。为了更好地理解 ECM，我们假设 x_t 和 y_t 是两个非平稳的时间序列，如果它们在一阶差分后变成平稳序列，则称 x_t（或 y_t）～$I(1)$。如果存在 x_t 和 y_t 的线性组合，使得 $z_t = y_t - c - d x_t$ 是平稳的（$I(0)$），则 Engle 和 Granger 将它们定义为与协整参数 d 协整。如果整个系统正趋于平衡，经济理论认为 x_t 和 y_t 之间的长期关系应该为 $y_t = c + d x_t$，而 z_t 用来测量修正误差。Engle 和 Granger 认为，如果两个序列是协整的，则存在误差修正项，反之亦然。

在进行协整检验之前，假设每个序列都是 $I(1)$（一阶单整），即每个序列在其自回归中都有一个单位根。可以通过进行以下增强的 Dickey-Fuller（1981）检验来判断单位根是否存在：

$$\Delta y_t = a_0 + a_1 y_{t-1} + \sum_{i=1}^{p} \alpha_i \Delta y_{t-1} + \varepsilon_t \tag{4-16}$$

为确保 ε_t 变成白噪声（均值为 0、方差不变的稳定随机序列），回归方程中囊括了足够的滞后差分项。

在 ADF 检验中，如果 p 足够大，则会降低统计检验力。因此 Phillips 和 Perron（1988）提出了单位根序列相关存在的非参数修正，通过以下回归进行：

$$y_t = \alpha + \beta y_{t-1} + \eta_t \tag{4-17}$$

其中，η_t 是白噪声。

因此我们判断期货、现货价格是否具有协整关系时，一般通过检验以下协整回归的残差中是否存在单位根，首先求得残差序列：

$$y_t = a + bx_t + u_t \tag{4-18}$$

然后通过对以下回归应用 ADF 检验来进行非协整的原假设：

$$\Delta u_t = \delta u_{t-1} + \sum_{j=1}^{q} \gamma_i \Delta u_{t-j} + v_t \tag{4-19}$$

其中，v_t 是白噪声，临界值的取值参考 MacKinnon(1991)。

也可以通过式(4-19)进行单位根检验，即将 Phillips-Perron 检验应用于式(4-17)得到协整残差 u_t，依次判断两个时间序列是否具有协整关系：

$$u_t = \mu + \beta u_{t-1} + \xi_t \tag{4-20}$$

其中，ξ_t 是 $I(0)$（0 阶单整，即平稳序列）。

若 R_t^s 表示现货收益率序列，R_t^f 表示期货收益率序列，则误差修正模型估计如下：

$$R_t^s = \alpha u_{t-1} + \beta R_t^f + \sum_{i=1}^{m} \delta_i R_{t-i}^f + \sum_{j=1}^{n} \theta_j R_{t-j}^s + e_t \tag{4-21}$$

其中，u_{t-1} 是误差修正项，为确保 e_t 变成白噪声，回归方程中囊括了足够的滞后差分项。一个具有代表性的误差修正模型将反映一个变量对另一个变量的变化、过去的平衡误差以及这两个变量过去的变化。

模型(4-21)的参数是通过采用 Engle 和 Granger 的两步法来估计的。第一步，从方程(4-21)中得到协整残差 u_t。第二步，用普通最小二乘回归和赤池信息准则选择滞后阶数来估计方程(4-21)。方程(4-21)对公式的系数估计是渐近有效的，但不是协整参数的估计。通过对方程(4-21)的估计，估计系数 $\hat{\beta}$ 是 ECM 下的最优套期保值比率。

二、在 Python 中实现 ECM 下套期保值比率估计

案例 4-3

我们仍然使用案例 4-1 中的铜数据，首先在对铜的期、现货数据进行匹配的基础上，将匹配好的数据保存在 Excel 文件中。通过将数据导入 Python 软件可以实现套期保值比率的计算，具体代码见本章第六节。

通过运行 Python 语言得到 ECM 可决系数 R^2 为 0.699，大于 OLS 模型下的 R^2 值 (0.592)，可见其对因变量的解释能力比 OLS 模型更强；回归系数 h 的估计值为 0.896 7，t 值为 33.328，P 值为 0.000，小于 0.01，说明系数在 1% 水平下显著，最终可以通过 Python 计算得到最优套期保值比率。

如表 4-4 所示，最优套期保值比率，即保值者持有期货合约的头寸大小与需要保值的基础资产大小的比率为 0.896 7，与最小方差套期保值模型和 OLS 模型的估计值有一定差距，这是由于 ECM 考虑了期货价格和现货价格长期的协整关系。同时，我们还能得出套期保值效率 HE 为 0.582 3，小于 OLS 模型下的 HE 值，套期保值效果一般。

表 4-4 ECM 下套期保值比率及有效性结果

参　　数	结　果　值	参　　数	结　果　值
套期保值比率	0.896 7	套期保值比率的有效性指标 HE	0.582 3

第五节　BVAR 模型

一、BVAR 模型原理

迈尔斯(Myers)和汤普森(Thompson)针对 OLS 模型残差项中的序列相关和异方差性问题,提出二元向量自回归模型(BVAR 模型),具体形式为

$$R_t^s = \sum_{i=1}^{n} \beta R_{t-i}^s + \sum_{j=1}^{k} \delta R_{t-j}^f + \varepsilon_t^s \tag{4-22}$$

$$R_t^f = \sum_{i=1}^{n} \gamma R_{t-i}^s + \sum_{j=1}^{k} \phi R_{t-j}^f + \varepsilon_t^f \tag{4-23}$$

于是套期保值比率为 $h = \rho(\sigma_s/\sigma_f)$,其中,$\rho$ 是残差项 ε_t^s 和 ε_t^f 的相关系数,σ_s 和 σ_f 是 ε_t^s 和 ε_t^f 的标准差。

假设某一品种的现货和期货价格符合以下线性平衡模型:

$$S_t = \boldsymbol{X}_{t-1} \boldsymbol{\alpha} + u_t \tag{4-24}$$

$$F_t = \boldsymbol{X}_{t-1} \boldsymbol{\beta} + v_t \tag{4-25}$$

其中,$\boldsymbol{X}_{t-1}$ 为在 $t-1$ 时刻用于预测 S_t 和 F_t 的变量向量;$\boldsymbol{\alpha}$ 和 $\boldsymbol{\beta}$ 为未知参数的向量;u_t 和 v_t 为均值为零且序列不相关的随机冲击(以 $\boldsymbol{X}_{t-1}$ 为条件),该冲击可能是同期相关的,并有一个恒定的(同期)协方差矩阵 $\boldsymbol{\Omega}$。例如 $\boldsymbol{X}_{t-1}$ 可能是商品现货和期货价格、生产、存储、出口和消费者收入的滞后值,可以为 $t-1$ 时刻甚至更早。式(4-24)和式(4-25)可以被认为是一个完全确定的结构方程的简化形式,由某一个商品均衡的期货和现货价格建立。假设式(4-24)和式(4-25)的形式均已知,只有未知参数 $\boldsymbol{\alpha}$、$\boldsymbol{\beta}$ 和 $\boldsymbol{\Omega}$ 必须由模型估计得出。

为了实现最优套期保值,需要估计现货和期货价格的条件协方差矩阵。通过采用式(4-24)和式(4-25)的条件协方差算子(作用于 $\boldsymbol{X}_{t-1}$),可得

$$\sigma_s^2 = \mathrm{Var}(u_t \mid \boldsymbol{X}_{t-1})$$
$$\sigma_f^2 = \mathrm{Var}(v_t \mid \boldsymbol{X}_{t-1})$$
$$\sigma_{sf} = \mathrm{cov}(u_t, v_t \mid \boldsymbol{X}_{t-1})$$

其中,S 和 F 的条件协方差矩阵恒定等于 $\boldsymbol{\Omega}$,即 u_t 和 v_t 的同期协方差矩阵,至此,这个问题已简化为如何估计 $\boldsymbol{\Omega}$。

为了估计 $\boldsymbol{\Omega}$,首先假设在式(4-24)和式(4-25)中都出现了相同的右侧变量 $\boldsymbol{X}_{t-1}$。然后,在正态分布假设下,$\boldsymbol{\Omega}$ 的极大似然估计量为

$$\widehat{\boldsymbol{\Omega}} = \frac{1}{T} \begin{bmatrix} \hat{\boldsymbol{u}}'\hat{\boldsymbol{u}} & \hat{\boldsymbol{u}}'\hat{\boldsymbol{v}} \\ \hat{\boldsymbol{v}}'\hat{\boldsymbol{u}} & \hat{\boldsymbol{v}}'\hat{\boldsymbol{v}} \end{bmatrix} \tag{4-26}$$

其中,$\hat{\boldsymbol{u}}$ 和 $\hat{\boldsymbol{v}}$ 分别为使用 T 观测样本上的普通最小二乘法来估计式(4-24)和式(4-25)的

残差向量。为了估计广义上的最优套期保值比率,设定套期保值比率等于现货价格和期货价格间条件协方差的估计与期货价格条件方差的估计之比:

$$h^* = \frac{\sigma_{sf}}{\sigma_f^2} = \frac{\widehat{\boldsymbol{v}}'\widehat{\boldsymbol{u}}}{\widehat{\boldsymbol{v}}'\widehat{\boldsymbol{v}}} \tag{4-27}$$

作为最优套期保值比率的估计量,式(4-27)有两个理想特性:首先,它基于一般确定的现货和期货价格决定模型;其次,它利用现货和期货价格条件均值的偏差来估计所需的条件协方差矩阵。

二、BVAR 模型下套期保值比率估计

案例 4-4

仍然选择 2018 年 10 月—2020 年 9 月作为样本区间,在对铜的期、现货数据进行匹配的基础上,将匹配好的数据保存在 Excel 文件中。通过将数据导入 Python 软件可以实现套期保值比率的计算,具体代码见本章第六节。

通过运行 Python 语言得到 BVAR 模型的参数回归结果(表 4-5),其中 BVAR 的最优滞后阶数为 3,此时 AIC 值最小;通过表中铜期货价格和铜现货价格日收益率的系数估计列(coef),我们能够得出 BVAR 模型的方程;通过估计参数得到 z 值和 P 值,除铜期货的滞后一阶收益率系数外,铜期货价格和铜现货价格的 3 阶滞后日收益率系数均在 10% 的水平下显著,最终可以通过 Python 计算得到最优套期保值比率。

表 4-5 BVAR 模型的参数回归结果

估计结果	铜期货价格的日收益率 futures_z			铜现货价格的日收益率 spot_z		
	coef	z	$P>\|z\|$	coef	z	$P>\|z\|$
L1	0.060 0	0.663	0.507	−0.929 6	−10.301	0.000
L2	0.273 5	1.895	0.058	−0.581 9	−4.767	0.000
L3	0.402 1	2.580	0.010	−0.671 7	−5.244	0.000
$Var(\varepsilon_t^2)$	0.009 5			0.004 6		
$cov(\varepsilon_{st},\varepsilon_{ft})$	0.007 3					

如表 4-6 所示,根据式(4-27)可以得到最优套期保值比率(h),即保值者持有期货合约的头寸大小与需要保值的基础资产大小的比率为 0.865 0,与最小方差套期保值模型和 OLS 模型的估计值之间存在一定的差距,其中与 OLS 模型的差距相对更小,这与 BVAR 模型同时考虑了自身滞后项的影响和其他相关因素的滞后项的影响有关。同时,我们还能得出套期保值比率的有效性指标 HE 为 0.587 8,小于 OLS 模型下的 HE 值,大于 ECM 下的 HE 值。这表明对于铜期货品种而言,静态套期保值模型中,OLS 模型优于 BVAR 模型,而 BVAR 模型优于 ECM。

表 4-6 BVAR 模型下套期保值比率及有效性结果

参数	结果值	参数	结果值
套期保值比率(h)	0.865 0	套期保值比率的有效性指标 HE	0.587 8

第六节 Python 实战——静态最优套期保值比率估计

一、在 Python 中实现最小方差套期保值比率估计

在对铜的期、现货数据进行匹配的基础上,将匹配好的数据保存在 Excel 文件中。

```python
#将excel文件转换为csv文件
data = pd.read_excel('excel所在文件路径')
Data = data.to_csv('data.csv')

#在导入数据文件前,需要加载一些必要的库
import numpy as np
import pandas as pd
import statsmodels.api as smf
import matplotlib.pyplot as plt

#读取csv文件,导入数据(df表示查询获取数据)
df = pd.read_csv('Data.csv')

#计算日收益率[spot和futures分别代表现货数据与期货数据;shift(m)表示下移m个单位;第t
#期现货和期货的日收益率=对第t期与第t-1期价格的比值取对数,相较于算数收益率,对数收
#益率的优势在于直接可加性,能够进行连续复利,同时克服数据本身的异方差性,保证数据的平
#稳,使数据更平滑]
df['spot_z'] = np.log(df['spot'] / df['spot'].shift(1))       #计算现货的日收益率
df['futures_z'] = np.log(df['futures'] / df['futures'].shift(1))    #计算期货的日收益率

#数据清洗,缺失值处理(dropna表示滤除缺失值;reset_index表示重置索引;drop=True表示去
#除原索引index列,重置index;head表示返回dataframe)
df = df.dropna()
df = df.reset_index(drop = True)
df.head()
print(df)

#进行ADF单位根检验(X为现货价格;Y为期货价格;x为现货收益率;y为期货收益率,使用
#adfuller函数进行ADF单位根检验)
X = df['spot']
Y = df['futures']
x = df['spot_z']
y = df['futures_z']
adfResult1 = sm.tsa.stattools.adfuller(X,1)
adfResult2 = sm.tsa.stattools.adfuller(Y,1)
adfResult3 = sm.tsa.stattools.adfuller(x,1)
adfResult4 = sm.tsa.stattools.adfuller(y,1)
print(adfResult1,adfResult2,adfResult3,adfResult4)
```

运行后得到结果如图 4-1 所示。

```python
#基于风险最小化得出最优套期保值比率,打印结果
Xd = df['spot differ']        # Xd表示现货价格的改变量
```

```
(-1.553548607346385, {'1%': -3.4439615820186846, '5%': -2.8675425624806605, '10%': -2.5699671340268937})
(-1.6180871820949727, {'1%': -3.4439615820186846, '5%': -2.8675425624806605, '10%': -2.5699671340268937})
(-14.20592611314498, {'1%': -3.4439615820186846, '5%': -2.8675425624806605, '10%': -2.5699671340268937})
(-24.144003804152483, {'1%': -3.4439333076538854, '5%': -2.8675301216074414, '10%': -2.56996050355167})
```

图 4-1 铜期货、现货价格 ADF 单位根检验结果

```
Yd = df['futures differ']    # Yd 表示期货价格的改变量
d = (Xd).corr((Yd))          # 计算相关系数
h = d*(Xd.std()/Yd.std())    # 利用相关系数乘以现货与期货价格改变量的标准差之比来计算
                             #   套期保值比率 h
print (h)                    # 输出 h 值
```

二、在 Python 中实现 OLS 模型下套期保值比率估计

```
# 将 excel 文件转换为 csv 文件
data = pd.read_excel('excel 所在文件路径')
Data = data.to_csv('data.csv')

# 在导入数据文件前,需要加载一些必要的库
import numpy as np
import pandas as pd
import statsmodels.api as smf
import matplotlib.pyplot as plt

# 读取 csv 文件,导入数据(df 表示查询获取数据)
df = pd.read_csv('Data.csv')

# 计算日收益率(spot 和 futures 分别代表现货与期货数据;shift(m)表示下移 m 个单位;[n:]表
# 示从下标为 n 的元素开始取全部,其中第一个元素下标为 0;第 t 期现货和期货的日收益率 = 对第
# t 期与第 t-1 期价格的比值取对数,相较于算数收益率,对数收益率的优势在于直接可加性,能够
# 进行连续复利,同时克服数据本身的异方差性,保证数据的平稳,使数据更平滑)
df['spot_z'] = np.log(df['spot'] / df['spot'].shift(1))
df['futures_z'] = np.log(df['futures'] / df['futures'].shift(1))
x = df['futures_z'][1:]      # x 为期货价格的日收益率
y = df['spot_z'][1:]         # y 为现货价格的日收益率

# 基于 OLS 模型得出回归结果、套期保值比率及有效性指标,打印结果
X = smf.add_constant(x)
# 由于 smf.OLS 函数不会假设回归模型有常数项,因此需要利用 smf.add_constant()函数来为期
# 货价格的日收益率 x 所在列的左侧再加上一列常数 1。
est = smf.OLS(y, X).fit()
# 用最小二乘法进行线性回归,创建 y 与 X 的交互作用,其中,y 是因变量(也称回归中的反应变
# 量),代表现货价格的日收益率;X 是自变量(也称回归变量),代表包含了常数列的期货价格的日收
# 益率; fit()表示拟合函数,用于返回 OLS 模型训练过程中的数据记录,进行回归运算。
yp = est.predict(X)          # 获取 OLS 拟合值
print("OLS model 斜率:{}".format(est.params[1]))
# 输出 OLS model 斜率,即套期保值比率。
ra = y - est.params[1] * x
```

```python
# 计算经过套期保值的投资组合收益率 ra, 其中 y 是没有经过套期保值的投资组合收益率。
HE = 1 - (np.var(ra) / np.var(y))     # 计算套期保值比率的有效性指标 HE
print("样本内 OLS 模型下套保比率效率:")
print("HE = {}".format(H))            # 输出 HE 值
```

运行后得到结果如图 4-2 所示。

```
                            OLS Regression Results
==============================================================================
Dep. Variable:                 spot_z   R-squared:                       0.593
Model:                            OLS   Adj. R-squared:                  0.592
Method:                 Least Squares   F-statistic:                     705.6
Date:                Mon, 02 Aug 2021   Prob (F-statistic):           1.44e-96
Time:                        00:18:05   Log-Likelihood:                 1757.5
No. Observations:                 486   AIC:                            -3511.
Df Residuals:                     484   BIC:                            -3503.
Df Model:                           1
Covariance Type:            nonrobust
==============================================================================
                 coef    std err          t      P>|t|      [0.025      0.975]
------------------------------------------------------------------------------
const         1.05e-05      0.000      0.036      0.972      -0.001       0.001
futures_z       0.7894      0.030     26.563      0.000       0.731       0.848
==============================================================================
Omnibus:                      108.058   Durbin-Watson:                   3.028
Prob(Omnibus):                  0.000   Jarque-Bera (JB):             1497.170
Skew:                          -0.512   Prob(JB):                         0.00
Kurtosis:                      11.537   Cond. No.                         101.
==============================================================================
```

图 4-2　OLS 模型回归结果

三、在 Python 中实现 ECM 下套期保值比率估计

```python
# 将 excel 文件转换为 csv 文件
data = pd.read_excel('excel 所在文件路径')
Data = data.to_csv('data.csv')

# 在导入数据文件前, 需要加载一些必要的库
import numpy as np
import pandas as pd
import statsmodels.api as sm
import matplotlib.pyplot as plt
import statsmodels.tsa.stattools as ts
import statsmodels.api as smf
from statsmodels.tsa.api import VECM

# 读取 csv 文件, 导入数据(df 表示查询获取数据)
```

```python
df = pd.read_csv('Data.csv')

#计算日收益率(spot 和 futures 分别代表现货与期货数据;shift(m)表示下移 m 个单位;第 t 期
现货和期货的日收益率 = 对第 t 期与第 t-1 期价格的比值取对数,相较于算数收益率,对数收益
率的优势在于直接可加性,能够进行连续复利,同时克服数据本身的异方差性,保证数据的平稳,
使数据更平滑)
df['spot_z'] = np.log(df['spot'] / df['spot'].shift(1))
df['futures_z'] = np.log(df['futures'] / df['futures'].shift(1))

#数据清洗,缺失值处理(dropna 表示滤除缺失值;reset_index 表示重置索引;drop=True 表示去
除原索引 index 列,重置 index;head 表示返回 dataframe)
df = df.dropna()
df = df.reset_index(drop=True)
df.head()
print(df)

#基于 ECM 得出回归结果、套期保值比率及有效性指标,打印结果
data = df[['futures_z','spot_z']]            #查询获取期货与现货的收益率数据
df['spot_d'] = np.log(df['spot'])            #对现货价格取对数
df['futures_d'] = np.log(df['futures'])      #对期货价格取对数
data1 = df[['futures_d','spot_d']]           #查询获取期货与现货价格取对数后的数据
vecm_model = VECM(data1)
vecm_results = vecm_model.fit()
#fit()表示拟合函数,用于返回 ECM 训练过程中的数据记录,进行回归运算。
df['ecm'] = (vecm_results.beta[0] * df['spot_d'] + vecm_results.beta[1] * df['futures_d'])
#计算误差修正项
X = df[['futures_z','ecm']]      #索引/切片期货价格的收益率和误差修正项两列的 DataFrame,作
为 DataFrame 的一部分返回。
x = df['futures_z']
y = df['spot_z']
est = smf.OLS(y,smf.add_constant(X)).fit()
#用最小二乘法进行线性回归,创建 y 与 smf.add_constant(X)的交互作用。由于 smf.OLS 函数不
会假设回归模型有常数项,因此需要利用 smf.add_constant()函数来为期货价格的日收益率和套
期保值比率两列的左侧再加上一列常数 1,此时 smf.add_constant(X)是自变量(也称回归变量)。
y 是因变量(也称回归中的反应变量),代表现货价格的日收益率。fit()表示拟合函数,用于返回
OLS 模型训练过程中的数据记录,进行回归运算。
print(est.summary())                         #输出回归结果
print("ECM model 斜率 : {}".format(est.params[2]))
#输出 ECMmodel 斜率,即套期保值比率。
ra = y - est.params[1] * x
#计算经过套期保值的投资组合收益率 ra,其中 y 是没有经过套期保值的投资组合收益率。
HE = 1 - (np.var(ra) / np.var(y))            #计算套期保值比率的有效性指标 HE
print("样本内 ECM 下套保比率效率:")
print("HE = {}".format(HE))                  #输出 HE 值
```

运行后得到结果如图 4-3 所示。

```
==============================================================================
Dep. Variable:                 spot_z   R-squared:                       0.699
Model:                            OLS   Adj. R-squared:                  0.698
Method:                 Least Squares   F-statistic:                     559.7
Date:                Mon, 02 Aug 2021   Prob (F-statistic):           2.12e-126
Time:                        11:25:26   Log-Likelihood:                 1826.5
No. Observations:                 485   AIC:                            -3647.
Df Residuals:                     482   BIC:                            -3635.
Df Model:                           2
Covariance Type:            nonrobust
==============================================================================
                 coef    std err          t      P>|t|      [0.025      0.975]
------------------------------------------------------------------------------
const         -0.0023      0.000     -7.477      0.000      -0.003      -0.002
futures_z      0.8967      0.027     33.328      0.000       0.844       0.950
ecm            0.5673      0.044     13.017      0.000       0.482       0.653
==============================================================================
Omnibus:                      103.983   Durbin-Watson:                   2.300
Prob(Omnibus):                  0.000   Jarque-Bera (JB):             1080.406
Skew:                          -0.583   Prob(JB):                    2.47e-235
Kurtosis:                      10.218   Cond. No.                         175.
==============================================================================
```

图 4-3　ECM 回归结果

四、在 Python 中实现 BVAR 模型下套期保值比率估计

```
# 将 excel 文件转换为 csv 文件
data = pd.read_excel('excel 所在文件路径')
Data = data.to_csv('data.csv')

# 在导入数据文件前,需要加载一些必要的库
import numpy as np
import pandas as pd
import matplotlib.pyplot as plt
import statsmodels.tsa.stattools as ts
import statsmodels.api as smf
from statsmodels.tsa.api import VAR,DynamicVAR

# 读取 csv 文件,导入数据(df 表示查询获取数据)
df = pd.read_csv('Data.csv')

# 计算日收益率(spot 和 futures 分别代表现货与期货数据;shift(m)表示下移 m 个单位;第 t 期
  现货和期货的日收益率=对第 t 期与第 t-1 期价格的比值取对数,相较于算数收益率,对数收益
  率的优势在于直接可加性,能够进行连续复利,同时克服数据本身的异方差性,保证数据的平稳,
  使数据更平滑)
df['spot_z'] = np.log(df['spot'] / df['spot'].shift(1))
```

```python
df['futures_z'] = np.log(df['futures'] / df['futures'].shift(1))

#数据清洗,缺失值处理(dropna 表示滤除缺失值;reset_index 表示重置索引;drop=True 表示去
除原索引 index 列,重置 index;head 表示返回 dataframe)
df = df.dropna()
df = df.reset_index(drop = True)
df.head()
print(df)


#基于 BVAR 模型得出回归结果、套期保值比率及有效性指标,打印结果
data = df[['futures_z','spot_z']]
var_model = VAR(data)
var_results = var_model.fit(2)
#fit()表示拟合函数,用于返回 BVAR 模型训练过程中的数据记录,进行回归运算
#计算残差值
resid = var_results.resid
futures_resid = resid['futures_z']
spot_resid  = resid['spot_z']
res_aic = []
#以下部分为根据赤池信息准则,运行 BVAR 模型,进行循环,确定最优滞后阶数
for i in range(1,10):              #把 1 到 9 分别赋值给滞后阶数 i(不含 10),步长为 1
    orgMod = smf.tsa.VARMAX(data,order = (i,0),trend = 'nc',exog = None)
    #进行 BVAR 模型估计,选择滞后阶数 i,trend 表示趋势项,nc 为不含常数项(c 为包含常数
    项),exog 表示回归变量(也称自变量)的值。
    var_results = orgMod.fit(maxiter = 1000,disp = False)
    #得出回归结果,fit()表示拟合函数,用于返回 BVAR 模型训练过程中的数据记录,进行回归
    运算,maxiter 表示迭代的最大次数。
    aic = var_results.aic          #得出 AIC 值,用于衡量模型拟合优良性,越小拟合度越高。
    res_aic.append(aic)            #表示在 res_aic 列表末尾直接添加元素 aic
AIC = min(res_aic)                 #取 res_aic 的最小值,以求得最优的 AIC 值。
varLagNum = res_aic.index(AIC) + 1
#index(AIC)表示从列表中查找 AIC 元素并输出对应的索引值,求得滞后阶数 varLagNum。
orgMod = smf.tsa.VARMAX(data,order = (varLagNum,0),trend = 'nc',exog = None)
#再次进行 BVAR 模型估计
var_results = orgMod.fit(maxiter = 1000,disp = False)  #得出回归结果
print(var_results.summary())                           #输出回归结果
d = (futures_resid).corr((spot_resid))                 #计算期货与现货的残差的相关系数
h = d * (np.var(df['spot_z']) ** 0.5)/(np.var(df['futures_z']) ** 0.5)
#利用相关系数乘以现货与期货日收益率的标准差之比来计算套期保值比率
print('套期保值比率:')
print(h)                                               #输出套期保值比率值
x = df['futures_z']
y = df['spot_z']
ra = y - h * x
#计算经过套期保值的投资组合收益率 ra,其中 y 是没有经过套期保值的投资组合收益率。
HE = 1 - (np.var(ra) / np.var(y))                      #计算套期保值比率的有效性指标 HE
print("样本内 BVAR 模型下套保比率效率:")
print("HE = {}".format(HE))                            #输出 HE 值
```

【本章知识点回顾】

基本的静态期货套期保值比率估计方法包括最小方差套期保值模型、OLS 模型、ECM 和 BVAR 模型,得到的最优套期保值比率是一个定值。

套期保值比率是指保值者持有期货合约的头寸大小与需要保值的基础资产大小的比率。

最小方差套期保值模型下的最优套期保值比率为 $\rho \dfrac{e_S}{e_F}$,此时投资组合价格变化的方差最小。只有当相关系数 $\rho=1$ 时,才能实现完全的套期保值。

最小二乘法模型下的最优套期保值比率为 $\dfrac{\sigma_{sf}}{\sigma_f^2}$,最小二乘法模型的残差存在序列相关和异方差性,忽略了期货与现货间的协整关系,使得估计产生偏差。

贝叶斯向量自回归模型有效解决了 OLS 模型残差项存在的序列相关和异方差性问题,估计出最优套期保值比率为 $\rho \dfrac{\sigma_S}{\sigma_F}$。

计算铜期货和现货价格收益率时,采用对数收益率法。

ADF 单位根检验用于检验铜现货和期货价格及其收益率的平稳性。

套期保值比率的有效性指标 HE 等于组合资产收益方差的减少程度,即 $1-\dfrac{\mathrm{Var}(R^*)}{\mathrm{Var}(U)}$。

【思考与习题】

从 Wind 上下载你感兴趣的某一品种 3 年的期、现货日度收盘价格数据,并通过 Python 软件分别使用 OLS 模型、ECM 和 BVAR 模型计算静态套期保值比率。(注:相关模型的 Python 代码内容可分别参考本章第二节的案例 4-1、第三节的案例 4-2 和第四节的案例 4-3。)

【即测即练】

第五章

动态期货套期保值比率估计

本章学习目标：
1. 了解基本的动态期货套期保值比率估计方法，对其有一个全面、清晰的认知；
2. 了解 GARCH 动态套期保值模型以及两种 ARCH 效应检验方法和 ECM-GARCH 动态套期保值模型的基本原理；
3. 理解和掌握动态套期保值模型在 Python 软件中的运行代码以及 ARCH 效应检验在 Python 中的运行，能够灵活使用 Python 软件计算动态套期保值比率。

第一节 动态套期保值模型发展脉络

考虑到传统线性回归模型使用 OLS 估计最小方差套保比率具有残差无效性的缺点，同时由于静态套期保值模型无法体现金融资产收益率序列"波动汇聚"特征，这些模型不能满足不同市场环境下动态变化的套期保值需求。为此，对套期保值的比率研究逐步向动态模型方向发展。

Lien(1992)、Ghosh(1993)、Wahab 和 Lashgari(1993)考虑了期货序列与现货序列之间存在的协整关系，提出了二元向量自回归模型和向量误差修正模型，却往往无法体现金融资产收益率序列"波动汇聚"的特征。由此，很多学者开始使用 BGARCH(广义二元自回归方差)模型(Kroner and Sultan, 1993；Park and Switzer, 1995)，但这些模型并没有考虑到期、现货间的协整关系。在协整理论的基础上，学者们又综合分析了期、现货价格之间的短期动态关系，并提出了一些用于估计动态套期保值比率的模型：如向量 GARCH 模型(Bollerslev et al., 1988)，又称 VECM-GARCH 模型，且建立在不变条件系数的基础上。学者们通过大量的研究还发现，在不同时期和不同的市场上，使套期保值最有效的 GARCH 模型不是固定的(Yang and Allen, 2005；Gregoriou et al., 2011；Qu et al., 2018)。有关动态套期保值策略动态调整过程中，Andavi 等(2009)认为，动态套期保值需要经常调整套保头寸而支付相关成本，套期保值的有效性取决于资本市场的成熟度，而非套期保值方式。在不成熟的市场下，动态套期保值的效果更好；同时他们还考虑了套保者的风险偏好(并不盲目地动态调整套期保值头寸)，即当套保者的效用大于套期保值成本时，才进行套期保值。只有基于风险偏好的角度才能体现动态套期保值的优越性，但在成熟市场上，这种优势并不大。

第二节　GARCH 套期保值模型

一、GARCH 套期保值原理

GARCH 模型解决了传统的计量经济学对时间序列变量的第二个假设（方差恒定）所引起的问题，是一个专门针对金融数据所量体定做的回归模型，与普通回归模型不同之处在于，GARCH 模型对误差的方差进行了进一步的建模，因此特别适用于波动性的分析和预测，这样的分析能够对投资者的决策起到非常重要的指导性作用，其意义很多时候超过了对数值本身的分析和预测。第四章中基于最小方差的套期保值比模型可以得到最优套期保值比

$$h^* = \frac{\text{cov}(\Delta S, \Delta F)}{\text{Var}(\Delta F)} \tag{5-1}$$

与这一模型相似，我们做基于 BGARCH 最小方差套期保值比模型。现货多头头寸 X_s 单位，期货空头头寸 X_f 单位。S_t 和 F_t 分别是 t 时刻现货与期货的价格，则对于多头来说该套期保值组合在 $(t-1,t)$ 内套期保值的收益率

$$R_t^h = R_t^s - h_{t-1} R_t^f \tag{5-2}$$

其中，$R_t^s = \ln S_t - \ln S_{t-1}$，$R_t^f = \ln F_t - \ln F_{t-1}$ 分别为现货和期货在 t 期的价格收益率，h_{t-1} 是 $t-1$ 期的套期保值比率。因此收益率的方差在 $t-1$ 的信息集为

$$\text{Var}(R_t^h \mid \Omega_{t-1}) = \text{Var}(R_t^s \mid \Omega_{t-1}) + h^2_{t-1}\text{Var}(R_t^f \mid \Omega_{t-1}) - 2ht\,\text{cov}(R_t^s, R_t^h \mid \Omega_{t-1}) \tag{5-3}$$

对 h_{t-1} 求导并令其一阶导数为 0，可以得到最优套期保值比率

$$h^*_{t-1} \mid \Omega_{t-1} = \frac{\text{cov}(R_t^s, R_t^f \mid \Omega_{t-1})}{\text{Var}(R_t^f \mid \Omega_{t-1})} \tag{5-4}$$

我们知道 t 时刻的信息集是随着 $t-1$ 时刻变化的，所以，h_{t-1} 也是变化的。接下来运用二维 GARCH 模型来估计 h_{t-1}，模型如下：

$$\Delta Q_t = \mu + \varepsilon_t \tag{5-5}$$

$$\varepsilon_t \mid \Omega_{t-1} \sim BN(0, H_t) \tag{5-6}$$

其中，

$$\Delta Q_t = (\Delta \ln S_t, \Delta \ln F_t)^T$$

$$\mu = (\mu_s, \mu_f)^T$$

$$\varepsilon_t = (\varepsilon_t^s, \varepsilon_t^f)^T$$

$$\text{Vech}(H_t) = (h_t^{ss}, h_t^{sf}, h_t^{ff})^T \tag{5-7}$$

H_t 的一般形式为

$$H_t = C + A\text{Vech}(\varepsilon_{t-1}, \varepsilon *_{t-1}) + B\text{Vech}(H_{t-1}) \tag{5-8}$$

接下来使用对角化的方法来减少参数的个数：

$$H_t = \begin{bmatrix} h_t^{ss} & h_t^{sf} \\ h_t^{sf} & h_t^{ff} \end{bmatrix} \tag{5-9}$$

$$h_t^{ss} = \omega_1 + \beta_1 \varepsilon_{s,t-1}^2 + \alpha_1 h_{t-1}^{ss}$$
$$h_t^{ff} = \omega_2 + \beta_2 (\varepsilon_{t-1}^f)^2 + \alpha_2 h_{t-1}^{ff}$$
$$h_t^{sf} = \rho_{sf} \sqrt{h_{t-1}^{ss} h_{t-1}^{ff}} \tag{5-10}$$

所有参数也可以采用极大似然估计法来估计，BGARCH 的对数似然函数为

$$l(\theta) = -T\log(2\pi) - \frac{1}{2}\sum_{t=1}^{T}(\ln|H_t| + \xi_t' H_t^{-1} \xi_t) \tag{5-11}$$

GARCH 的似然函数是非线性的，因此采用 BHHH(Berndt-Hall-Hall-Hausman，以四人的名字命名)算法。

BHHH 算法得到极大似然估计值相对简便，主要步骤如下：

步骤 1 对待估计的参数向量 $\hat{\Theta}$ 设定估计的初始值，记为 $\hat{\Theta}^{(0)}$；

步骤 2 采用逐步估计的方法，根据第 i 步得到的 $\vec{\Theta}^{(i)}$，计算第 $i+1$ 步估计值的 $\vec{\Theta}^{(i+1)}$：

$$\vec{\Theta}^{(i+1)} = \vec{\Theta}^{(i)} + \lambda_i \left(\sum_{t=1}^{T} \frac{\partial l_t}{\partial \vec{\Theta}} \frac{\partial l_t}{\partial \vec{\Theta}^t} \right)^{-1} \sum_{t=1}^{T} \frac{\partial l_t}{\partial \vec{\Theta}} \tag{5-12}$$

其中，λ_i 为第 i 步的搜索步长；l_t 为 t 时刻的对数似然函数，且最优的可行方向是

$$\left(\sum_{t=1}^{T} \frac{\partial l_t}{\partial \vec{\Theta}} \frac{\partial l_t}{\partial \vec{\Theta}^t} \right)^{-1} \sum_{t=1}^{T} \frac{\partial l_t}{\partial \vec{\Theta}} \tag{5-13}$$

步骤 3 重复步骤 2，并依据终止条件得到既定的收敛条件，得到最终的估计值 $\vec{\Theta}^{(*)}$。

BHHH 算法的优点在于简便，计算方法和程序简单，在使用极大似然估计法对参数进行估计时，应首选较为简便的 BHHH 算法求出极大似然估计值。

二、在 Python 中实现 GARCH 模型下套期保值比率估计

案例 5-1

使用案例 4-1 中的铜数据，首先在对铜的期、现货数据进行匹配的基础上，将匹配好的数据保存在 Excel 文件中。在导入数据文件前，需要加载一些必要的库。通过将数据导入 Python 软件可以实现套期保值比率的计算，具体代码见本章第五节。

在进行 GARCH 模型估计前，检验铜期、现货收益率序列的 ARCH(自回归条件异方差)效应，是否存在波动性聚集特征。ARCH 是数据误差项二阶矩的自回归过程，在确定的模型阶数下，ARCH 检验结果通过则表示数据具有异方差性。序列存在异方差性则不适合用最小二乘法来进行回归分析，因此在进行 GARCH 建模之前，我们应该对数据进行 ARCH 效应检验(表 5-1)。

表 5-1 铜期货、现货收益率序列的 ARCH 效应检验结果

变量	LM(χ^2 值)	$Q(6)$	$Q(12)$	$Q^2(6)$	$Q^2(12)$
铜期货收益率	105.287	37.161	43.772	57.015	62.147
铜现货收益率	291.646	14.891	22.341	138.192	142.995

上述 ARCH 效应的参数值在给定的自由度和滞后阶数下与检验结果对比都具有显著性,表明铜期货与铜现货的收益率存在 ARCH 效应。

通过 GARCH 模型估计得到的参数结果如表 5-2 所示。

表 5-2　BGARCH 模型估计结果

估计参数	铜期货市场($i=2$)	铜现货市场($i=1$)
ω_i	1.039 9e−05*** [2.279e+05]	9.908 9e−06*** [2.033e+05]
α_i	0.200 0* [1.881]	0.200 0* [1.863]
β_i	0.700 0*** [9.627]	0.700 0*** [11.079]
$\alpha_i+\beta_i$	0.900 0	0.900 0

注:*、**、***分别表示在 10%、5% 和 1% 水平下显著。

进一步得到动态套期保值比率,如图 5-1 所示。

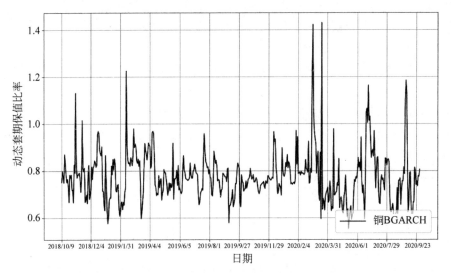

图 5-1　BGARCH 模型动态套期保值比率

如表 5-3 所示,套期保值比率的有效性指标 HE 为 0.444 9,套期保值效果一般,而且相对于静态套期保值结果也有一定的差距。这是由于当周期较短、在一周左右时,动态套期保值的效率较高,在长周期的情况下,多元 GARCH 模型参数估计精度的大幅度下降导致其效率不如静态套期保值。

表 5-3　GARCH 模型下套期保值的有效性

参　　数	结　果　值
套期保值效率(HE)	0.444 9

第三节 ECM-GARCH 模型

一、ECM-GARCH 模型原理

利用 OLS 模型，我们可以得到线性回归方程如下：

$$\Delta \ln S_t = \alpha + \beta \ln F_t + \varepsilon_t \tag{5-14}$$

ECM-GARCH 模型在最优套期保值问题中将协整关系和时变方差结合起来，取得了较好的套期保值效果。

式 (5-14) 中，S_t、F_t 分别是现货的收益率和期货的收益率，α 是常数，ε_t 是残差，β 是套期保值比率，但是因为残差的异方差和自相关性，减少了参数估计的有效性。进一步，这两个时间序列存在协整关系，我们可以利用 ECM 进行修正。

$$\Delta \ln S_t = C_s + h \Delta \ln F_t + \sum_{i=1}^{m} \beta_i \Delta \ln S_{t-i} + \sum_{j=i}^{m} \delta_i \Delta \ln F_{t-j} + \eta \theta_{t-1} + \varepsilon_t \tag{5-15}$$

式中，η 为误差修正系数；θ_{t-1} 为误差修正项；C_s 为方程的截距项；β_i、δ_i 为回归系数；ε_t 为满足独立分布的随机误差项；h 为误差修正模型测算出的套期保值比率。因为误差修正模型的残余误差有异方差，在模型中存在着 ARCH 效应，影响了对冲比的计算，但是 ECM-GARCH 模型可以解决这个问题。现货和期货的表达式为

$$\Delta S_t = C_s + \boldsymbol{\delta}_s Z_{t-1} + \varepsilon_{t-1}^s$$
$$\Delta F_t = C_f + \boldsymbol{\delta}_f Z_{t-1} + \varepsilon_{t-1}^f \tag{5-16}$$

$$Z_{t-1} = S_{t-1} - (\alpha + \boldsymbol{\beta} F_{t-1}) \tag{5-17}$$

式中，$\boldsymbol{\beta}$ 为参数 3×1 的参数向量；$\boldsymbol{\delta}_s$、$\boldsymbol{\delta}_f$ 都是 3×3 的系数矩阵。

$$\boldsymbol{H}_t = \begin{bmatrix} h_t^{ss} & h_t^{sf} \\ h_t^{sf} & h_t^{ff} \end{bmatrix} = \begin{bmatrix} \sqrt{h_t^{ss}} & 0 \\ 0 & \sqrt{h_t^{ff}} \end{bmatrix} \begin{bmatrix} 1 & \rho_{sf} \\ \rho_{sf} & 1 \end{bmatrix} \begin{bmatrix} \sqrt{h_t^{ss}} & 0 \\ 0 & \sqrt{h_t^{ff}} \end{bmatrix} \tag{5-18}$$

$$h_t^{ss} = \omega_1 + \beta_1 (\varepsilon_{t-1}^s)^2 + \alpha_1 h_{t-1}^{ss}$$
$$h_t^{ff} = \omega_2 + \beta_2 (\varepsilon_{t-1}^f)^2 + \alpha_2 h_{t-1}^{ff}$$
$$h_t^{sf} = \rho_{sf} \sqrt{h_{t-1}^{ss} h_{t-1}^{ff}} \tag{5-19}$$

式中，Vech 的取值为上三角部分，将上述式子展开后可得 $t-1$ 时刻的套期保值比率为

$$h^*_{t-1} = \rho_{sf} \sqrt{\frac{\text{Var}(\Delta S_t)}{\text{Var}(\Delta F_t)}} \tag{5-20}$$

二、在 Python 中实现 ECM-GARCH 模型下套期保值比率估计

案例 5-2

我们仍然使用案例 4-1 中的铜数据，首先在对铜的期、现货数据进行匹配的基础上，将匹配好的数据保存在 Excel 文件中。在导入数据文件前，需要加载一些必要的库。通过将数据导入 Python 软件可以实现套期保值比率的计算，具体代码见本章第五节。

在进行 ECM-GARCH 模型估计前，检验铜期、现货收益率序列的 ARCH 效应，上述已经证明存在 ARCH 效应（表 5-4）。

表 5-4　ECM-GARCH 模型估计结果

估计参数	铜期货市场($i=2$)	铜现货市场($i=1$)
ω_i	1.034 2e−05 [2.236e+05]	8.970 9e−06 [1.136e+06]
α_i	0.200 0 [1.627]	0.200 0 [2.072]
β_i	0.700 0 [8.022]	0.700 0 [12.559]
$\alpha_i+\beta_i$	0.900 0	0.900 0

如图 5-2、表 5-5 所示,套期保值比率的有效性指标 HE 为 0.525 3,则表明 ECM 修正下 GARCH 的套期保值有效性更高。但是由于长周期的影响,套期保值效率仍不如静态的。

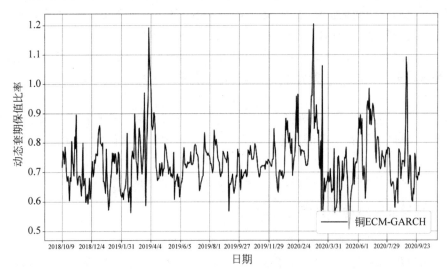

图 5-2　ECM-GARCH 模型动态套期保值比率图

表 5-5　ECM-GARCH 模型下套期保值有效性结果

参　　数	结　　果
套期保值比率的有效性指标 HE	0.525 3

第四节　考虑收益成本的动态套期保值模型

一、考虑收益成本的动态套期保值比率估计原理

(一)微调矫正套期保值比率

在计算出最佳套期保值比率后,套期保值者要想利用期货完全对冲现货市场价格风险,还可动态微调套期保值比率。

在商品期货套期保值中,可以引入尾随对冲方法调整套期比率,最佳的期货合约数量可表示为

$$N^* = \frac{V_s}{V_F} \tag{5-21}$$

其中,V_s 是被套保商品的实际货币价值,由商品的数量和价格计算得出;V_F 表示一手期货合约的货币价值,即合约规模乘以期货价格,很明显,现货价格和期货价格有时会有较大出入,这时就需要微调一下期货头寸。

需要注意,对于股票指数期货的套期保值而言,β 实际上并非一成不变。个股的 β 变化较大;组合的 β 变化相对较小,但是组合自身的调整变化也会引起 β 的变化。因此,套期保值所需要的合约数量也需要随着 β 值的变化进行调整。例如,股票组合最初的 β 为 1.5,套期保值所需的合约数量是 25 手,当 β 变为 12 时,所需的合约数量则为 20 手。

对于国债期货套期保值而言,实现完全对冲所需要的合约数量也需要根据变化进行调整。为了达到较好的套期保值效果,就需要根据利率水平、收益率曲线的平坦或者陡峭程度对套期保值比率进行调整。常用的方法是收益率 β 系数法,具体的做法是建立被保值债券的收益率与最便宜可交割债券收益率之间的回归方程:

$$r_b = \alpha + \beta \times r_{CTD} + \xi \tag{5-22}$$

由此估计出的 β 表示被保值债券收益率与最便宜可交割债券收益率之间的相对变动率。以此为基础,再对套期保值比率进行调整,调整后的套期保值比率为

$$h' = h \times \beta \tag{5-23}$$

其中,h' 为调整后的套期保值比率;h 为利用久期计算的套期保值比率。

(二)风险收益型动态套保

套期保值者可以根据自身风险偏好,灵活调整套期保值比率。在市场看跌时,卖出套期保值者可以提高套期保值比率,即增加期货空头头寸;买入套期保值者则应降低套期保值比率,甚至取消套保。同理,市场看涨时,卖出套期保值者应降低套期保值比率,甚至取消套期保值;买入套保者应提高套期保值比率,即增加期货多头头寸。

追求风险收益型套期保值需要注意三点:其一,经常调整期货头寸可能会出现交易成本难题和资金管理难题。尤其是在期货价格频繁波动的情况下,交易成本和所需要的流动资金可能会非常高。其二,动态套期保值对套期保值者的价格预测能力要求较高。一旦价格预测错误,出现方向性错误,动态套期保值将出现较大亏损。其三,交易所会对套期保值期货头寸和现货头寸的比例予以限制。例如,中国金融期货交易所规定:"交易所依据套保方案对买入套期保值额度使用的合理性进行综合评估。"原则上,股指期货卖出套期保值持仓合约价值不得超过股指期货所有品种标的指数成分股、股票 ETF 和 LOF(上市型开放式基金)市值之和。但是,也存在一定的客观原因导致股指期货与现货资产价值出现小幅偏离。例如,期货结算价与股票的计算方式存在差异等。为此,将期现资产配比要求调整为 1.1 倍。

案例分析 5-1　A 企业的套期套保案例

二、套期保值案例

(一) 案例背景

1. 公司敞口分析

某企业粗钢产能 2 000 万吨,年平均产量 1 500 万吨左右,包含螺纹、线材、热卷、冷卷、镀锌板、不锈钢、特钢、球墨铸管等品种。销售采用协议户模式、保证金制度,以销定产;另每月有一部分量发往各分公司进行现货销售。

企业面临原材料价格以及产成品价格波动风险。在影响国内钢铁企业的众多成本中,铁矿和焦煤是原材料成本占比最大的两部分。铁矿和焦煤的价格波动会影响钢企的利润。从极端的例子来看,2016 年 10 月,由于焦煤供应严重紧缺,价格大幅飙升,迅速挤压钢厂利润,部分钢厂甚至出现了焦煤货源不足而焖炉检修的情况。在当时焦煤供应缺口极大的情况下,部分企业参与了买入套保,对未来月度、季度、甚至年度的采购量进行买入套保,锁定了全年平均价,利用期货市场大幅降低采购成本。当时,参与套保企业的采购成本比不参与的企业采购成本低 1 000 元/吨左右,大幅扩大了企业的盈利空间。

从成品角度来说,当企业盈利水平较高时,企业生产了订单外的产量,但由于流动性的问题不能及时销售而变成了库存或在途,那么这部分产量将面临价格波动的风险。如果参与了期货市场,可以将这部分产量通过期货市场销售或交割,那么企业就可以规避库存价格波动的风险,及时锁定当下的利润。

2. 企业套期保值理念

企业开展套期保值,首先要对期货有一个正确的定位,即期货是一个风险管理工具,无分好坏。期货工具运用的核心目标应该是辅助企业的现货经营,平抑价格波动风险,稳定生产经营利润,扩大经营规模。

所谓的套期保值一定是期现合并计算,作为生产企业,套期保值的出发点是从整个经营情况、企业采购、生产、销售,再结合对市场的研判,作出相应的决策,使企业获得稳定收益,把企业做成长久生存的企业,并在完成套保的前提下再获取基差、价差等方面的额外收益。

例如,为避免商品价格的千变万化导致成本上升或利润下降,该企业通过套期保值,即在期货市场上买进或卖出与现货市场上数量相等但交易方向相反的期货合约,使期现货市场交易的损益相互抵补。锁定企业的生产成本或商品销售价格,保住既定利润,回避价格风险。

做套期保值交易时,该企业遵循"商品种类相同""商品数量近似相等""月份相同或相近""交易方向相反"的三同一反四大操作原则。

需要说明的是,套期保值交易的四大操作原则是任何套期保值交易都必须兼顾的,忽略其中任何一个都有可能影响套期保值交易的效果。

(二) 该企业套期保值案例解析

1. 铁矿石 1605 合约套期保值案例

(1) 套期保值目标。

① 通过期货盘面建立虚拟库存,实现灵活操作,可以一次性低价采购较大量的铁矿。

② 提高资金利用率。相对于现货采购,建立虚拟库存可以对钢厂资金占用更少,加快资金周转。

③ 节省场地堆放成本，不必为大量现货堆放而发愁。

④ 降低当期采购成本。

（2）案例背景。2015年年底，钢企大面积亏损，铁矿价格持续下跌，甚至跌破FMG成本线（折算港口62%铁成本42.7美元），澳大利亚部分中小矿山纷纷关停，发货量下降明显。澳大利亚地区一季度处于雨季，生产与发运均受到一定影响，在利润不佳的情况下，大矿山纷纷进行港口检修和维护，发货量出现明显下降；巴西地区也因同样原因缩减了发货量。

从国内需求来看，2016年1月国家积极推进基建项目，市场信心提振，需求略有好转，成材端出现了供需错配的现象，由于大量钢企关停，旺季到来前成材便开始出现缺货的状态。成材的大幅拉涨带动钢厂利润一同升高。在利润驱动下，钢厂有较强的复产预期，因而铁矿在此前提下也有着较强的节后集中补库预期。

（3）判断套期保值时机。基于基本面判断，该企业认为铁矿当时已处于底部，没有太大下跌空间；三四月份旺季即将到来，钢厂陆续复产，旺季有望迎来铁矿上涨行情。

在此情况下，钢厂在铁矿采购上主要有几点考虑。

① 2月份铁矿港口价格极低，日照港口PB粉（产于澳大利亚的皮尔巴拉混合矿）350元左右，铁矿上涨后，钢厂难以在港口买价格这么低的矿粉。

② 钢厂自身库容有限，如果现在开始大举采购铁矿，钢厂难以存放。

③ 钢厂利润刚见起色，2015年的资金流转问题尚未解决，如果此时动用大量资金购买铁矿，企业资金流通上会有一定困难。

鉴于以上几点考虑，该企业决定在期货上买入铁矿1605合约建立虚拟库存。

（4）确定套期保值数量。如图5-3所示，2016年2月17日，铁矿石1605合约收于339元，如图5-4所示，当时日照港PB粉、卡粉、金步巴粉、纽曼粉的盘面贴水分别为每吨49元、35元、31元和43元，那么折合盘面分别为388.23元/吨、374.37元/吨、370.30元/吨、381.68元/吨。盘面价格较低，贴水现货幅度尚可，且该企业看好后市，基于以上因素，结合实际情况，该企业决定对11万吨铁矿建立虚拟库存。

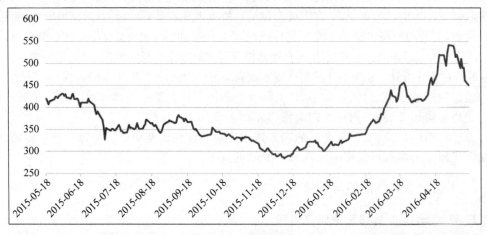

图5-3　i1605收盘价

（5）套期保值实施。如表5-6所示，在套保方案具体实施过程中，采用金字塔加仓的方式在价格不断下跌的过程中持续加仓。

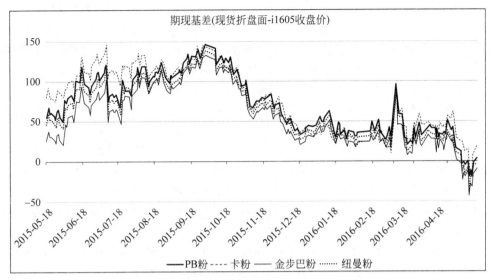

图 5-4 铁矿期现基差

表 5-6 铁矿 i1605 建仓成本测算

建仓价格 元/吨	预计总 持仓/手	建仓 比例/%	累计 持仓/手	持仓均价 元/吨	持仓最低保证 金(10%)/元	浮动盈亏/元	资金需求(60% 的仓位)/元
350	200	30	200	350.00	700 000	0	1 166 667
345	400	60	600	346.67	2 080 000	−100 000	3 566 667
330	500	100	1 100	339.09	3 730 000	−1 000 000	7 216 667

2016年4月底,即交割前一个月,期现开始回归,盘中价格开始对部分铁矿品种升水,2016年4月29日铁矿石1605合约冲高回落,该企业平仓多单,平仓价为541.5元/吨,1 100手铁矿期货市场总收益为2 226.5万元,最大需求量721.67万,盘面收益率达到300%以上,降低了当期采购成本。

2. 线材0910合约套期保值案例

(1)套期保值目标。根据自身的生产、经营、库存情况,科学合理地运用期货工具,达到规避价格风险的目的。

(2)案例背景。2008年,全球金融危机对中国钢铁行业产生了巨大的影响,以至于2009年前4个月钢材价格延续下跌趋势。当时世界各国政府史无前例的经济刺激和货币量化宽松政策注入了大量的流动性,中国政府也进行了4万亿元刺激计划。全国加大市政工程的投资力度,并且出口有所回暖,大量流动性进入资本市场推动股市和商品价格上涨,但全球实体经济投资环境未见好转,终端需求的不足严重制约了资产价格的上涨。自2009年6月以来,国际大宗商品价格出现高位滞涨局面,美股、原油、伦铜连续调整后出现最后冲高走势,未来国际金融市场面临回调压力。

截至2009年6月底,全国螺纹、线材累计产量较前一年同期分别增长30.5%和19.2%,其中,螺纹钢增速较2008年加快35.9个百分点,线材加快了18.4个百分点,市场主动补库的投机需求已经超过市场真正的需求。在通胀预期和国家基建投资直供项目需求推动下,国内钢材价格2009年4月中旬开始一路攀升,至7月下旬各地钢价全面突破4 000元后开始呈现加速上涨格局。但钢厂仍面临产能过剩压力,国家基建投资直供项目需求高峰即将结束,下游需求启动尚不明显,出口环境的持续疲软也影响钢材价格的继续上涨,钢市已呈现非理性追涨迹象,钢材价格回调风险空前加剧。

根据上述市场研判,该企业认为行情有快速反转的可能。当时由于利润高企,其线材产量不断增加,故企业担心未来销售很有可能不畅。该企业考虑到企业线材产品是上海期货交易所线材交割的品牌,截止到2022年3月27日,螺纹钢线材期货总持仓量已达2 442万吨,日均成交量5 030万吨,已成为非常活跃的期货交易品种,为钢铁企业参与期货套期保值提供了有效的工具。企业考虑是否将其现货产品通过期货交割的形式来进行销售。

综上所述,该企业作为在上海期货交易所有交割品牌的钢铁生产企业,在宏观层面和产业中观层面分析即将出现拐点的情况下,有必要也必须通过期货套期保值来规避企业经营方面的价格风险,锁定生产经营利润。

(3) 判断套期保值时机。根据上述分析,钢材市场已出现非理性泡沫膨胀迹象,在下游消费需求和成交状况并不理想的情况下,成本推动钢厂不断上调出厂价,已经形成出厂价高于市场价,而市场价又高于期货价的不正常情况,贸易商追涨心态开始显现,8月份钢价有可能达到年内高点。从绝对价格判断,建筑钢材毛利已达600~800元/吨高位,具备了套期保值的操作条件;从相对条件来看,去库存化速度减慢,社会库存已开始小幅增长。当时线材合约呈现远月升水结构,7月底主力合约价格较现货价格高180元/吨左右,期货市场流动性也较好,计算交割成本后发现,在盘面升水180元/吨的情况下,交割的费用可以被完全覆盖,且可以在高价位区将计划的销售量一并卖出,不用担心市场流动性的问题。于是该企业决定把期货当成一种销售途径,采用线材0910合约在盘面上进行交割。

(4) 确定套期保值数量。钢厂作为钢材产业链的顶端,其风险敞口主要集中在产品库存和过剩产能上,非常有必要通过期货市场来锁定产品价格风险。鉴于其初次尝试性参与期货套期保值,并且有参与交割的意向,套保规模定为0.9万吨线材。

套期保值标的合约选择方面,考虑到当时该企业线材产量大于螺纹,并且是上海期货交易所线材期货交割注册品牌,加之线材期货升水现货,所以选择线材0910合约作为套保标的。

(5) 套期保值实施。如表5-7所示,在套保方案具体实施过程中,虽然判断钢材价格出现大幅调整的可能性比较大,但盘面上没有出现明确见顶信号,7月底开始建仓在盘面卖出,并采用倒金字塔加仓的方式在价格不断上涨的过程中持续加仓,随着企业将最后一批套保量卖到盘面,8月份线材价格出现了一波大幅下跌的行情,该企业通过卖出交割的形式在期货上获取了趋势下跌的收益以及额外的升水收益。

表5-7 线材0910建仓成本测算

建仓价格/(元/吨)	预计总持仓/万吨	建仓比例/%	累计持仓/万吨	持仓均价/(元/吨)	持仓最低保证金/元	浮动盈亏/元	资金需求(60%的仓位)/元
4 700	50	6	50	4 700.00	235 000	0	391 667
4 730	150	22	200	4 722.50	944 500	−15 000	1 589 167
4 760	300	56	500	4 745.00	2 372 500	−75 000	4 029 167
4 700	400	100	900	4 725.00	4 252 500	225 000	6 862 500

从具体操作和收益情况来看,2009年8月3日,期货市场线材0910合约收盘价4 736元/吨,东北现货价格4 550元/吨。当时入场机会比较合适,其一在于盘面升水幅度较大,其二在于虽然市场依旧在上行通道中,但当时线材厂库和社库都出现了明显拐点式的增加,后期将有趋势性的行情反转。如表5-8所示,如果在10月合约上进行交割,需要将现货通过本溪铁运到丹东港后再海运到华东地区的惠龙港,其中的运费大约90元/吨,加上额外的入库费、交割费等,盘面升水的幅度可以完全覆盖这些成本,在盘面进行卖出交割与在现货市场卖出相比收益更高,且盘面流动性支持头寸数量。随即钢厂决定在盘面升水幅度较大的情况下开始建仓,并在线材0910合约终止时进行卖出交割。

表5-8 盘面吨钢卖出交割成本计算

项　目	公　式	费用/元	备　注
期货手续费	4 725×2/10 000	0.945	
期货交割费	2	2	
现货运输费	90	90	本溪铁运到丹东后再海运到惠龙港
交割入库及仓储费	15+0.15×10	16.5	提前10天注册仓单办理交割
吨钢费用总计		109.45	
总费用		985 005	

(6) 套期保值效果。在进行套期保值后,如图5-5所示,钢材价格8月份出现断崖式下跌,价格下跌近1 000元/吨,期货下跌幅度大于现货下跌幅度,所以实现了规避现货价格下跌风险。在最终实际交割的过程中,该企业选择了惠龙港仓库进行入库交割,如图5-6所示,2009年10月15日,交割结算价为3 550元/吨,如表5-9所示,9 000吨线材在期货端收益为1 057.5万元。当时线材吨钢现金成本大约3 800元,钢企卖出套期保值可锁定吨钢利润为4 725－3 800－109.45＝815.55元,测算收益率为21.46%,操作周期为两个半月,年收益率达到103%。

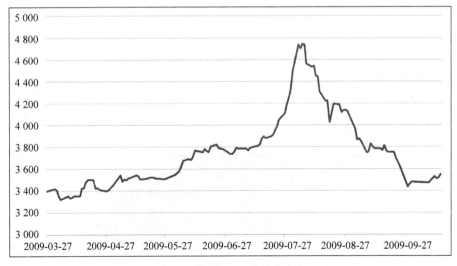

图5-5 线材0910合约收盘价

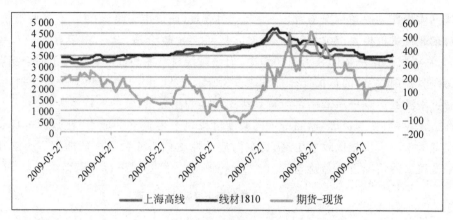

图 5-6　线材期货

表 5-9　期货现货盈亏

期货	4 725 元/吨（7月底建仓完毕期货平均价格）	3 550 元/吨（10月15日期货盘面结算价格）	10 575 000 元（期货盈亏）
现货	4 200 元/吨（7月30日现货价格）	3 270 元/吨（10月15日现货价格）	−8 370 000 元（现货盈亏）
期现合并记账盈亏（如果用交割时现货现金成本来计算期现结合获利更大，当时现货成本约为 3 800 元）			2 205 000 元

（7）案例操作中要注意的事项。钢材期货交割标准较为严格，所以在注册仓单的过程中，要严格审查是否满足交易的仓单注册标准。

作为处于东北的生产企业，在实际注册仓单的过程中，时间的问题也非常重要。所以要注册仓单的钢材从排产到集港、运输所有环节的时间节点都需要精确计算，以避免耽误注册仓单的形成。

螺纹钢的注册仓单是高度标准化的货物，所以在包装、吊牌等方面也需要严格按照交易所要求处理，否则很有可能造成钢材不能生成标准仓单的风险。

（三）钢企套保操作总结

1. 套期保值的管控体系

从该企业套保案例来看，企业参与套期保值业务的主要流程总体分为五个步骤：企业风险评估、套保政策设定、套保方案设计、套保实施和监控、套保评价和改进（图 5-7）。

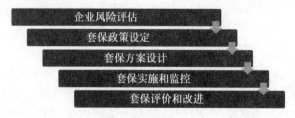

图 5-7　业务流程

（1）企业风险评估。企业参与期货业务应首先对企业经营中的风险进行识别，并分析风险产生的原因、特征,评估风险对企业实现经营目标的影响程度和风险的价值,针对实际情况考虑使用期货市场进行风险对冲,形成可行性分析报告。

(2) 套保政策设定。开展期货业务应根据企业自身的内控要求,制定期货套期保值制度,套保制度是企业保值工作的指导方针,对企业保值的目标和原则作出规定,对套保业务的风险管理进行规划。

(3) 套保方案设计。根据企业套保要求,开展套保操作前应制定相应的套保方案,内容包括:保值品种、合约选择;保值方向;保值数量(上下限);保值价格(区间);保证金需求;结束方式(对冲、交割)。

(4) 套保实施和监控。根据套保操作流程开展期货业务,并做好交易风险的监控、管理。

(5) 套保评价和改进。套保操作完成后,需要结合现货综合评估保值是否实现了预期的效果,寻找改进的机会,以便企业能不断提高保值水平。

2. 风险应对

风险监管应该是未雨绸缪,企业要对绝大部分风险问题事先考虑清楚,建立起强大、严格的风险监管体系。通过盘中监控,减少实施过程中处置风险的次数。

该企业风险监管分三个层级:第一层为该企业总部成立期货交易领导小组,制定《企业期货管理办法》和《企业期货操作实施细则》;第二层为财务处从财务方面监督控制风险,每天检查期货交易的记录和相关持仓,并且严格监控资金情况;第三层为期货部自身控制风险,期货行情分析小组定期分析公司期货头寸风险、运作策略以及操作的实施情况。

在企业参与期货的过程中,除了上述的管理风险以外,还包括以下几种常见风险。

(1) 市场风险。期货价格走势存在不确定性,准确预测价格走势的难度很大,脱离现货单纯地进行期货投机,可能会使企业的风险敞口更大,此时若价格走势与预期不一致,公司不止面临现货亏损,还将面临期货亏损。

(2) 操作风险。操作风险来自两种可能:一种是决策机制的不完善,一种是交易过程的误操作。在投资过程中决策的随意性较大,受盘中的市场噪声影响,过早止盈或错过止损时机的现象时有发生,在行情走势与预期存在较大分歧时,不及时止损甚至会使风险失控。

改进建议:一是在开展期货交易时,应制订详细的交易计划,明确开仓价位、开仓量、加仓策略、平仓价位、止损策略等,并严格执行交易计划。二是交易员有时会因个人疏忽,出现交易失误,导致企业遭受损失。当存在操作失误时,不能有任何侥幸心理,应坚决执行平仓计划,将损失控制在最小范围内。

(3) 资金风险。期货价格具有波动性,存在短周期价格走势与中长期走势出现矛盾的概率,即使判断正确,也可能遭遇浮亏,若杠杆使用太高,导致期货账户风险度超过交易所规定,可能存在被强制平仓的风险。

改进建议:适当使用杠杆,总体风险度控制在60%以内。

(4) 交割风险。黑色产业链商品均采用实物交割方式,当期货合约临近交割时,可交割货物的多少会对近月合约走势产生很大影响,有时甚至起决定性作用。在未做好交割准备时,要充分考虑逼仓风险,必要时回避近月合约。

3. 考核评价

对于期货部门的业绩,应该是与现货部门结合进行考核。考核体系主要包括以下三个方面(过程与结果双重考核):是否符合风险管理制度流程;是否有效执行并符合套期保值方案;是否有额外的保值增值(例如基差、价差收益),是否提高了财务效率并降低了财务成本。

(四)开展套期保值应注意的问题

1. 企业在人才培养方面的经验和建议

期货发挥作用的关键在于领导重视、架构配置得当、人员激励有效。而高层领导的认可和推动是前提与核心。

加强期货部门和企业内各部门的交流协作,让期货部相关人员对企业的产销、库存情况能够及时、准确地了解,进一步了解公司运行状况、成本构成、成本核算与汇率等内容。

加强企业期货部门与外部的交流学习,包括期货运用比较出色的实体企业、优秀的投资公司、出众的研发机构等,这样能让企业相关人员迅速成长。

加强自身人员的学习,每周拿出统一时间集体学习期货知识,组织参加一些从业资格考试,强化学习成果。

尽可能多地参加学院、交易所、期货公司的培训课程,增强专业性。

2. 财务处理

套期保值要严格按照套期会计准则进行处理,才能评估和优化套期保值制度与策略。

第五节 Python 实战——动态最优套期保值比率估计

一、使用 Python 检验铜期货和铜现货价格的 ARCH 效应

```
#导入数据库
import pandas as pd
import numpy as np
import statsmodels.api as sm
import statsmodels.formula.api as smf
from statsmodels.tsa import stattools
import matplotlib.pyplot as plt

#导入数据
data = pd.read_excel("C:/Users/相对路径/desktop/fs_data.xlsx",'Sheet1',index_col=0)
Data = data.to_csv('data.csv',encoding = 'utf-8')

#读取包含期现货价格数据的文件
data = pd.read_csv('Data.csv')

#数据清洗,缺失值处理(dropna 表示滤除缺失值;reset_index 表示重置索引;drop = True 表示去除原索引 index 列,重置 index;head 表示返回 dataframe)
```

```
data = data.dropna()
data = data.reset_index(drop = True)
data.head()
print(data)

#建立均值方程
data = data.fillna(data['spot'].mean())

#计算现货与期货的收益率
data['rst'] = np.log(data['spot']).diff(1)
data['rft'] = np.log(data['futures']).diff(1)
rst = data['rst'][1:]
rft = data['rft'][1:]

#利用 fit 函数得出最小二乘回归下的现货与期货各自的回归参数 f1,f2
f1 = smf.ols('rst~1', data = data).fit()
f2 = smf.ols('rft~1', data = data).fit()

#现货与期货的回归方程中误差项及误差项的平方
es = f1.resid
es2 = es ** 2
ef = f2.resid
ef2 = ef ** 2

#用 stattools 库中的 acf 函数进行 ARCH 效应中 Q 统计量的检验
QS = stattools.q_stat(stattools.acf(es)[1:13], len(es))
QS2 = stattools.q_stat(stattools.acf(es2)[1:13], len(es))
QF = stattools.q_stat(stattools.acf(ef)[1:13], len(es))
QF2 = stattools.q_stat(stattools.acf(ef2)[1:13], len(es))

#在期货与现货收益率各自为 6 和 12 的滞后阶数下计算 Q 统计量的值并输出结果
Q6S, Q12S, Q2_6S, Q2_12S = QS[0][5], QS[0][11], QS2[0][5], QS2[0][11]
Q6F, Q12F, Q2_6F, Q2_12F = QF[0][5], QF[0][11], QF2[0][5], QF2[0][11]
print(Q6F, Q12F, Q2_6F, Q2_12F)
print(Q6S, Q12S, Q2_6S, Q2_12S)

# 计算现货收益率 LM 统计量的值
data['es2'] = es2
data['es2s1'] = es2.shift(1).fillna(0)

#对现货收益率误差项进行自回归
ols = smf.ols('es2~1 + es2s1', data = data).fit()

#误差项均值方程
es2p = ols.predict()
es2mean = es2.mean()

#计算参数 r2s
for j in range(1, len(es2)):
```

```python
        r2su += (es2[j] - es2p[j]) ** 2
        r2sd += (es2[j] - es2mean) ** 2
r2s = 1 - r2su / r2sd

#LMS = 误差序列的步长 * r2s
n = len(es2)
LMS = n * r2s

#计算期货收益率LM统计量的值
data['ef2'] = ef2
data['ef2f1'] = ef2.shift(1).fillna(0)

#误差项的二阶矩自回归
olf = smf.ols('ef2~1 + ef2f1', data = data).fit()
ef2p = olf.predict()

#建立均值方程
ef2mean = ef2.mean()

#计算参数r2f的值
for k in range(1, len(ef2)):
        r2fu += (ef2[k] - ef2p[k]) ** 2
        r2fd += (ef2[k] - ef2mean) ** 2
r2f = 1 - r2fu/r2fd

#LMF = 误差序列的步长 * r2f
n = len(ef2)
LMF = n * r2f

#对LM统计量进行检验
p_valueS = 1 - stats.chi.cdf(x = r2s, df = 4)
p_valueF = 1 - stats.chi.cdf(x = r2f, df = 4)
print("Ps,Pf")
print(p_valueS, p_valueF)

#输出结果
print(LMS)
print(LMF)
```

二、在 Python 中实现 GARCH 模型套期保值比率估计

```python
#导入数据库
import numpy as np
import pandas as pd
import statsmodels.api as smf
import matplotlib.pyplot as plt

#转换为csv文件
```

```python
data = pd.read_excel("C:/Users//desktop/fs_data.xlsx",'Sheet1',index_col = 0)
Data = data.to_csv('data.csv',encoding = 'utf-8')

#数据清洗,缺失值处理(dropna 表示滤除缺失值;reset_index 表示重置索引;drop = True 表示去除原索引 index 列,重置 index;head 表示返回 dataframe)
data = data.dropna()
data = data.reset_index(drop = True)
data.head()
print(data)

#读取包含期现货价格数据的文件
df = pd.read_csv('Data.csv')

#对现货和期货数据进行取对数处理,并计算日收益率
data['spot_z'] = np.log(data['spot'] / data['spot'].shift(1))
data['futures_z'] = np.log(data['futures'] / data['futures'].shift(1))

#现货收益率的残差
am_spot = arch_model(data['spot_z'])
model_spot = am_spot.fit(update_freq = 0)
data['resid_spot'] = model_spot.resid
print(model_spot.summary())

#期货收益率的残差
am_futures = arch_model(data['futures_z'])
model_futures = am_futures.fit(update_freq = 0)
data['resid_futures'] = model_futures.resid
print(model_futures.summary())

#利用库中的 arch 函数计算两者的相关系数
print("计算的相关系数:")
0.770152477874483

#计算现货收益率和期货收益率之间的协方差
cov = data['resid_futures'].corr(data['resid_spot'])
print(cov)

#定义数据现货的残差的方差为 garch02
data['garch02'] = np.var(data['resid_spot'])

#给 i 赋予矩阵第一列的值
for i in range(1,data.shape[0]):

#基于 i 为行索引,garch02 为列索引
    第一列为现货的值;第二列为以"i-1"为行索引,现货残差平方为列索引;第三列为以"i-1"为行索引,数据 garch02 为列索引。
    data.loc[i,'garch02'] = model_spot.params[1] + model_spot.params[2] *
        (data.loc[i-1,'resid_spot'] ** 2) + model_spot.params[3] * (data.loc[i-1,'garch02'])
```

```python
# 定义数据期货的残差的方差为 garch01
data['garch01'] = np.var(data['resid_futures'])

# 给 i 赋予矩阵第一列的值
for i in range(1,data.shape[0]):

# 基于 i 为行索引, garch01 为列索引
# 第一列为期货的值; 第二列为以"i-1"为行索引, 现货残差平方为列索引; 第三列为以"i-1"为行
# 索引, 数据 garch01 为列索引。
data.loc[i,'garch01'] = model_futures.params[1] + model_futures.params[2] * (data.loc[i-1,'resid_futures'] ** 2) + model_futures.params[3] * (data.loc[i-1,'garch01'])

# 在该信息集的套期保值比率为现货收益率与期货收益率之间的协方差比上期货收益率的残差
# 的方差
data['bgarch'] = cov * data['garch02'] ** 0.5/data['garch01'] ** 0.5
print(data['bgarch'])

# 绘制动态的套期保值比率图
# 读取日期
data['date'] = pd.to_datetime(data['date'])
data3 = data.set_index(data['date'])

# 对日期进行均匀间隔
X = np.arange(data3.shape[0])

# 确定图像的大小尺寸
plt.figure(figsize = [20,5])

# 对横坐标轴的年月日进行划分
xticklabel = data3.loc[:,'date'].apply(lambda x:str(x.year) + '/' + str(x.month) + '/' + str(x.day))

# 对横坐标轴的日期按照月份进行均匀间隔
xticks = np.arange(0,data3.shape[0],np.int((data3.shape[0])/12))

# 用来正常显示中文标签
plt.rcParams['font.sans-serif'] = ['SimHei']

# 用来正常显示负号
plt.rcParams['axes.unicode_minus'] = False

# 用函数进行绘图
SP = plt.axes()
SP.tick_params(labelsize = 17)

# 描述图像特征(名称,颜色,间距)
p1 = SP.plot(X,data3['bgarch'],label = '铜 BGARCH',color = 'red')
SP.set_xticks(xticks)
SP.set_xticklabels(xticklabel[xticks],size = 10)
```

♯时间为横坐标,套期保值比率为纵坐标,绘制动态套期保值比率图
lns = [l.get_label() for l in p1]
font1 = {'size': 23}

♯输出图像
plt.legend(p1,lns,loc = 4,prop = font1)
plt.grid()
plt.show()

♯ 基于 GARCH 模型得出套期保值效率并输出结果
H = data['spot_z'] - data['bgarch'] * data['futures_z']
Ef = 1 - (np.var(H)/np.var(data['spot_z']))
print("套期保值效率:")
♯输出结果 0.44492009706428437

三、在 Python 中实现 ECM-GARCH 模型套期保值比率估计

```
♯导入数据库
import pandas as pd
import numpy as np
import matplotlib.pyplot as plt
from arch import arch_model
from scipy import optimize
from pandas import DataFrame,Series
from scipy.stats import norm
import statsmodels.api as sm
import statsmodels.tsa.stattools as ts
from statsmodels.tsa.api import VAR
from statsmodels.tsa.api import VECM
from arch.univariate import ARX, GARCH

♯转换为 csv 文件
data = pd.read_excel("C:/Users/相对路径/desktop/fs_data.xlsx",'Sheet1',index_col = 0)
Data = data.to_csv('data.csv',encoding = 'utf - 8')

♯读取包含期现货价格数据的文件
df = pd.read_csv('Data.csv')

♯对现货和期货数据进行取对数处理,并计算日收益率
data['spot_z'] = np.log(data['spot'] / data['spot'].shift(1))
data['futures_z'] = np.log(data['futures'] / data['futures'].shift(1))

♯数据清洗,缺失值处理(dropna 表示滤除缺失值;reset_index 表示重置索引;drop = True 表示去除原索引 index 列,重置 index;head 表示返回 dataframe)
data = data.dropna()
data = data.reset_index(drop = True)
data.head()
print(data)
```

```python
# 使用库中 vecm 函数模型进行修正
vecm_model = VECM(data1)
vecm_results = vecm_model.fit() "fit()表示拟合函数,用于返回 ECM 训练过程中的数据记录,
进行回归运算'''

# 输出 vecm 模型结果
print(vecm_results.summary())

# ECM 下计算的误差修正项
data['ecm'] = vecm_results.beta[0] * data['spot_z'] + vecm_results.beta[1] * data['futures_z']
ecm = data[['ecm']]
print(ecm)

# 加入 ecm 修正项以后,估计 ECM - GARCH 模型
am_futures = arch_model(y = data['futures_z'], x = ecm, mean = 'ARX')
model_futures = am_futures.fit(update_freq = 0)

# 期货收益率的残差
data['resid_futures'] = model_futures.resid
print(model_futures)
am_spot = arch_model(y = data['spot_z'], x = ecm, mean = 'ARX')
model_spot = am_spot.fit(update_freq = 0)

# 现货收益率的残差
data['resid_spot'] = model_spot.resid
print(model_spot)

print("计算的相关系数:")
0.8351030906050423

# 现货收益率和期货收益率之间的协方差
cov = data['resid_futures'].corr(data['resid_spot'])
print(cov)

# 建立 ECM - GARCH 的二维参数模型,最大似然法估计如下
# 定义数据现货的残差的方差为 garch02
data['garch02'] = np.var(data['resid_spot'])

# 给 i 赋予矩阵第一列的值
for i in range(1, data.shape[0]):

# 基于 i 为行索引, garch02 为列索引
    第一列为现货的值;第二列为以"i-1"为行索引,现货残差平方为列索引;第三列为以"i-1"为行
索引,数据 garch02 为列索引。
    data.loc[i, 'garch02'] = model_spot.params[1] + model_spot.params[2] *
(data.loc[i-1, 'resid_spot'] ** 2) + model_spot.params[3] * (data.loc[i-1, 'garch02'])

# 定义数据期货的残差的方差为 garch01
data['garch01'] = np.var(data['resid_futures'])
```

#给 i 赋予矩阵第一列的值
for i in range(1,data.shape[0]):

#基于 i 为行索引,garch01 为列索引
第一列为期货的值;第二列为以"i-1"为行索引,现货残差平方为列索引;第三列为以"i-1"为行索引,数据 garch01 为列索引。
data.loc[i,'garch01'] = model_futures.params[1] + model_futures.params[2] *
(data.loc[i-1,'resid_futures'] ** 2) + model_futures.params[3] * (data.loc[i-1,'garch01'])

#计算套期保值比率
data['ecm-bgarch'] = cov * data['garch02'] ** 0.5/data['garch01'] ** 0.5
print(data['ecm-bgarch'])
p = data['ecm-bgarch']

#绘制动态的套期保值比率图
#读取日期
data['date'] = pd.to_datetime(data['date'])
data3 = data.set_index(data['date'])

#对横坐标轴的日期进行均匀间隔
X = np.arange(data3.shape[0])

#确定图像的大小尺寸
plt.figure(figsize = [20,5])

#对横坐标轴的年月日进行划分
xticklabel = data3.loc[:,'date'].apply(lambda x:str(x.year) + '/' + str(x.month) + '/' + str(x.day))

#横坐标的日期按照月份均匀间隔
xticks = np.arange(0,data3.shape[0],np.int((data3.shape[0])/12))

#用来正常显示中文标签
plt.rcParams['font.sans-serif'] = ['SimHei']

#用来正常显示负号
plt.rcParams['axes.unicode_minus'] = False

#用函数进行绘图
SP = plt.axes()
SP.tick_params(labelsize = 17)

#描述图像特征(名称,颜色,间距)
p1 = SP.plot(X,data3['ecm_bgarch'],label = '铜 ECM_BGARCH',color = 'red')
SP.set_xticks(xticks)
SP.set_xticklabels(xticklabel[xticks],size = 10)

#时间为横坐标,套期保值比率为纵坐标,绘制动态套期保值比率图
lns = [l.get_label() for l in p1]

```
font1 = {'size': 23}

#输出图像
plt.legend(p1,lns,loc = 4,prop = font1)
plt.grid()
plt.show()

#基于ECM-GARCH模型得出套期保值效率并输出结果
H = data['spot_z'] - data['ecm-garch'] * data['futures_z']
Ef = 1 - (np.var(H)/np.var(data['spot_z']))
print("套期保值效率:")
#输出结果 0.525264852452394
```

【本章知识点回顾】

本章介绍了两个基本的动态期货套期保值比率估计方法,即GARCH模型和ECM-GARCH模型,得到的最优套期保值比率是随时间动态变化的,并不是一个定值。

GARCH套期保值模型下的最优套期保值比率为 $h_{t-1}^{*}|\Omega_{t-1} = \dfrac{\text{cov}(R_t^s, R_t^f|\Omega_{t-1})}{\text{Var}(R_t^f|\Omega_{t-1})} = \dfrac{h_{sf,t}}{h_{ff,t}}$。

在进行GARCH套期保值模型构建之前进行ARCH效应检验,确定时间序列残差具有"波动集群"效应。当序列存在ARCH效应时,才能建立GARCH模型和ECM-GARCH模型。

误差修正模型在GARCH模型的基础上引入误差修正项,采用EG两步法估计套保比率,能够更准确地估计出最优套期保值比率,提升套期保值效率。

ECM-GARCH套期保值模型下的最优套期保值比率为 $h_{t-1}^{*} = \rho_{st}\sqrt{\dfrac{\text{Var}(\Delta S_t)}{\text{Var}(\Delta F_t)}}$。

【思考与习题】

从Wind上下载你感兴趣的某一品种3年的期、现货日度收盘价格数据,通过Python软件分别使用GARCH、ECM-GARCH模型计算动态套期保值比率,并在Python中进行ARCH效应的检验。(注:相关模型的Python代码内容可分别参考案例5-1和案例5-2。)

【即测即练】

第六章

套期保值效果评价

本章学习目标：

1. 了解基本的套期保值效果评价的重要性，全面、清晰地认识套期保值效果评价方法；

2. 了解利用风险最小化评价方法、HBS 模型、预期效应最大化评价方法、套期保值目标评价方法进行套期保值效果评价的原理，以及各模型的优劣势；

3. 理解和掌握各套期保值效果评价模型在 Python 软件中的运行代码，能够灵活运用 Python 软件实现对套期保值模型的效果评价。

对于套期保值者来说，套期保值效果至关重要。效果评价不仅影响着套期保值者收益水平，也是对业务人员能力的评判参考。套保效率评价模型能否准确反映套保行为的价值直接影响套保决策的制定和质量，一旦效率评价出现偏差，将导致投资者作出错误判断。本章将学习利用风险最小化评价方法、HBS（单位风险套期保值效益）模型、预期效应最大化评价方法、套期保值目标评价方法来进行套期保值效率的度量，并指出每种模型的优缺点，再通过案例分析深化对以上方法的理解。

第一节 套期保值效率度量模型

一、风险最小化评价方法

Ederington（1979）提出可以用期货现货价格最小二乘法回归系数与拟合优度来估计风险最小化套期保值比率和套期保值效率即最小方差法（HE 模型），此方法应用广泛，其套期保值风险评估标准已经暗含了使用 OLS 模型的优越性。以下便是模型的构建过程。

首先令 U 表示未对冲头寸的回报，则未对冲头寸的期望和方差分别是

$$E(U) = X_s E[S_2 - S_1] \tag{6-1}$$

$$\mathrm{Var}(U) = X_s^2 \sigma_s^2 \tag{6-2}$$

其中，X_s 为现货市场持有量；S_1 和 S_2 分别为期初和期末的价格。

再令 R 表示投资组合的回报，其中包括现货市场持有量 X_s 和期货市场持有量 X_f。

$$E(R) = X_s E[S_2 - S_1] + X_f E[F_2 - F_1] - K(X_f) \tag{6-3}$$

$$\mathrm{Var}(R) = X_s^2 \sigma_s^2 + X_f^2 \sigma_f^2 + 2 X_s X_f \sigma_{sf} \tag{6-4}$$

其中，$K(X_f)$ 为从事期货交易的经纪费用和其他费用，包括提供保证金的费用；σ_s^2、σ_f^2、

σ_{sf} 为从期初到期末有可能的价格变化导致的条件方差和协方差；F_2 和 F_1 分别为期末和期初的期货价格。

令 $b = -X_f/X_s$，表示被对冲的现货头寸的比例。由于在对冲中，X_s 和 X_f 具有相反的符号，因此 b 通常为正，式(6-4)可以表示为

$$\mathrm{Var}(R) = X_s^2\{\sigma_s^2 + b^2\sigma_f^2 - 2b\sigma_{sf}\} \tag{6-5}$$

$$\begin{aligned}E(R) &= X_s\{E(S_2 - S_1) - bE(F_2 - F_1)\} - K(X_s, b)\\&= X_s\{(1-b)E(S_2 - S_1) + bE(S_2 - S_1) - bE(F_2 - F_1)\} - K(X_s, b)\end{aligned} \tag{6-6}$$

保持 X_s 不变，考虑 b（对冲比例）的变化对投资组合 R 的预期收益和方差的影响。

$$\frac{\partial \mathrm{Var}(R)}{\partial b} = X_s^2\{2b\sigma_f^2 - 2\sigma_{sf}\} \tag{6-7}$$

可得风险最小时 $b = b^*$，其中，

$$b^* = \frac{\sigma_{sf}}{\sigma_f^2} \tag{6-8}$$

$$\frac{\partial E(R)}{\partial b} = -X_s[E(\Delta B) + E(S)] - \frac{\partial K(X_s, b)}{\partial b} \tag{6-9}$$

其中，$E(\Delta B) = E\{F_2 - S_2 - (F_1 - S_1)\}$，由于 $E(\Delta B)$ 和 $E(S)$ 可能为正也可能为负，如图 6-1 所示的 $E(R)$ 和 $\mathrm{Var}(R)$ 组合轨迹可能位于第一象限或第四象限或两者兼有。与传统套期保值方法通过比较基差变化的方差与现金价格变化的方差来衡量风险的理论相比，投资组合理论提供了更为优化的对冲有效性的衡量标准，即期货市场对冲风险的潜力可以通过比较未对冲投资组合的风险与包含现货和远期的投资组合可以获得的最小风险来衡量。因此，采用方差减小的百分比来衡量对冲的有效性：

$$\mathrm{HE} = 1 - \frac{\mathrm{Var}(R^*)}{\mathrm{Var}(U)} \tag{6-10}$$

其中，$\mathrm{Var}(R^*)$ 表示包含证券期货投资组合的最小方差，再将方程(6-8)代入方程(6-5)得到

$$\mathrm{Var}(R^*) = X_s^2\left\{\sigma_s^2 + \frac{\sigma_{sf}^2}{\sigma_f^2} - 2\frac{\sigma_{sf}^2}{\sigma_f^2}\right\} = X_s^2\left(\sigma_s^2 - \frac{\sigma_{sf}^2}{\sigma_f^2}\right) \tag{6-11}$$

因此，

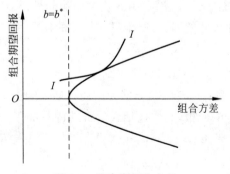

图 6-1 组合期望和方差

$$HE = \frac{\sigma_{sf}^2}{\sigma_s^2 \sigma_f^2} = \rho^2 \qquad (6\text{-}12)$$

最小方差法表明，HE 值越大，期货规避的风险越多，套期保值效果越好。

该评价模型优点在于比较简便，容易理解，但在使用过程中存在一定的限制：一是在使用 OLS 模型时，要求回归方程中残差项必须是同方差且不存在自相关；二是此模型仅体现了期现货收益率序列之间的线性相关关系，然而在现实操作中，期现货收益率的相关关系并非简单的线性关系。Herbst(1989) 指出，风险减少程度模型不适用于评价复杂的套期保值模型。当对来自不同样本的 HE 进行比较时，其难以作出判断。

二、HBS 模型

Howard 和 D'Antonio(1987)(HD) 提出了 HBS 评价模型，与 HE 评判标准不同，不仅用风险减少的多少来衡量，还使用超额收益指标衡量套期保值效率。其以包含风险和收益两个指标的 HBS 来评价套期保值效率，将套期保值效率表示为套期保值后投资组合的夏普比率与未套期保值现货的夏普比率之差，认为单位风险超额回报的变化可以评价套期保值行为的得与失。其中投资者的优化问题是选择合适的对冲比率以最大化对冲投资组合单位风险的预期超额收益 θ_H，以下便是模型的构建过程：

$$\theta_H = (R_p - i)/\sigma_p \qquad (6\text{-}13)$$

其中，R_p 为对冲投资组合的预期收益百分比；i 为无风险收益率；σ_p 为对冲投资组合收益的标准差。

该模型如图 6-2 所示。其中，点 S 代表现货投资组合，i 代表无风险收益率，R_p 代表对冲投资组合的预期收益百分比，R_s 代表现货投资组合预期收益百分比。当对冲比率从 0 增加到最小方差点时，该曲线是可能的风险回报曲线。点 T 是对冲投资组合可能性曲线与无风险资产 i 的一条线之间的切点；它是对冲投资组合单位风险的预期超额收益 θ_H 最大化的点。根据 HD 模型，投资者将持有适当数量的期货合约以获得切线投资组合 T（并且该头寸可以是多头、空头或零），然后通过将 T 与无风险资产组合以移动到切线上的确定点。HD(1984) 提出的基于该模型的对冲有效性度量为

$$HE = \theta_H / \theta_S \qquad (6\text{-}14)$$

其中，$\theta_S = (R_s - i)/\sigma_s$，$\sigma_s$ 等于现货投资组合收益的标准差。

上述 HE 度量模型进一步由 Chang 和 Shanker(CS) 改进，他们表明当现货投资组合的超额收益 $(R_s - i)$ 为负，即夏普比率为负时，评价效果是不一致的。CS 建议采用以下措施改进：

$$HE_1 = (\theta_H - \theta_S)/|\theta_S| \qquad (6\text{-}15)$$

当 θ_H 大于 θ_S 时，这种模型为正值；当 θ_H 小于 θ_S 时，模型为负值。在他们对 CS 模型的回应中，HD(1987) 认为第一个 HE 度量模型是模棱两可的，但他们认为 HE_1 模型（与 HE 一样）仍然不完美，即如果现货平均收益与无风险利率的差异非常小或为零，则模型度量值将变得非常大。HD 在此基础上推导出模型 HBS，用于对冲每单位风险的收益来解决此问题：

$$HBS = (i + \theta_H \sigma_s - R_s)/\sigma_s = \theta_H - \theta_S \qquad (6\text{-}16)$$

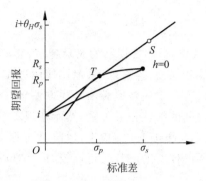

图 6-2 单位风险预期超额收益最大化的 HD 模型

其中，R_s 为股指现货的收益；σ_s 为股指现货收益标准差；i 为无风险利率；θ_H 为投资组合的夏普比率，表示投资组合单位风险超额回报。

该模型在 HE 模型的基础上进一步优化，优点在于同时考虑了风险的减少，还使用超额收益指标衡量套期保值效率，但是在对现货与套期保值投资组合夏普比率进行比较时，存在一定的限制，且适用条件苛刻，要求现货收益必须大于无风险利率，否则输出的 HBS 不具有可信性，此时套期保值效果评价是无效的。

三、预期效应最大化评价方法

Lindal(1991)采用的方法与 HBS 方法类似，同时用收益 M_L 和风险 σ_L 来衡量套保效率，其中 M_L 为套保后的组合收益减去无风险收益率后得到的超额收益的均值，σ_L 则为超额收益的方差。

衡量股指期货的套期保值有效性，应关注实际套期保值收益与预期均衡套期保值收益的差异。当基差风险趋近于零时，这种差异趋近于零。差值的大小标志着基差风险是否有利，但并不反映套期保值的有效性。对于一个完全对冲的股票投资组合，均衡回报是无风险收益率。这个利率通常近似于国库券利率，而国库券利率随着时间和期限的不同而变化。

直接的有效性衡量方法是，将套期保值收益率与同一时期可以获得的无风险国债收益率进行比较。无论差额是正的还是负的，差额越小，对冲的效果就越好。例如，假设国债收益率为 7%，那么 6% 的对冲回报率就比 10% 的对冲回报率更有效，尽管 10% 更可取。同样，现货收益率是 -15% 还是 +15% 并不影响套期保值的有效性，但它肯定会影响满意度。

设想将套期保值有效性度量应用于单个套期保值，并重点关注回报而不是风险。因为要计算一个标准差需要进行不止一次的观察，所以一个套期保值的有效性不能用传统的风险度量方法来衡量，而是要通过投资组合收益率和相应的国债利率的差值的平均标准差来衡量。因此，该模型提出的套期保值有效性测度是一个联合收益-风险测度，定义为完全套期保值的投资组合收益率减去相应的同期国债收益率的平均值和标准差：

$$M_L = \frac{1}{n}\sum_{1}^{n}(r_{\text{Port}} - i) \tag{6-17}$$

$$\sigma_L = \sqrt{\frac{1}{n}\sum_{1}^{n}((r_{\text{Port}} - i) - E(r_{\text{Port}} - i))^2} \tag{6-18}$$

其中，M_L 为完全套期保值的投资组合收益率减去相应的同期国债收益率的平均值，表示完全对冲的投资组合收益率高于或低于无风险利率的平均百分比；σ_L 为完全套期保值的投资组合收益率减去相应的同期国债收益率的标准差，表示均值附近的离散程度；r_{Port} 为套期保值后投资组合的收益；i 为同期国债收益率（无风险利率）；n 为样本容量。

评判标准即 M_L 越接近 0，σ_L 越小，则套期保值的风险对冲效果就越好。Lindal'Mean-S.D 模型采用均值和方差两个独立指标对套期保值行为进行评价，而且适用条件宽泛，因此被较多地使用和推广，但在两者等级排序不同或变动方向不一致时较难作出判断。此模型相较于前两个模型的优势在于，前两个模型重点关注的是套期保值组合收益率与现货收益率的比较，而不是套期保值组合收益率与均衡收益率的比较，这就使得预期效应最大化模型的评价结合了收益与风险的衡量。

四、套期保值目标评价方法

套期保值的效果评价是对套期保值组合最终抵消被套保项目的价值或现金流量的变动情况进行考核。从套期保值的目标出发，效果评价主要可分为经营评价和市场评价两种方式。经营评价的标准是企业经营的目标利润率，市场评价则以市场的加权平均价格为标准。

拓展阅读 6-1　保值效果的评估及优化

（一）经营评价指标

经营评价指标主要比较套期保值组合的利润率 R' 和企业对于该套期保值项目的目标利润率 R；当 $R' \geqslant R$ 时，企业的套期保值从经营角度来看是效果较好的。

(1) 卖出套期保值：

$$R' = \frac{\left[\sum_{i=1}^{n}F_0(i) - \sum_{i=1}^{n}F_c(i)\right]/m + (S_t - S_0) - C}{S_0} \geqslant R \tag{6-19}$$

(2) 买入套期保值：

$$R' = \frac{S_t - (S_0 + \left[\sum_{i=1}^{n}F_0(i) - \sum_{i=1}^{n}F_c(i)\right]/m) - C}{S_0} \geqslant R \tag{6-20}$$

其中，n 为期货总的开平仓数量；m 为被套期保值部分现货的数量；F_0 为第 i 单位期货开仓时的价格；F_c 为第 i 单位期货平仓时的价格；S_t 为被套期保值部分的现货单位加权平均卖出价格；S_0 为被套期保值部分的现货单位加权平均成本；C 为企业对套期保值部分期货现货相对应的其他费用分摊；R 为企业内部事前对套期保值部分现货设定的目标利润率（可设定为行业平均利润率）。

从式(6-19)和式(6-20)来看，卖出和买入套期保值在 R' 计算上的区别主要是对期货收益计算的方向不同，即卖出套期保值时获得空头收入，买入套期保值时获得多头收入。

需要说明的是，卖出和买入套期保值的 R' 计算中的 S_0 均表示现货产品的成本，S_t 均表示产品卖出的价格；也就是说，买入套期保值在经营指标中评价的依然是企业的销售收入，而不仅是原材料购入成本。

根据计算得到的套期保值组合利润率 R'，给定浮动比率 $r>0$，可以依据表 6-1 的绩效等级范围，进行绩效评分。例如，令 $r=0.2$，则表示可接受目标利润率 R 在 20% 以内的范围波动。

表 6-1 经营评价的绩效等级

套期保值利润率比	绩 效 等 级	套期保值利润率比	绩 效 等 级
$R'/R>1+r$	优秀	$1>R'/R>1-r$	正常
$1+r>R'/R>1$	良好	$R'/R<1-r$	差

资料来源：中信期货有限公司 2018-11-23 研究报告（量化）。

（二）市场评价指标

市场评价指标比较套期保值调整后的实际销售价格或购入价格与期货市场价格的加权、平均单位价格：当实际销售价格高于市场平均价格，或实际购入价格低于市场平均价格时，企业的套期保值从市场角度来看是效果较好的。

假设套期保值的存续期从×年×月 a 日至×年×月 b 日：

（1）利用卖出套期保值调整后实现的单位加权销售价格 P：

$$P = S_t + \left[\sum_{i=1}^{n} F_0(i) - \sum_{i=1}^{n} F_c(i)\right]/m - C \tag{6-21}$$

（2）利用买入套期保值调整后实现的单位加权购入价格 P：

$$P = S_0 + \left[\sum_{i=1}^{n} F_0(i) - \sum_{i=1}^{n} F_c(i)\right]/m + C \tag{6-22}$$

（3）期货市场的加权平均单位价格 $\bar{P}$：

$$\bar{P} = \sum_{j=a}^{b} w_j P_j / \sum_{j=a}^{b} w_j \tag{6-23}$$

其中，P_j 为第 j 个交易日期货市场近月合约的结算价，$j=a, a+1, \cdots, b$；w_j 为第 j 个交易日期货市场近月合约的交易量；F_0 为第 i 单位期货开仓时的价格；F_c 为第 i 单位期货平仓时的价格；S_t 为被套期保值部分的现货单位加权平均卖出价格；S_0 为被套期保值部分的现货单位加权平均成本；C 为企业对套期保值部分期货现货相对应的其他费用分摊。

同样给定浮动比率 $r>0$，可以依据表 6-2 和表 6-3 的绩效等级范围，对其进行绩效等级的评定。

表 6-2 市场评价的卖出套期保值绩效等级

卖出套期保值	绩 效 等 级	卖出套期保值	绩 效 等 级
$P/\bar{P}>1+r$	优秀	$1>P/\bar{P}>1-r$	正常
$1+r>P/\bar{P}>1$	良好	$P/\bar{P}<1-r$	差

资料来源：中信期货有限公司 2018-11-23 研究报告（量化）。

表 6-3 市场评价的买入套期保值绩效等级

买入套期保值	绩 效 等 级	买入套期保值	绩 效 等 级
$P/\overline{P}<1-r$	优秀	$1+r>P/\overline{P}>1$	正常
$1>P/\overline{P}>1-r$	良好	$P/\overline{P}>1+r$	差

资料来源：中信期货有限公司 2018-11-23 研究报告(量化)。

第二节　在 Python 中实现套期保值效率评价

案例 6-1

我们选择已经上市的有色金属期货品种——铜作为样本数据进行套期保值效率的计算，选择 2018 年 10 月—2020 年 9 月作为样本区间。图 6-3 展示了样本区间的基差走势，从图中可以看出，铜的基差大多数时间在(－500,500)区间波动，但也会出现基差偏离过大的情形，使得套期保值效果不佳，因此也有必要采用多种方法来评价套期保值效率。为方便比较不同套期保值效率评价方法下的结果，在使用 HE 模型、HBS 模型以及预期效应最大化方法评价套期保值效率时，最优套期保值比率的计算均使用 OLS 模型得出。计算都在风险最小化评价方法 OLS 模型得出的套期保值比的基础上来进行效率评价。

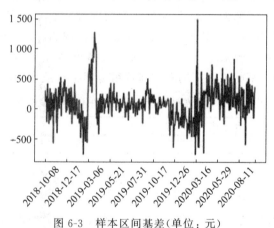

图 6-3　样本区间基差(单位：元)

一、基于风险最小化的套保效率评价

首先根据最小二乘法原理，参照案例 6-1，得到 OLS 模型的参数估计值代表套期保值最优比率，表示持有期货和现货的比例，由表 6-4 可知，根据最小二乘法原理，这里输出的 OLS 模型斜率代表套期保值比率，得到最优套期保值比率为 0.789 36。

表 6-4　OLS 模型估计

参　　数	数　　值
套期保值比率(OLS 模型斜率)	0.789 36

将最优套期保值比率代入式(6-10)中,可以得到表 6-5 中的 HE 值,即为风险最小化评价方法中的 HE 值,HE 值越大,说明套期保值效果越好。此外,若利用铜的期、现货价格周度收益率计算可以得到 HE 值为 0.893 06。因此尽管利用现期货日收益率计算的 HE 值不足 0.6,但总体看来铜期货仍具有良好的套期保值效果。

表 6-5　HE 模型输出参数

参　　数	数　　值
HE 值	0.593 13

二、基于 HBS 模型的套保效率评价

这里仍然使用样本区间为 2018 年 10 月—2020 年 9 月的铜期现货数据来进行分析,为了方便比较不同套期保值效果衡量方法,统一使用 OLS 估计套期保值比率后,再进行套期保值效率分析。

在使用 HBS 模型计算套期保值效率时,首先对铜现货的年化收益率和套期保值组合的年化收益率进行计算,具体使用对数收益率,并转换为年化收益率,其目的在于计算年夏普比率时,应保持周期匹配。

由表 6-6 的数据可知,在以现货为多头、以期货为空头的条件假设下,套期保值组合和现货的年化收益率均值都为负数,但为更客观简明地阐述套期保值行为对风险降低所做的贡献,在此考虑套保行为是基于厂商为预防原材料铜的价格上涨而进行的。因此,此处负的套期保值组合年化收益率可以视作厂商正的年化收益率,后续,我们在进行夏普比率以及 HBS 值计算时,都将采用正的套期保值组合年化收益率均值。

表 6-6　套期保值组合和现货的年化收益率均值

资　　产	年化收益率均值	资　　产	年化收益率均值
套期保值组合	−0.014 78	现货	−0.048 92

最终根据式(6-13)计算套期保值组合收益及现货收益的年夏普比率,从而根据式(6-16)得到 HBS 值。

如表 6-7 所示,由套期保值组合收益的年夏普比率大于现货的年夏普比率,HBS 值大于 1,可知按照 OLS 模型输出的套期保值比率进行的套保行为效果良好。

表 6-7　HBS 模型输出参数

参　　数	数　　值	参　　数	数　　值
套期保值组合收益的年夏普比率	0.199 93	HBS 值	1.545 14
现货收益的年夏普比率	−1.345 21		

三、基于预期效应最大化的套保效率评价

这里仍然使用样本区间为 2018 年 10 月—2020 年 9 月的铜期、现货数据来进行分析,为了方便比较不同套期保值效果衡量方法,统一使用 OLS 估计套期保值比率后,再进行套期保值效率分析。

通过预期效应最大化法评价套期保值效率主要考察套期保值组合的收益率与无风险利率差值的均值和标准差,这里仍使用对数收益率进行计算。利用价格日度收益率并使用式(6-17)和式(6-18)计算得到预期效应最大化的套期保值效率评价指标。

如表 6-8 所示,完全套期保值收益率与无风险利率的差值均值较接近 0,而完全套期保值收益率与无风险利率的差值标准差较小,因此在预期效应最大化评价方法下,该套期保值效果良好。

表 6-8 预期效应最大化评价方法指标

参　　数	数　　值	参　　数	数　　值
套期保值收益率与无风险利率的差值均值	-0.000 03	套期保值收益率与无风险利率的标准差	0.006 51

为进一步比较预期效应最大化评价方法下的均值与标准差值特征,并深入分析长、短期套期保值效率特征,分别使用价格一周、两周、四周的收益率进行套期保值效率测算。

表 6-9 中,Mr_n 为进行 n 周套期保值收益率与无风险利率的差值均值,Vr_n 为进行 n 周套期保值收益率与无风险利率的标准差。由表 6-9 中数据可知,套期保值两周与套期保值四周在距离到期日四周以上时,均获得了正向收益,即随着距离到期日的时间延长,套期保值更容易获得正向收益。这是因为临近交割时投机者退出,合约市场参与度低,价格变化空间小,此时想要获得超额收益难度增加。因此套期保值距离到期周数越多,越容易获取正向收益。此外通过观察得知,套期保值收益率与无风险利率的差值均值以及标准差并非完全同方向变化,因此这暴露出该模型在遇到均值和方差变动方向不一致时须在均值以及标准差之间作出权衡。

表 6-9 预期效应最大化评价方法模型下不同周数套期保值距离到期日(2020-09-30)输出参数

距离到期日周数	进行一周套期保值		进行两周套期保值		进行四周套期保值	
	Mr1	Vr1	Mr2	Vr2	Mr4	Vr4
0	-0.002 03	0.004 60	-0.000 18	0.006 83	-0.000 03	0.006 96
1	0.000 03	0.006 40				
2	0.000 12	0.008 00	-0.000 44	0.007 23		
3	-0.001 00	0.007 02				
4	0.001 46	0.009 25	0.000 67	0.006 94	-0.000 31	0.006 84
5	-0.000 11	0.004 61				
6	0.000 82	0.010 12	0.000 89	0.007 91		
7	0.000 95	0.006 21				
8	0.002 82	0.007 53	0.001 13	0.008 28	0.000 78	0.007 25
9	-0.000 56	0.009 51				
10	0.002 53	0.007 35	0.000 78	0.006 03		
11	-0.000 95	0.004 49				
12	-0.000 38	0.004 88	0.000 35	0.004 99	0.000 96	0.007 05
13	0.001 08	0.005 55				
14	4.936 57	0.009 66	0.000 51	0.007 26		
15	0.000 97	0.004 97				

案例 6-2 套期保值目标评价方法下的效率计算

假设某铜冶炼企业生产铜现货的成本为 40 000 元/吨。2017 年 1 月,该企业认为铜的市场价格可以接受,希望通过期货数量 1∶1 的比率对 10 000 吨铜现货进行卖出套期保值,以锁定利润。预期套保期至 2017 年 6 月,选择期货合约 CU1708 进行操作,可根据市场变化提前结束套保。该企业可接受到期时的利润率在目标利润率的 20% 范围浮动,但希望实际销售价格尽可能接近套保期间的市场平均价格,可接受的波动范围为 5%。对应时间段铜期现价格走势与基差走势如图 6-4 所示。

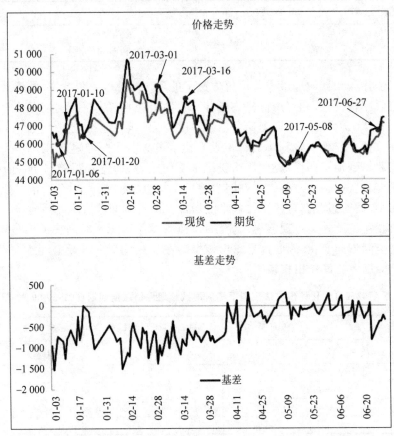

图 6-4 铜现货、期货价格和基差走势(2017-01-03 至 2017-06-30)

资料来源:中信期货有限公司 2018-11-23 研究报告(量化)。

根据以上案例中的条件可以得到,$m=10\,000$,$n=10\,000$;目标利润率可设置为:现货期初价格/现货成本-1;经营评价下的浮动比率 $r_t=0.2$,市场评价下的浮动比率 $r_m=0.05$;套期保值所发生的成本分摊 C 可按照期货入场价格的 0.1% 计算。利用对应部分的评价指标计算方式,不同套保存续期的套期保值情况如表 6-10 所示,其中市场平均价格 P 为期货近月合约根据成交量的加权平均结算价。

表 6-10 套期保值的效果评价测算

			现货及期货价格			
序号	开始日期	结束日期	现货期初价格/(元/吨)	现货期末价格/(元/吨)	期货期初价格/(元/吨)	期货期末价格/(元/吨)
1	2017-01-20	2017-03-01	46 430	47 830	46 420	49 210
2	2017-01-06	2017-03-16	45 260	47 560	45 990	48 520
3	2017-01-06	2017-06-27	45 260	46 340	45 990	46 720
4	2017-01-10	2017-05-08	45 470	45 020	46 730	44 710

			经营评价			
序号	$0.8 \times R$/%	目标利润率(R)/%	$1.2 \times R$/%	实际利润率(R')/%	利润比较	绩效等级
1	12.86	16.08	19.29	12.48	$R'/R<0.8$	差
2	10.52	13.15	15.78	12.45	$0.8<R'/R<1$	正常
3	10.52	13.15	15.78	13.91	$1<R'/R<1.2$	良好
4	10.94	13.68	16.41	17.49	$R'/R>1.2$	优秀

			市场评价			
序号	$0.95 \times P$/(元/吨)	市场平均价格(P)/(元/吨)	$1.05 \times P$/(元/吨)	实际卖出价格$(\bar{P})$/(元/吨)	价格比较	绩效等级
1	45 538	47 935	50 332	44 991	$\bar{P}/P<0.95$	差
2	45 182	47 560	49 938	44 981	$\bar{P}/P<0.95$	差
3	44 187	46 513	48 839	45 563	$0.95<\bar{P}/P<1$	正常
4	44 614	46 962	49 310	46 995	$1<\bar{P}/P<1.05$	良好

资料来源：中信期货有限公司 2018-11-23 研究报告（量化）。

由于企业根据数量 1∶1 的方式进行套期保值，该套保组合的到期收益情况主要取决于套保存续期的基差变动情况，且卖出套期保值相当于持有基差多头，即基差上升有利，基差下跌不利。

套保 1 的现货期初价格为 46 430 元/吨，按照企业成本，此时目标利润率设定为 46 430/40 000－1＝16.08％。从结果来看，套保 1 中的期初基差为 10，期末基差为 －1 380，基差下跌幅度较大，实际利润率为 12.48％，低于 80％的目标利润率，此时套期保值效果低于企业预期目标，企业经营评价的绩效等级为差。市场评价方面，套保 1 存续期间的市场平均价格为 47 935 元/吨，由于存续期间基差下跌程度较大，套保调整后的实际销售价格仅为 44 991 元/吨，低于市场平均价格 95％的水平，未能达到企业预期目标，此时市场评价的绩效等级为差。套保 2 和套保 3 均在 2017 年 1 月 6 日入场进行套保操作，此时现货期初价格为 45 260 元/吨，期初基差为－730，目标利润率设为 13.15％，但两者结束套保的时间不同。套保 2 的期末基差为－960，相比期初小幅下跌，此时实际利润率小幅低于目标，经营评价的绩效等级为正常。但套保 2 存续期间市场平均价格较高，为 47 560 元/吨，而企业的实际销售价格仅为 44 981 元/吨，低于市场平均价格 95％的水平，此时市场评价的绩效等级为差。

案例分析 6-1　如何评价企业 A 的套期保值效果

第三节 Python 实战——套期保值效率评价

一、在 Python 中实现基于风险最小化的套保效率评价

```python
#导入数据库
import numpy as np
import pandas as pd
import statsmodels.api as smf
import matplotlib.pyplot as plt

#将 excel 文件转换为 csv 文件
data = pd.read_excel("C:/Users/hhhsi/fs_data.xlsx",'Sheet1',index_col=0)
Data = data.to_csv('data.csv',encoding = 'utf-8')

#读取包含期现货价格数据的文件
df = pd.read_csv('Data.csv')

#读取数据计算日收益率,其中 spot 和 futures 分别代表现货与期货数据,为保证数据的稳定
性,使用对数收益率,这里收益率取对数有三个好处:一是核心就是对于单一投资品的收益率,对数收
益率时序可加;二是可进行连续复利;三是方便传统计量建模。
#计算现货对数收益率
df['spot_d'] = np.log(df['spot'] / df['spot'].shift(1))
#计算期货对数收益率
df['futures_d'] = np.log(df['futures'] / df['futures'].shift(1))
x = df['futures_d'][1:]  #x 作为期货日收益率输入
y = df['spot_d'][1:]  #y 作为现货日收益率输入

#以下为周收益率计算代码,计算周收益率有利于避免日收益率波动过于频繁的情况,有利于效
率计算
#df['spot_z'] = np.log(df['spot'] / df['spot'].shift(5))
#df['futures_z'] = np.log(df['futures'] / df['futures'].shift(5))
#x = df['futures_z'][5:]
#y = df['spot_z'][5:]

#使用最小二乘法进行线性回归
X = smf.add_constant(x)   #OLS 不会假设回归模型有常数项,而 constant 函数可以实现在数据
左侧加上一列 1,使 OLS 模型能正常运行
est = smf.OLS(y, X).fit() #创建 y 与 X 的交互作用,y 是反应变量(也称应变量),X 是回归变量
(也称自变量),这里 OLS 只是一个类,并没有进行任何运算。在 OLS 模型之上调用拟合函数 fit(),才进
行回归运算
yp = est.predict(X)       #获取 OLS 拟合值
print(est.summary())      #输出 OLS 模型拟合的详细结果
```

根据 OLS 回归结果,得到最优套期保值比率为 OLS,即为 OLS 模型的斜率,从而使用 HE 公式计算得到套期保值效率 HE 值。

```python
print("ols model 斜率 : {}".format(est.params[1]))  #拟合出来的斜线斜率(即需要卖空的比例)
ra = y - est.params[1] * x                          #ra 是经过套期保值的资产组合收益率
H = 1 - (np.var(ra) / np.var(y))                    #y 是没有经过套期保值的资产组合收益率
print("HE = {}".format(HE))                         #输出 HE 的值
```

二、在 Python 中实现基于 HBS 模型的套保效率评价

```python
#导入数据库
import numpy as np
import pandas as pd
import statsmodels.api as smf
import matplotlib.pyplot as plt

#将 excel 文件转换为 csv 文件
data = pd.read_excel("C:/Users/hhhsi/fs_data.xlsx",'Sheet1',index_col = 0)
Data = data.to_csv('data.csv',encoding = 'utf-8')

#读取包含期现货价格数据的文件
df = pd.read_csv('Data.csv')
```

#读取数据计算日收益率,其中 spot 和 futures 分别代表现货与期货数据,为保证数据的稳定性,使用对数收益率,这里收益率取对数有三个好处:一是核心就是对于单一投资品的收益率,对数收益率时序可加;二是可进行连续复利;三是方便传统计量建模。

```python
#计算现货对数收益率
df['spot_d'] = np.log(df['spot'] / df['spot'].shift(1))
#计算期货对数收益率
df['futures_d'] = np.log(df['futures'] / df['futures'].shift(1))
x = df['futures_d'][1:]   #x 作为期货日收益率输入
y = df['spot_d'][1:]  #y 作为现货日收益率输入

#P 为套期保值组合收益率,其中 0.7893603322709889 是由 OLS 模型计算得出的套期保值比率
P = y - x * 0.7893603322709889
```
#求套期保值组合 P 的年化收益率,转换为年化收益率的目的在于计算年夏普比率时,应保持周期匹配
```python
df_yearp = np.cumprod(1 + P) ** (252/311) - 1
#求现货的年化收益率
df_yeary = np.cumprod(1 + y) ** (252/311) - 1
#分别输出套期保值组合和现货的年化收益率均值
print("套期保值组合的年化收益率均值 = ",df_yearp.mean())
print("现货的年化收益率均值 = ",df_yeary.mean())

#选择一年期定期存款利率作为无风险利率
i = 0.03
```
#或者利用 df[""] = df(df["列名"] - df["列名"],axis = 1)新建一列,指定列相减,来计算夏普比率中套期保值组合收益率与对应时间内无风险利率的差
```python
#套期保值组合收益的年夏普比率
sharp_ratioH = (-df_yearp.mean() - i) / df_yearp.std()
#现货的年夏普比率
sharp_ratioS = (df_yeary.mean() - i) /df_yeary.std()
#计算 HBS 值
HBS = sharp_ratioH - sharp_ratioS

#输出相关值
```

```python
print("套期保值组合收益的年夏普比率 = ",sharp_ratioH)
print("现货的年夏普比率 = ",sharp_ratioS)
print("HBS 的值 = ",HBS)
```

三、在 Python 中实现基于预期效应最大化的套保效率评价

```python
# 导入数据库
import numpy as np
import pandas as pd
import statsmodels.api as smf
import matplotlib.pyplot as plt

# 将 excel 文件转换为 csv 文件
data = pd.read_excel("C:/Users/hhhsi/fs_data.xlsx",'Sheet1',index_col = 0)
Data = data.to_csv('data.csv',encoding = 'utf-8')

# 读取包含期现货价格数据的文件
df = pd.read_csv('Data.csv')
```

读取数据计算日收益率,其中 spot 和 futures 分别代表现货与期货数据,为保证数据的稳定性,使用对数收益率,这里收益率取对数有三个好处:一是核心就是对于单一投资品的收益率,对数收益率时序可加;二是可进行连续复利;三是方便传统计量建模。

```python
# 计算现货对数收益率
df['spot_d'] = np.log(df['spot'] / df['spot'].shift(1))
# 计算期货对数收益率
df['futures_d'] = np.log(df['futures'] / df['futures'].shift(1))
x = df['futures_d'][1:]   # x 作为期货日收益率输入
y = df['spot_d'][1:]      # y 作为现货日收益率输入

# 选择一年期定期存款利率作为无风险利率并转换为日无风险利率
i = 0.0125/252
# P 为套期保值组合收益率,其中 0.7893603322709889 是由 OLS 模型计算得出的套期保值比率
P = y - x * 0.7893603322709889
# 套期保值收益率与无风险利率的差值均值
Mr = (P - i).mean()
# 套期保值收益率与无风险利率的标准差
Vr = (P - i).std()

# 输出套期保值收益率与无风险利率的差值均值和标准差
print('套期保值收益率与无风险利率的差值均值 = ',Mr)
print('套期保值收益率与无风险利率的标准差 = ',Vr)

# 不同周度收益率下的套期保值效率评价
# 计算进行 1 周套期保值收益率与无风险利率的差值均值和标准差
n = 1
for i in range(1,94):
    Xn = df['futures_d'][n:n+5] * 0.7893603322709889    # 计算 1 周的套期保值组合收益率
    Yn = df['spot_d'][n:n+5]                            # 计算 1 周现货收益率
```

```
    Mrn = (Yn - Xn - 0.0125/252).mean()    #计算进行1周套保行为的套期保值收益率与无风险
                                            利率的差值均值
    Vrn = (Yn - Xn - 0.0125/252).std()     #计算进行1周套保行为的套期保值收益率与无风险
                                            利率的标准差
    n = n + 5
print(Mrn,Vrn)                             #输出以上相关值

#计算进行2周套期保值收益率与无风险利率的差值均值和标准差
n = 1
for i in range(1,47):
    Xn = df['futures_d'][n:n+10] * 0.7893603322709889 #计算2周的套期保值组合收益率
    Yn = df['spot_d'][n:n+10]                         #计算2周现货收益率
    Mrn = (Yn - Xn - 0.0125/252).mean()    #计算进行2周套保行为的套期保值收益率与无风
                                            险利率的差值均值
    Vrn = (Yn - Xn - 0.0125/252).std()     #计算进行2周套保行为的套期保值收益率与无风
                                            险利率的标准差
    n = n + 10
print(Mrn,Vrn) #输出以上相关值

#计算进行4周套期保值收益率与无风险利率的差值均值和标准差
n = 1
for i in range(1,25):
    Xn = df['futures_d'][n:n+20] * 0.7893603322709889 #计算4周的套期保值组合收益率
    Yn = df['spot_d'][n:n+20]                         #计算4周现货收益率
    Mrn = (Yn - Xn - 0.0125/252).mean()    #计算进行4周套保行为的套期保值收益率与无风险
                                            利率的差值均值
    Vrn = (Yn - Xn - 0.0125/252).std()     #计算进行4周套保行为的套期保值收益率与无风险
                                            利率的标准差
    n = n + 20
    print(Mrn,Vrn)                         #输出以上相关值
```

【本章知识点回顾】

本章主要学习了利用风险最小化评价方法、HBS模型、预期效应最大化评价方法、套期保值目标评价方法来进行套期保值效率的度量,以及每种模型的优缺点,通过案例分析深化对于以上方法的理解。

【思考与习题】

1. 从 Wind 上下载你感兴趣的某一品种 3 年的期、现货日度收盘价格数据,并通过 Python 软件分别使用风险最小化评价方法、HBS 模型、预期效应最大化评价方法、套期保值目标评价方法进行效果评价。

2. 从 Wind 上下载你感兴趣的某一品种 3 年的期、现货日度收盘价格数据,并通过 Python 软件利用预期效应最大化评价方法验证套期保值收益率与无风险利率的差值均值以及标准差随着周数的增加变得越来越小的关系。

3. 从 Wind 上下载你感兴趣的某一品种 3 年的期、现货日度收盘价格数据,自行设置

企业可接受到期时的利润率在目标利润率的浮动范围与实际销售价格相较于套保期间的市场平均价格的波动范围,利用 Python 实现套期保值效果评价。

4. 从 Wind 上下载你感兴趣的多个品种 3 年的期、现货日度收盘价格数据,利用 Python 比对出最适合某一品种的套期保值效果评价模型。(注:相关模型的 Python 代码内容可分别参考本章第二节的案例 6-1、案例 6-2。)

【即测即练】

第七章

期货套期保值基差风险管理

> **本章学习目标：**
> 1. 了解基差的概念与含义，知道基差结构的具体分类；
> 2. 了解基差的几种变化规律，能够根据市场与产品的实际情况，描述基差的变动情况；
> 3. 理解和掌握基差变动情况对套期保值效果的影响，能够区分完全套期保值与不完全套期保值，能够灵活运用基差的变动提高套期保值的效率。

基差体现的内容实质就是持有成本，包括交运成本、预期利润和利息、保险、仓储费用的集合值，不是完全等同值，是一个相对值，是这些因素的综合体现。期货价格与现货价格趋同的走势并非每时每刻保持一致，标的物现货价格与期货价格的差价（基差）也呈波动性，因此在一定程度上会使套期保值效果存在不确定性。与单一的现货价格波动幅度相比，基差波动较小。可通过基差的变动对持仓费（carrying charge）、季节等因素进行分析与预测。套期保值的实质是用较小的基差风险代替较大的现货价格风险。基差不仅可以反映期货价格发现效率，同时在整个期货合约有效期间，基差波动产生的不确定性也是影响套期保值的关键因素。只有在套期保值之初与结束时基差没有发生改变，才算是实现完全的套期保值。否则，套期保值存在基差风险。为了规避基差风险的影响，实务中经常使用基差点价交易的方式进行处理。基差点价交易是指以某月份的期货价格为计价基础，以期货价格加上或减去双方协商同意的基差来确定双方买卖现货商品的价格的交易方式。这样，从理论上讲，不管现货市场上的实际价格是多少，只要套期保值者与现货交易的对方协商得到的基差，正好等于开始做套期保值时的基差，就能实现完全套期保值，取得完全的保值效果。当然，在实践中交易双方协商套期保值的目标是在现有条件约束下的利益最大化，而不是保证完全套期保值，因此很少有买卖双方会为了保证完全套期保值而强行商定一个基差。

第一节 基差的原理

一、基差的概念与结构

（一）基差的概念

基差是在某一特定地点、某一特定时间点某种商品或资产的现货价格与相同商品或资产的某一特定期货合约价格的差价，用公式可表示为：基差＝现货价格－期货价格。

例如，7月18日，美国墨西哥湾沿岸地区2号小麦离岸价（free on board，FOB，即指定港船上交货价格）对CBOT 6月小麦期货价格的基差为"＋45美分/蒲式耳"，这意味着品质为2号的小麦在美湾交货的价格要比CBOT 6月小麦期货价格高出45美分/蒲式耳。不同的交易者，由于关注的商品品质不同，参考的期货合约月份不同，以及现货地点不同，所关注的基差也会不同。例如，某小麦交易商因为在4月份的CBOT小麦期货合约上进行了套期保值交易，所以他关心的基差就是相对于4月份的CBOT小麦期货合约的基差。

基差是一个以一定范围内的价格参照系（如CBOT）为基准的地域性现货修正值。例如，大豆基差就是当地大豆现货价格以芝加哥大豆期货价格为基准加上的一个修正值。为什么要以CBOT的期货价格为基准来定价？因为CBOT的市场容量大，成交规模大，信息高度集中，市场效率很高，任何一个投资者、基金都不可能完全控制CBOT的期货价格走势，所以大家认为这个价格是公平、公正、公开的。如果没有公共参照系，就没有一个共同依据的标准。基于此，主要农产品国际贸易，不管在何地商谈价格，只需要在CBOT相应的农产品期货价格上加基差，即可得到当地的现货价格，可以按照这个统一口径谈判。

举例来说，从美国到中国的到岸基差肯定比从美国到墨西哥的到岸基差报价要高，由于运费差距巨大，因此基差报价选择哪一个交割月份的期货合约做参照系便会对持有成本造成很大影响。合约是期货交易报价的载体，不同交割月份的期货合约的价格不一样。因为有到期交割时间的差别，期货合约之间在正常情况下还有持有成本。例如，在6月份期货合约上交割接货，储存在仓库中等待10月份合约到期交割，其间存在持有成本。

案例 7-1

在大豆期货定价中，确定基差的报价首先要确定船期（shipping date），基差一定要与装运期对应，假如现在是5月上旬，3—17日的船期的基差报价是312＋SF［S是大豆（soybean）的代码，F是美国大豆1月份到期交割的期货合约的代码］。其含义是在1月份到期交割的期货合约上加上312美分/蒲式耳作为到岸价格。如果当时1月份到期的期货合约价格是322美分/蒲式耳，在它的基础上加312美分/蒲式耳的基差，这是到岸价格的基差报价，对应现货价格322美分/蒲式耳的现货到岸价格是322＋312＝634美分/蒲式耳。如果选择以到期交割月份为5月的期货合约作为基差报价基准，同一批现货的基差报价形式就是：240＋SH，H是美国5月份的合约代码，意思是在5月份到期的期货合约价格的基准上加240美分/蒲式耳的基差，因为当时5月份大豆期货合约报价400美分/蒲式耳比2月份期货合约报价517美分/蒲式耳低117美分/蒲式耳，所以在降低了117美分/蒲式耳的参照系基准上要加上两个期货合约的差价水平。同一批现货在同一个地点、同一个时点的价值是一定的，与选择哪一个报价基准无关。如果选择5月份期货合约作为报价基准得出的价值是745美分/蒲式耳，选择其他月份期货合约作为报价基准得出的价值同样应该是745美分/蒲式耳。但是，选择不同交割月份的期货合约作为基准，对应的船期和点价周期不一样。即便是相同的船期，选择越远到期的期货合约，进行点价的剩余时间也越充裕。

比如以1月份的期货合约作为报价基准，对于1月下旬到2月初的船期来说，时间就比较紧张，由于1月份的期货合约一般到1月中旬就面临到期交割的问题，同时提单日期还要向后错2~10天,因此都会面临尚未提单就要交割的情形,如果用3月份的期货合约代替1月份的期货合约进行报价,合约面临到期交割的时间会更长,交割机会多,回旋的时间余地也大。3月份期货合约价格比1月份期货合约价格低5美分/蒲式耳,用3月期货合约做参照系就要多加5美分/蒲式耳。但如果货物装船过程中,作为报价基准的期货合约面临到期交割,那么这种情况下原先对应1月份期货合约的现货基差,现在必须转月展期到3月份期货合约了,接下来我们看具体的操作方法和全船货物最终价格的确定方式。如果点价只确定了半船货物的期货价格,可以先把半船货物的到岸价格确定下来。剩下的一半货物,转月到3月份期货合约的基准上继续点价,1月份合约和3月份合约存在5美分/蒲式耳的差价,尚未结价的剩下半船货物针对3月份期货合约的基差加上3月份的期货价格,再乘以单位换算系数①(例如大豆乘以0.37,换算成美元/吨),算出在3月份期货合约对应的半船货物的到岸价格。对1月合约结价的半船货物和3月合约结价的半船货物进行到岸价格的加权平均,就能得到整船货物的到岸价格。

另外在现货贸易中,也经常会遇到如下这种情况,当一个合约到期的时候,整船货物的价格没有与到期货物价格达成匹配,这种情况下余下的部分就必须要将基差转月展期到后面的期货合约上;甚至,按照贸易合同预订的整船货物的数量的期货价格都已确定,但是,在港口装船的时候,最终提单数量发生了5%的溢短装。例如,进口大豆合同预订5.5万吨,对应的期货合约是404手,全部买进期货以后,最终装港提单数量出来的是6万吨,就必须买进441手期货合约,还须补37手。原来对应的合约是1月的,提单数量出来的时候1月份合约已经退市摘牌了,没法补在1月合约上了,那就只能补在随后的合约上,但是要算上合约转月差价的变化。如果1月份期货合约的基差转到3月份合约,需要重新算基差的转月变化,因为参照系发生了变化,基差就发生变化。所以,接下来追加点价的37手买进的是3月份期货合约,37手的到岸价成本是转月后增加了10美分/蒲式耳的基差+3月份期货成交价格再乘以换算系数得出的成本,跨越两个交割月份的期货合约定价的两部分大豆的成本,经过加权平均算出总的单价。针对船期和期货合约月份报出基差数值,到岸价按照基差点价的公式:(贴水+期货价格)乘以换算系数,即上例中,1月15—30日船期基差为235美分/蒲式耳+SF,代入到岸价计算公式:(235+541)×0.37=287.12美元/吨。如果1月份期货合约时间周期不够充分,想换到以3月期货合约作为基差报价基准,或者点价买了一半期货后1月份期货合约到期了,想把剩下的头寸转月展期成3月份期货合约上的基差,那么,3月期货合约上成交的CNF=(245+531)×0.37=287.12美元/吨,在当下的同一时点,价值是一样的。不管以哪个参照系作为基准进行计算,这些货物值多少钱就是多少钱,计算结果应该一致。因此谈及基差,必须结合对应的期货合约,指明是在哪个合约上、哪个月份加的基差,还要明确跟船期有关系。以我国大连商品交易所的大豆期货(黄大豆2号)为例,其价格高低的变化往往受进口船期月份的大豆成本的影响,如果按照2012年5月份船期的基差,加上2012年5月到期的CBOT大豆期货合约的期货价格,乘以0.37算出来的价格远远低于大连商品交易所

---

① 换算系数是指国际商品期货通用单位"美元/吨"与"美分/蒲式耳"直接的转换比例,1美分/蒲式耳=0.367 433美元/吨。

1205豆类合约价格,大豆进口商就可以大胆地在大连豆类期货合约上卖期保值,锁定利润。

(二) 基差的结构

基差主要受到以下因素的影响。

第一,时间。距期货合约到期时间长短,会影响持仓费的高低,进而影响基差值的大小。持仓费,又称为持仓成本(cost of carry),是指为拥有或保留某种商品、资产等而支付的仓储费、保险费和利息等费用总和。距交割时间越近,持仓费越低。理论上,当期货合约到期时,持仓费会减小到零,基差也将变为零。

第二,品质。由于期货价格反映的是标准品级的商品的价格,如果现货实际交易的品质与交易所规定的期货合约的品级不一致,则该基差的大小就会反映这种品质差价。

第三,地区。如果现货所在地与交易所指定交割地点不一致,则该基差的大小就会反映两地的运费差价。

在不存在品质差价和地区差价的情况下,期货价格高于现货价格或者远期期货合约大于近期期货合约时,这种市场状态称为正向市场(normal market)。此时基差为负值。当现货价格高于期货价格或者近期期货合约大于远期期货合约时,这种市场状态称为反向市场,或者逆转市场(inverted market)、现货溢价(backwardation),此时基差为正值。

正向市场主要反映了持仓费。持仓费与期货价格、现货价格之间的关系可通过下面的例子来说明。假定某企业在未来3个月后需要某种商品,它可以有两种选择:一是立即买入3个月后交割的该商品的期货合约,一直持有并在合约到期时交割;二是立即买入该种商品的现货,将其储存3个月后使用。买入期货合约本身除要缴纳保证金而产生资金占用成本外,不需要更多的成本。而买入现货意味着必须支付从购入商品到使用商品期间的仓储费、保险费以及资金占用的利息成本。如果期货价格与现货价格相同,很显然企业都会选择在期货市场而非现货市场买入商品,这会造成买入期货合约的需求增加、现货市场的需求减少,从而使期货价格上升、现货价格下降,直至期货合约的价格高出现货价格的部分与持仓费相同,这时企业选择在期货市场还是现货市场买入商品是没有区别的。因此,在正向市场中,期货价格高出现货价格的部分与持仓费的高低有关,持仓费体现的是期货价格形成中的时间价值。持仓费的高低与持有商品的时间长短有关,一般来说,距离交割的期限越近,持有商品的成本就越低,期货价格高出现货价格的部分就越少。当交割月到来时,持仓费将降至零,期货价格和现货价格将趋同。

反向市场的出现主要有两个原因:一是近期对某种商品或资产需求非常迫切,远大于近期产量及库存量,使现货价格大幅度增加,高于期货价格;二是预计将来该商品的供给会大幅度增加,导致期货价格大幅度下降,低于现货价格。反向市场的价格关系并不意味着现货持有者没有持仓费的支出,只要持有现货并储存到未来某一时期,仓储费、保险费、利息成本的支出就是必不可少的。只不过在反向市场上,由于市场对现货及近期月份合约需求迫切,购买者愿意承担全部持仓费来持有现货而已。在反向市场上,随着时间的推移,现货价格与期货价格如同在正向市场上一样,会逐步趋同,到交割期趋向一致。

二、基差的变化规律

由于受到相近的供求因素的影响,期货价格和现货价格表现出相同趋势,但由于供求因素对现货市场、期货市场的影响程度不同以及持仓费等因素,两者的变动幅度不尽相同,因而计算出来的基差也在不断变化中,我们将基差正向变化或者基差变大的过程称为基差走强(stronger),同时将基差负向变化或者基差变小的过程称为基差走弱(weaker)。

基差走强常见的情形有:现货价格涨幅超过期货价格涨幅,以及现货价格跌幅小于期货价格跌幅。这意味着,相对于期货价格表现而言,现货价格走势相对较强。例如,5月20日,小麦期货价格为567美分/蒲式耳,现货价格为588美分/蒲式耳,此时基差为+21美分/蒲式耳。至5月25日,小麦期货价格上涨50美分/蒲式耳至617美分/蒲式耳,现货价格上涨70美分/蒲式耳至658美分/蒲式耳,此时基差为+41美分/蒲式耳。该期间基差的变化就属于走强的情形。如果基差从+21美分/蒲式耳变为+41美分/蒲式耳,或者从+15美分/蒲式耳变为+23美分/蒲式耳,均属于走强的情形。

基差走弱常见的情形有:现货价格涨幅小于期货价格涨幅,以及现货价格跌幅超过期货价格跌幅。这意味着,相对于期货价格表现而言,现货价格走势相对较弱。例如,5月20日,小麦期货价格为567美分/蒲式耳,现货价格为588美分/蒲式耳,此时基差为+21美分/蒲式耳;至5月25日,小麦期货价格下跌50美分/蒲式耳至517美分/蒲式耳,现货价格下跌70美分/蒲式耳至518美分/蒲式耳,此时基差为+1美分/蒲式耳。该期间基差的变化就属于走弱的情形。如果基差从+21美分/蒲式耳变为+1美分/蒲式耳,或者从+7美分/蒲式耳变为-5美分/蒲式耳,均属于走弱的情形。

第二节　基差与套保效果

一、基差变化对套保效果的影响

(一) 完全套期保值与不完全套期保值

若假设在套期保值操作过程中,期货头寸盈(亏)与现货头寸亏(盈)幅度是完全相同的,两个市场的盈亏是完全冲抵的,这种套期保值被称为完全套期保值或理想套期保值(perfect hedging)。事实上,盈亏完全冲抵是一种理想化的情形,现实中套期保值操作的效果更可能是不完全套期保值或非理想套期保值(imperfect hedging),即两个市场盈亏只是在一定程度上相抵,而非刚好完全相抵,导致不完全套期保值的原因主要有以下几种。

第一,期货价格与现货价格变动幅度并不完全一致。在相同或相近的价格变动影响因素作用下,同一商品在期货市场和现货市场的价格走势整体是趋同的,但受到季节等各种因素的影响,两个市场价格变动程度可能存在不一致。例如,农产品在收获季节即将来临时,期货价格受预期供给大量增加的影响,其价格下跌幅度往往会大于现货价格下跌幅度,或者其价格上涨幅度往往会小于现货价格上涨幅度,从而导致两个市场价格虽整体趋同,但变动程度存在差异。如果做卖出套期保值,可能出现现货市场亏损小于期货市场盈利，或者现货市场盈利大于期货市场亏损的情形，盈亏冲抵之后还存在一定的净盈利。

第二，期货市场与现货市场上交易的同种商品存在等级差。由于期货合约标的物可能与套期保值者在现货市场上交易的商品等级存在差异，当不同等级的商品在供求关系上出现差异时，虽然两个市场价格变动趋势相近，但在变动程度上会出现差异。比如大豆期货，由于大豆期货市场上可交割的大豆期货等级规定为黄大豆交割标准（FA/DCE D001-2012），这与现货市场上实际流通交易的大豆品种存在一定差异，现货市场相对来说可交易的大豆种类会更多一些。这样一来，现货市场与期货市场的交易商品便存在等级差，导致不同等级的大豆在供求关系上出现变动时，大豆期货市场与现货市场虽然保持着大致相同的变动趋势，但变动程度却显示出明显的差异。

第三，被交易商品在期货市场与现货市场上的头寸不同。期货市场建立的头寸数量与被套期保值的现货数量存在差异时，即使两个市场价格变动幅度完全一致，也会出现两个市场盈亏不一致的情况。这主要是由于每张期货合约代表一定数量的商品，如5吨或10吨，交易时必须是其整数倍。而现货市场涉及的头寸有可能不是期货合约交易单位的整数倍，这就导致两个市场数量上的差异，从而影响两个市场盈亏相抵的程度。

第四，缺少对应的期货品种。因缺少对应的期货品种，一些加工企业无法直接对其所加工的产成品进行套期保值，只能利用其使用的初级产品的期货品种进行套期保值，由于初级产品和产成品在价格变化上存在一定的差异，从而导致不完全套期保值。例如，电线电缆企业若想对电线、电缆等产成品套期保值，只能利用其生产所使用的初级产品——阴极铜期货来实现。初级产品价格是其产成品价格的主要构成因素，两者之间存在一定的同方向变化的关系，套期保值操作可以起到对冲风险的作用。但是，影响产成品价格构成的还有其他因素，如人工成本、水电成本等，这会导致两者的价格在变动程度上存在一定差异，从而影响套期保值的效果。

（二）基差与套期保值效果

为了研究清楚基差对套期保值效果的影响，就要先明晰转月展期的概念。转月展期取决于前后期货合约的差价。同一期货品种的不同月份合约上建立数量相等、方向相反的交易头寸，最后以对冲或交割方式结束交易、获得收益的方式称为跨期套利。近月合约价格是被减数置前，远月合约价格是减数置后，二者之差就是套期图利差价，即套期图利差价＝近月合约价格－远月合约价格。类似于基差转月展期的计算，每个期货合约之间的期货头寸转月展期，也是有规律可循的。需要计算前后两个期货合约的月均套期图利差价，月均套期图利差价跟正常的月均持有成本比较，决策转月展期是否划算，根据月均套期图利差价的偏离程度，决策转月展期的时机。例如，1月期货合约和3月期货合约的差价10美分/蒲式耳，除以月间隔数2，得到的商等于5美分/蒲式耳，就是1月与3月的月均套期图利差价。将前后期货合约排列组合，如果算出的每一对合约的月均套期图利差价都没有超过正常持有成本，可以选取月均套期图利差价代数值最小、绝对值最大的一对期货合约，进行转月展期操作。这也是一般的牛市套利（bull spread）的操作原则，即当市场价格看涨时，买进近期合约，卖出远期合约，利用不同月份相关价格关系的变化谋取利润。当然，还要结合转月展期的远月合约也是现货基差集中报价的对应基准合约，且具有一定的交易流动性。转月展期基差,相当于通知供应商将其原先在近月期货合约上保值的空头头寸转月展期到远月期货合约上,继续套期保值,在期货市场上的具体操作是平仓近月期货合约的空头,同时在远月合约上开仓卖出,其实就是进行了一次牛市跨期套利的操作。所以,一笔现货贸易结束之前,货物所有权转移之前,现货基差并不是一成不变的,只要按照合约的差价相应调整数值,基差可以在不同合约间切换。只要结价期限未到,就可以根据跨期套利原则将基差在前后月份的期货合约上向前转月或向后展期,以博取市场远近合约价格的偏离机会带来的额外收益。

接下来我们要介绍跨期套利的概念。正常来讲,前后月份的期货合约的差价应该体现一个理论上的正常持有成本——全额持有成本(full carry)。例如,5月份的合约到期交割了,交割接货并转卖到7月份期货合约上等待交割,理论上计算,5月和7月之间正常的持有成本包括仓储费、利息和保险。但是,5月合约和7月合约的差价随时变动着,与理论上的正常持有成本有一定比例的差别。比如,正常持有成本是200元/吨,现在期货5月份价格和7月份价格相差50元/吨,那么,5月份和7月份差价就是正常持有成本的25%,没有完全体现全额持有成本,只是体现了25%的程度。如果5月份和7月份的差价超过了80元/吨,供应商就可以把偏低的5月份期货合约空头平仓同时转月卖到偏高的7月份期货合约上去,购买方也乐意将与5月份期货合约对应的基差转月到高价的7月份期货合约上,这样可以根据合约差价调减基差的数值,获得无风险套利利润,增加企业的盈利。所以,基差是现货价格和期货价格之间的关系,这种关系的变化可能会带来套利机会。

有了上面的基础概念作为铺垫,我们接下来就可以通过卖出套期保值和买入套期保值的案例来说明基差变动与套期保值效果之间的关系。

1. 基差变动与买入套期保值

买入套期保值者在期货市场有多头头寸,相应地,在现货市场有空头头寸,买入套期保值者的避险结果可表示为

$$(F_2-F_1)+(S_1-S_2)=(S_1-F_1)-(S_2-F_2)=b_1-b_2 \quad (7-1)$$

其中,保值者开仓建立期货头寸时,现货价格和期货价格分别为 S_1、F_1;保值者在对头寸进行平仓时,现货价格和期货价格分别为 S_2、F_2;开仓、平仓时的基差分别为 b_1、b_2。

当 $b_1-b_2=0$ 时,可实现完全套期保值;$b_1-b_2>0$,即基差走弱,实现有盈保值;$b_1-b_2<0$,即基差走强,实现减亏保值。

下面通过案例来说明基差变动与买入套期保值效果之间的关系。

案例 7-2

5月初,某饲料公司预计3个月后需要购入3 000吨豆粕。为了防止豆粕价格上涨,该饲料公司买入9月份豆粕期货合约300手(每手10吨),成交价格为2 910元/吨。当时现货市场豆粕价格为3 160元/吨。至8月初,豆粕现货价格上涨至3 600元/吨,该饲料公司按此价格采购3 000吨豆粕,与此同时,将豆粕期货合约对冲平仓,成交价格为3 280元/吨。套期保值结果如表7-1所示。

表 7-1　买入套期保值案例（基差走强情形）　　　　　　　　　　　元/吨

时间	现货市场	期货市场	基差
5月初	市场价格 3 160	买入 9 月份豆粕期货合约,2 910	250
8月初	卖出价格 3 600	卖出平仓豆粕期货合约,3 280	320
盈亏	相当于亏损 440	盈利 370	走强 70

在该案例中，由于现货价格上涨幅度大于期货价格上涨幅度,基差走强 70 元/吨。期货市场盈利 370 元/吨,现货市场亏损 440 元/吨,两者相抵后存在净亏损 70 元/吨。通过套期保值,该饲料公司的豆粕的实际购入价相当于：现货市场实际采购价格－期货市场每吨盈利＝3 600－370＝3 230 元/吨。该价格比 5 月初的 3 160 元/吨的现货价格要高 70 元/吨。而这 70 元/吨,正是基差走强的变化值。这表明,进行买入套期保值,如果基差走强,两个市场盈亏相抵后存在净亏损,它将使套期保值者承担基差变动不利的风险,其价格与其预期价格相比要略差一些。

案例 7-3

3 月初,某轮胎企业为了防止天然橡胶原料价格进一步上涨,于是买入 7 月份天然橡胶期货合约 200 手（每手 5 吨），成交价格为 24 000 元/吨,对其未来生产所需要的 1 000 吨天然橡胶进行套期保值。当时现货市场天然橡胶价格为 23 000 元/吨。之后天然橡胶价格未涨反跌,至 6 月初,天然橡胶现货价格跌至 20 000 元/吨。该企业按此价格购入天然橡胶现货 1 000 吨,与此同时,将天然橡胶期货合约对冲平仓,成交价格为 21 200 元/吨。套期保值结果如表 7-2 所示。

表 7-2　买入套期保值案例（基差走弱情形）　　　　　　　　　　　元/吨

时间	现货市场	期货市场	基差
3月初	市场价格 23 000	买入 7 月份天然橡胶期货合约,24 000	－1 000
6月初	卖出价格 20 000	卖出平仓天然橡胶期货合约,21 200	－1 200
盈亏	相当于盈利 3 000	亏损 2 800	走弱 200

在该案例中,由于现货价格下跌幅度大于期货价格下跌幅度,基差走弱 200 元/吨。期货市场亏损 2 800 元/吨,现货市场盈利 3 000 元/吨,两者相抵后存在净盈利 200 元/吨。通过套期保值,该轮胎企业的天然橡胶的实际购入价相当于：现货市场实际采购价格＋期货市场每吨亏损＝20 000＋2 800＝22 800 元/吨。该价格比 3 月初的 23 000 元/吨的现货价格要低 200 元/吨。而这 200 元/吨,正是基差走弱的变化值。这表明,进行买入套期保值,如果基差走弱,两个市场盈亏相抵后存在净盈利,它将使套期保值者获得的价格比其预期价格还要更理想。

2. 基差变动与卖出套期保值

卖出套期保值者在期货市场有空头头寸,相应地,在现货市场有多头头寸,卖出套期保值者的避险结果可表示为

$$(F_1 - F_2) + (S_2 - S_1) = (S_2 - F_2) - (S_1 - F_1) = b_2 - b_1 \quad (7\text{-}2)$$

其中,保值者开仓建立期货头寸时,现货价格和期货价格分别为 S_1、F_1；保值者在对头寸

进行平仓时,现货价格和期货价格分别为 S_2、F_2;开仓、平仓时的基差分别为 b_1、b_2。

当 $b_2-b_1=0$ 时,可实现完全套期保值;$b_2-b_1>0$,即基差走强,实现有盈保值;$b_2-b_1<0$,即基差走弱,实现减亏保值。

下面通过案例来说明基差变动与卖出套期保值效果之间的关系。

案例 7-4

一家糖厂与一家生产饮料的企业在 5 月初就相关业务达成了合作,但是双方真正的业务往来在 8 月份才会发生。目前白糖现货价格为 5 000 元/吨。该糖厂担心未来糖价会下跌,于是卖出 5 手(每手 10 吨)9 月份白糖期货合约,成交价格为 5 800 元/吨。至 8 月初交易时,现货价跌至每吨 4 500 元/吨,与此同时,期货价格跌至 5 200 元/吨。该糖厂按照现货价格出售 50 吨白糖,同时按照期货价格将 9 月份白糖期货合约对冲平仓。套期保值结果如表 7-3 所示。

表 7-3　卖出套期保值案例(基差走强情形)　　　　　　　　　　　元/吨

时间	现货市场	期货市场	基差
5月初	市场价格 5 000	卖出 9 月份白糖期货合约,5 800	−800
8月初	卖出价格 4 500	买入平仓白糖期货合约,5 200	−700
盈亏	相当于亏损 500	盈利 600	走强 100

在该案例中,由于现货价格下跌幅度小于期货价格下跌幅度,基差走强 100 元/吨。期货市场盈利 600 元/吨,现货市场亏损 500 元/吨,两者相抵后存在净盈利 100 元/吨。通过套期保值,该糖厂白糖的实际售价相当于:现货市场实际销售价格+期货市场每吨盈利=4 500+600=5 100 元/吨。该价格比 5 月初的 4 500 元/吨的现货价格还要高 100 元/吨。而这 100 元/吨,正是基差走强的变化值。这表明,进行卖出套期保值,如果基差走强,两个市场盈亏相抵后存在净盈利 100 元/吨,它可以使套期保值者获得一个更为理想的价格。

案例 7-5

5 月初某地钢材价格为 4 200 元/吨。某经销商目前持有 2 000 吨钢材存货尚未出售。为了防范钢材价格下跌风险,该经销商卖出 200 手(每手 10 吨)11 月份螺纹钢期货合约进行套期保值,成交价格为 4 500 元/吨。到了 8 月初,钢材价格出现上涨,该经销商按 4 550 元/吨的价格将该批现货出售,与此同时将期货合约对冲平仓,成交价格为 5 030 元/吨。套期保值结果如表 7-4 所示。

表 7-4　卖出套期保值案例(基差走弱情形)　　　　　　　　　　　元/吨

时间	现货市场	期货市场	基差
5月初	市场价格 4 200	卖出 11 月份螺纹钢期货合约,4 500	−300
8月初	卖出价格 4 550	买入平仓螺纹钢期货合约,5 030	−480
盈亏	相当于盈利 350	亏损 530	走弱 180

在该案例中,由于现货价格上涨幅度小于期货价格上涨幅度,基差走弱 180 元/吨。期货市场亏损 530 元/吨,现货市场盈利 350 元/吨,两者相抵后存在净亏损 180 元/吨。

通过套期保值,该经销商的钢材的实际售价相当于:现货市场实际销售价格－期货市场每吨亏损＝4 550－530＝4 020元/吨。该价格比5月初的4 200元/吨的现货价格要低180元/吨。而这180元/吨,正是基差走弱的变化值。这表明,进行卖出套期保值,如果基差走弱,两个市场盈亏相抵后存在净亏损,它将使套期保值者承担基差变动不利的风险,其价格与其预期价格相比要略差一些。

3. 基差变动与套期保值效果关系的总结

根据以上分析,我们可以对买入套期保值和卖出套期保值在基差不同变化情形下的效果进行概括(表7-5)。

表7-5 基差变动与套期保值效果的关系

套期保值种类	基差变化	套期保值效果
买入套期保值	基差不变	完全套期保值,两个市场盈亏刚好完全相抵
	基差走强	不完全套期保值,两个市场盈亏相抵后存在净亏损
	基差走弱	不完全套期保值,两个市场盈亏相抵后存在净盈利
卖出套期保值	基差不变	完全套期保值,两个市场盈亏刚好完全相抵
	基差走强	不完全套期保值,两个市场盈亏相抵后存在净盈利
	基差走弱	不完全套期保值,两个市场盈亏相抵后存在净亏损

二、基差原理在套保中的应用

(一)基差的概念和取值

正常的情况下,期货价格和现货价格之间的关系无外乎两种情况:一种是期货价格比现货价格高,我们称之为正向市场或正常市场。正常市场情况下,基差是负值,现货价格和期货价格之间体现的是持有成本和预期。当期现差价超过持有成本的时候,超出的部分就是预期利润;如果期现差价比持有成本低,则未来有预期利润的损失,持有仓单就会有损耗,差价不能充分体现出持有成本。另一种是与正常市场相反的反向市场,即期货价格比现货价格低。这种情况一般比较少见,但是在经济萧条、金融危机,包括企业筹建开厂备货的时候,经常出现这种情况:现货紧张,大家都抢现货,即使价钱再贵也要采购原料,而预计远期的供求矛盾可能会缓解,所以,现货供不应求的时候会出现现货价格高于期货价格或者远期合约价格比近期合约价格低。反向市场的基差为正值,体现了持有货物的便利收益,便利收益就是持有货物能带来的好处。例如,现货焦炭价格已经涨得很高了,但下个月锅炉就要点火,只好多储存一些,把下一个月、甚至下下个月的计划准备出来,宁可高价买入现在的货,也不愿意买未来可能低价格的货。要保证当前的需要,持有高价货的效益比停产的损失要划算。

(二)基差的变动幅度

基差是一个相对价格,其变动幅度远远小于现货价格绝对差价的变动幅度,套期保值者可以通过选择最优套期保值时机,来达到回避较大的现货价格波动风险的目的。

(三) 基差对套期保值中开仓的影响

我们在期货市场建立套期保值头寸,要注意基差的强弱,合理推算基差的平均水平。如螺纹钢相邻月份合约费用主要包括以下几个部分:①仓储费:0.15 元/天/吨×30 天＝4.5 元/月/吨。②进出库费:15 元/吨。③交割手续费用:1 元/吨。④资金占用利息费:4 000 元/吨×5‰×30/360＝16.7 元/吨。则螺纹钢相邻月份合约差价的理论值为:4.5＋16.7＋15＋1＝37.2 元/吨。如果螺纹钢相邻月份合约差价大,还需要考虑增值税的费用。

基差变化与套期保值效益的关系如表 7-6 所示。

表 7-6 基差变化与套期保值效益的关系

基差变动情况	套期保值种类	套期保值效果
基差不变	卖出套期保值	两个市场盈亏完全相抵,套期保值者得到完全保护
	买入套期保值	两个市场盈亏完全相抵,套期保值者得到完全保护
基差走强	卖出套期保值	套期保值者得到完全保护,并且存在净盈利
	买入套期保值	套期保值者不能得到完全保护,存在净亏损
基差走弱	卖出套期保值	套期保值者不能得到完全保护,存在净亏损
	买入套期保值	套期保值者得到完全保护,并且存在净盈利

(四) 基差对套期保值中移仓的影响

我们要考虑合约交割月份选择的问题,它也是影响基差风险的一个关键因素。当打算保值的商品正好是期货合约的标的商品,可以假定,套期保值的到期日与某一合约交割月份一致时,应选择该交割月份的期货合约。但是在实际操作中,由于在某些情况下交割月份的期货价格非常不稳定,流动性减弱,因此通常选择随后交割月份的主力期货合约[①]。有时套期保值的到期日比所有目前可提供的期货合约的交割日期都要晚,此时保值者就有必要选择将该套期保值组合向后进行延展,包括将期货合约平仓;同时,持有另一个到期日较晚的期货合约头寸。利用基差变化,合理把握时机,减少移仓成本,达到移仓的目的。

(五) 基差在现货贸易中的影响

市场行情趋涨时,传统的现货贸易盈利方法是增加采购量、控制销售速度,通过增加库存量实现盈利,但是,会出现几个问题:一是行情乐观时资源紧张,增量难度大;二是控制销售量必然会影响终端客户的正常需求,不利于维护渠道;三是库存量增加、现货价格上涨后,理论收益需要通过销售环节实现。实际操作中难以全部实现,甚至可能出现市场价格急涨急跌的情况,库存积压导致亏损的出现。如果通过期货市场进行买入套期保值操作,锁定虚拟库存的采购价格,增加虚拟库存实现价格上涨带来的收益,并在价格上涨到一定水平时随时通过期货市场卖出增加的这部分库存,则可套现收益。

---

① 主力期货合约是指同一品种所有期货合约中,成交量与持仓量最大的合约。

市场行情趋跌时,传统现货贸易盈利方式是通过减少采购量和加快销售速度减少库存量。但是,行情悲观时,厂商和贸易商都在拼命出货,通过传统方式降库存量难度大,效果不明显。如果通过期货市场进行卖出套期保值操作,即在较高价格卖出现货确定虚拟库存消化的销售价格,锁定这一部分利润,并在现货价格降至一定水平的时候在期货市场上平仓,实现期货市场上的差价收益,以弥补现货库存的跌价损失。

(六)基差交易

所谓基差交易,就是在套期保值不能充分转移价格风险的前提下,按一定的基差来确定现货价格及相应进行现货商品买卖的交易方式。

例如,建筑施工企业拟在9月采购一批螺纹钢,根据对行情的分析,认定螺纹钢价格在最近一段时间内坚挺,所以,6月1日做了买入套期保值。当时现货市场螺纹钢价格为3 800元/吨,而期货市场10月份螺纹钢的价格为4 400元/吨,基差−600元/吨。9月1日,建筑施工企业找到供应商欲购螺纹钢,但供应商也认为价格要上涨,不肯按当时价格锁定销售,建筑施工企业注意到螺纹钢基差可能增强而对其原先买入套期保值不利,故提议做基差交易。经双方协商,建筑施工企业争取到低于10月份期货价格650元/吨的买进报价,但螺纹钢供应商获得在20天内任选10月份螺纹钢期货价格为其计价基础的权利。9月15日,10月份螺纹钢合约价涨至5 400元/吨,现货价格上涨到4 900元/吨,螺纹钢供应商认定价格基本涨足,于是按原先约定以4 750元/吨的现货价格卖给建筑施工企业,建筑施工企业同时在期货市场卖出10月份合约。

总之,基差会因为仓储费用、资金利息、保险费、损耗费等各类因素不断变动,而基差的变动形态对一个套期保值者而言至关重要。我们必须掌握基差及其基本原理,在实际操作中加以运用。

(七)基差交易经典策略举例——基差交易中的卖方策略

1. 基差卖方基差的报价和确定

(1)基差交易中的盈利。在基差交易中,对于卖方来说,交易的实质是以套期保值的方式将自身面临的风险通过协议基差的方式转移给现货交易的对手。假设基差卖方在与交易对手签订基差交易合同之前做套期保值时的市场基差(建仓时基差)为 B_1,当交易对手基差买方在点价后,基差卖方的套保头寸平仓基差为 B_2,则此时的基差变动 $\Delta B = B_2 - B_1$。要想获得最大化收益,则必须围绕基差变动公式 $\Delta B = B_2 - B_1$ 做文章,即要尽可能地使 ΔB 最大化,主要手段无非:一是使基差 B_2 的报价及最终的谈判确定尽可能对自己有利;二是建立套期保值头寸时的基差 B_1 也要尽可能对自己有利,也就是套期保值的时机选择有讲究。

(2)影响基差定价的主要因素。按前文所述,影响基差定价的主要因素之一是运费。各地与货物交接地点的距离不同导致了基差的差异。另外,利息、储存费用、经营成本和利润也都会影响基差价格,买卖双方在谈判协商基差时需要予以考虑。影响基差定价的另一个重要因素是当地现货市场的供求紧张状况。当现货短缺时,现货价格相对期货价格就会出现上涨,表现为基差变强,反之则表现为基差变弱,从而影响基差的报价和最终定价结果。因此基差卖方需要收集商品信息,对未来一段时间的商品现货供应状况作出正确判断。预测现货供应将会趋紧则基差报价就高一些;预测现货供应将趋于宽松则基差报价就低一些。如果现货价格波动不大,基差卖方通常需将基差的报价与期货价格涨跌相联系:在买方叫价交易中,当期货价格上涨,基差报价就下降一些,期货价格下跌,基差报价就提升一点;而在卖方叫价交易中,当期货价格上涨,基差报价就提升一点,期货价格下跌,基差报价就下降一些。其目的是保持"期货价格+基差"与不变的现货价格相匹配,使基差买方易于接受基差报价。例如在大豆基差买方叫价交易中,假设当天现货到港价格是 281 美元/吨,如果期货价格收盘小幅上涨,此时的基差报价就会回落,"期货价格+基差"应该仍在 281 美元/吨左右;同理,如果期货价格在收盘时小幅下跌,则基差报价会上涨一些,以保持"期货价格+基差"仍在 281 美元/吨左右。所以,在现货市场价格波动不大时,期货价格与基差之间是一个此消彼长的关系。

2. 基差卖方套期保值的时机选择

在基差交易中,作为基差卖出一方,最担心的是签订合同之前的基差报价不被基差买方接受,或者是基差卖不出好价钱而期货市场上的套保持仓正承受被套浮亏和追加保证金的状态。有时基差卖方会较长一段时间寻找不到交易买方,在此期间所面临的风险主要是基差走势向不利于套保头寸的方向发展。如:在卖出套保后基差走弱;或买入套保后基差走强,造成亏损性套保。

为了更好地达到套期保值效果、降低基差出现不利变动的风险,基差卖方应尽量选择有利的初始基差,或者尽量使初始基差小于基差的历史均值。假如是卖出套保,则应选择基差未来走强的时机进场。假如是买入套保,则应选择基差未来走弱的时机进场。总结许多套期保值亏损案例的教训发现,许多都是在现货与基差大幅偏离正常水平的情况下进行套期保值,从而增加了基差风险。这一教训表明,套期保值也是需要选择时机的,这就需要卖方对基差变化进行深入细致的研究分析。

在美国,农产品现货市场的定价方式、套保操作方式以及期货市场中的期转现交易、对于最终是否交割的判定等,都是以基差为基础作出预测和决策的。同样,要做好基差交易,交易双方尤其是基差卖方必须认真研究所涉商品现货与期货两者基差的变化规律。这对基差交易中基差卖方套保时机的选择、买方点价策略的制定以及买卖双方对基差的谈判都至关重要。因此,掌握基差研究方法、从大量的历史数据中寻找基差变化的规律作为指导基差交易的理论依据至关重要。

基差表与基差图都是用来记载基差及其变动轨迹的数据或图形,是期货交易中的重要分析图表。国际上较大规模的农产品贸易公司都有自己多年统计累积的基差图表,大多自 20 世纪 60 年代开始记录各地点每天或每周的基差变化,既有现货价格与近月合约的基差图表,也有现货价格与远月合约的基差图表。如嘉吉、ADM 等大公司在美国各地都设有收购站,采用收购站的买入报价作为当地的现货价格,并据此计算当地的基差。

CBOT 网站公布有近 15 年来美国海湾地区及主要农作物产区的大豆、玉米、小麦等的每周基差统计表,并在其各类宣传材料中反复强调应利用基差来指导现货贸易。国内不少网站也公布有国内商品期货交易所几乎所有商品期货品种的每日基差数据表。不过,从直观了当、便于分析的角度衡量,其通常使用的大都是基差图。

基差图有两种形式:第一种如图 7-1 所示,是以时间为横坐标,以价格为纵坐标,根据历史数据资料,在同一坐标系内绘出现货价格的变动曲线和期货价格的变动曲线,两线的差距即为基差。这种图形的优点在于能够直观地显示出现货价格、期货价格及其基差三者之间的关系。例如美国爱荷华州中部玉米的现货价格和 CBOT 玉米近月合约期货价格走势,玉米的现货价格和 CBOT 玉米近月合约期货价格的差,基本上在 20～30 美分/蒲式耳波动,而玉米现货价格和期货价格的波幅却高达 2 美元/蒲式耳左右。第二种是以时间为横坐标、以基差值为纵坐标的基差变动轨迹图形。这种图形的优点在于可以直接地看出基差的大小及变化状况,同时还可把若干年的历史基差变动情况绘于同一图中,从中找出规律。例如从－600 到＋200。基差卖方可根据当时的基差与历史上基差的变动范围相应调整自身的套期保值策略。例如,目前基差是－1 000,那么可以预计基差将有走强的可能,做卖出套保可能更有利。

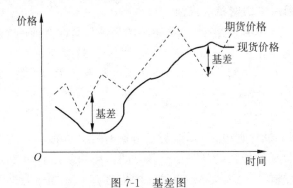

图 7-1 基差图

基差图还可表明历史上基差变动的季节周期性,据此也影响到基差交易行为。比如,某大宗商品历史上基差图表明在 4 月、5 月时基差处于最弱,而 10 月、11 月基差处于最强。据此判断,4 月、5 月时做卖出套保有获利的可能;而 10 月、11 月时,由于基差由弱向强发展,则做买入套保有可能获利。例如国内豆油现货与基差变动,卖出套保的最佳时机和买入套保的最佳时机分别是在哪几个时点呢?显然,当基差最弱时,在基差图上的相对低点做卖出套保获得完全保值的可能性大,并且有很大的可能还会出现净盈利;同理,在基差最强的时点,做买入套保获得完全保值的可能性大,并且有很大的可能还会出现净盈利。

在研究基差图时应注意以下两点:一是选取的历史数据范围应当广一些。一般来说,5 年以上比较好,这样得出的结论比较可靠。二是在现货价格的选取上应尽量真实。这是因为,现货价格的变动比较大,各市场的情况又有所不同。因而,对于基差卖方来说,在分析基差图时,应尽量选用自身实际支付或收入的现货价格或与其较为接近的价格,这样分析出的结果才会更接近于实际,更可靠些。总之,基差图表是基差交易中的重要分析工具。利用它,可以更好地选择进入或退出期货市场的时机。

(八)基差交易案例分析

案例 7-6

美国嘉吉供应商从农民手上以 420 美分/蒲式耳的成本,买了 6 万吨的大豆,最担心价格下跌,随时都有保值意识,于是在11月合约(SX,S表示大豆,X是11月份合约的代码)上卖了400手,成交价为500美分/蒲式耳,因此锁定了−80美分/蒲式耳的基差。然后运送到交割仓库,由于美国大豆的交割仓库都在密西西比河的中下游,这个过程会产生大量仓储费、运输费、搬运费等,再从筒仓装运驳船,经过密苏里河、密西西比河运到美湾的新奥尔良(New Orleans)去,又要花一笔钱。假如说储存费、船板搬运费等费用折算成单价成本100多美分/蒲式耳,还要加上预期利润5~10美分/蒲式耳,储存、内运、装港等费用加上预期利润的总计费用为110美分/蒲式耳,即从农民手上拿到货直到运抵美湾港口,总计成本加项为110美分/蒲式耳。到了新奥尔良之后,还要海运到中国,假设租船的海运费是62美元/吨,我们要把它换算成统一单位:美分/蒲式耳,美豆换算系数是1吨大豆=36.7433蒲式耳。巴西、阿根廷豆子略小,1吨大豆=36.7454蒲式耳。我们把62美元/吨除以36.7433蒲式耳得到169美分/蒲式耳,所以,海运费大概需要169美分/蒲式耳。至此,美国嘉吉从农民手上买到货,到卖给中国人,总共发生了多少次费用?第一次是420美分/蒲式耳的收购价,第二次110美分/蒲式耳是物流费用和预期利润,第三次是运往中国的大洋运费169美分/蒲式耳,这就是它的现货成本价。此时,采购环节完成。

再看保值环节。在第一个时间段,美国嘉吉供应商从农民手上买到货的时候,就卖出了11月合约400手,成交价500美分/蒲式耳,建立了套期保值头寸。既然储存、内运、装港等费用+预期利润是110美分/蒲式耳,大洋运费是169美分/蒲式耳,那么,在期货上加多少钱卖给中国人才够本呢?首先期货价格500美分/蒲式耳已经包含了100美分/蒲式耳锁定的利润,内运等要花110美分/蒲式耳,海运要花169美分/蒲式耳,那么,期货上先减去100美分/蒲式耳,再加110美分/蒲式耳,再加上169美分/蒲式耳才能覆盖全部费用成本,110+169−100=179美分/蒲式耳就够本了。于是,国外供应商的基差报价:在11月份期货上+179美分/蒲式耳,这时的贸易基差就为179美分/蒲式耳。

再看贸易环节,此时,供应商已知算出来的贸易基差是+179美分/蒲式耳,向中国人签约发盘报价有两种方式:一种是基差(点价)交易报价,在11月份合约SX上+179美分/蒲式耳;另一种是"一口价"到岸价CNF(成本加运费)260.85美元/吨。对于中国交易者而言,一口价不是一个好的报价方式,因为当期货价格下跌时,一口价的报价方式会出现巨额亏损,所以中国交易者决定用基差点价的方式进行买入。点价贸易的合同规定,到港价CNF=(期货价格+基差)×0.37(单位转换系数)。其实,CNF 260.85美元/吨也是按照+179美分/蒲式耳的基差,加上当时的期货价格526美分/蒲式耳,乘以转换系数算出来的:(179+526)×0.37=260.85元/吨。现货基差(点价)交易合同的条款中,标的、交割、港口、点价的时间、杂质的规定等条款全部是固定的,唯一变化的就是到岸价——CNF价格。它是按照点价合同的规定,在期货价格的基础上,加上基差,乘以0.35或者0.37得出来的。中国人接受了条款,合同就生效了。

接下来是点价环节,中国交易者开始盯盘,供应商在确定装货的船名之后会通知中国买家船名和载重量,提醒中国买家办理保险。按照点价合同规定:提单后5~10天必须结价。装载完毕后确定了最终提单数量,中国交易者根据实际装载数量对应的期货合约数量开始买进期货点价。如果认为价格无法再持续下跌,510美分/蒲式耳这个价格买进后风险有限,当时多是电话报单,就借助电话通知美国嘉吉:在510美分/蒲式耳结价。美国嘉吉接到指令后在期货市场买进5万吨约合400手合约,合同价确定到港价为(179＋510)×0.37＝254.93元/吨。补充说明一下：中国交易者打电话通知美国嘉吉买进期货的时候,不是在CBOT的期货市场去买货,而是去对冲平仓美国嘉吉卖出保值中的空单,结束其套期保值的过程。实物的所有权转移到中国人手里了,美国嘉吉供应商就结束了套期保值。结束的这个时点、时机和价格是中国买家确定的。

通过以上例子我们可以看出,美国嘉吉供应商通过基差点价交易,成功利用大豆期货市场对主营产品大豆进行了套期保值,最大化了企业的经营利润。

案例7-7

中国大豆进口需求旺盛,植物油消费每年大幅递增。我国是世界上大豆主要消费国,大豆消费量稳步上升,2017年我国大豆消费量超过1.1亿吨,居世界首位。2017年国内大豆消费中用作压榨的大豆占比达83%,食用消耗占比为14%,饲用消耗占比仅为2%。2008—2017年,尽管大豆价格大幅波动,但是大豆消费量持续上升,这表明大豆需求存在刚性特征。另外,消费量增速存在一定的安全边际,在安全边际内,价格影响程度低,消费量稳定增长,但是当价格大幅上涨突破安全边际,消费量增速明显下滑,当大豆价格大幅下跌,进入安全边际的时候,需求量增速明显恢复。例如,2012—2013年是大豆价格的高峰区间,消费量增速明显下滑,2014年起大豆价格开始回落,消费量增速恢复。以上数据表明我国大豆需求正在逐年增加,且尚有大部分需求缺口需要进口大豆弥补。

我国大豆主要的进口国是美国、巴西、阿根廷。美国中西部生产的大豆经密西西比河驳船运抵美湾的新奥尔良装船,走巴拿马运河、穿过太平洋运到中国。第二条大豆进口路线是从阿根廷和巴西南部,从大西洋到印度洋,走巴林海峡到中国港口。巴西北部的桑托斯、帕拉纳瓜等港口,也可以走巴拿马运河经太平洋过来。所以,三个国家的大豆进口成本是不一样的。尤其是阿根廷的布宜诺斯艾利斯河,河水较浅,码头水深不够,阿根廷的豆子必须两港装货,要么在库里蒂巴,要么在布宜诺斯艾利斯,一只船只能装3万吨左右,然后再到巴西最南端的里奥格兰德等港口二次装货,因为巴拿马级货船可装5.5万吨左右。美湾的运费价格和巴西、阿根廷的运费价格至少差3美元/吨。到中国最便宜的美洲大豆是含油量较低的PNW(Pacific and West,美西)豆子,从西部产地由铁路运到西海岸装船横渡太平洋。货船从巴西、美国到中国需40多天,PNW豆子需时较短,为25天左右。由于巴西大豆生产出来的豆粕在颜色上较国产大豆更红,因此在中国的销量起初并不好。但后来随着国内需求量不断扩大,豆粕价格也在上升,因此市场对红豆粕的接受程度也在上升。同时由于豆粕目前在国内主要用于动物饲料,因此对于颜色和光泽等品相因素的考虑也就没那么重要了。

从美湾过来的美国大豆的含油率、蛋白质含量很高,是最好的豆子,巴西北部桑托斯、帕拉纳瓜港口以北的豆子含油率也很高,阿根廷的豆子的蛋白质含量、油脂含量都差一些。排除南北半球季节性供应的周期差异,单纯从性价比来说,中国人现在更愿意买巴西的豆子,虽然美国的豆子品质是首选,但是价格贵,巴西的豆子相对便宜,运费也便宜一点。

上述案例表明,在大豆期货市场中,市场偏好是决定大豆基差点价交易以及套期保值效果的重要因素之一。特别是对于大豆这种农作物期货品种,市场偏好很大程度上影响了地理位置，而地理位置决定了标的物生长的季节、温度、降水等多方面因素。作为从事相关农产品生产与贸易的厂商来说，了解相关因素是参与该商品基差点价交易与套期保值的前提。

资料来源：《套期保值理论与实践》。

三、基于基差的动态套期保值模型

基差是指现货价格与期货价格的差值，不仅可以反映期货价格发现效率，同时在整个期货合约有效期间，基差波动产生的不确定性也是影响套期保值的关键因素。只有在套期保值之初与结束时基差没有发生改变，才算是实现完全的套期保值。否则，套期保值存在基差风险。因此，有学者在期、现货协整理论的基础上，提出将滞后基差分解成正、负两项：$B_{t-1} = B_{t-1}^+ + B_{t-1}^-$，$B_{t-1}^+ = \max(B_{t-1}, 0)$，$B_{t-1}^- = \min(B_{t-1}, 0)$，将正负基差项作为误差修正机制引入，体现基差对期、现货收益条件均值的非对称影响。期货和现货的条件均值方程可以设定为：

$$\Delta \ln S_t = C_s + \sum_{i=1}^{p} \alpha_{si} \Delta \ln S_{t-i} + \sum_{j=1}^{q} \beta_{si} \Delta \ln F_{t-i} + \gamma_{sk} B_{t-1}^+ + \gamma_{sj} B_{t-1}^- + \varepsilon_{st} \quad (7-3)$$

$$\Delta \ln F_t = C_s + \sum_{i=1}^{p} \alpha_{fi} \Delta \ln S_{t-i} + \sum_{j=1}^{q} \beta_{fi} \Delta \ln F_{t-i} + \gamma_{fk} B_{t-1}^+ + \gamma_{fj} B_{t-1}^- + \varepsilon_{ft} \quad (7-4)$$

其中，S_t 和 F_t 分别表示时刻 t 时现货和期货的价格；$\Delta \ln S_t$ 和 $\Delta \ln F_t$ 则分别表示现货价格和期货价格的收益率，$B_{t-1} = \ln(S_{t-1}) - \ln(F_{t-1})$。调整系数 γ_{sk}、γ_{sj}、γ_{fk} 和 γ_{fj} 用来衡量正负基差对偏离长期均衡的调整力度。

为体现式（7-3）中残差项的条件方差—协方差矩阵的时变性，令 $\boldsymbol{\xi}_t = (\varepsilon_{st}, \varepsilon_{ft})^T$ 为残差向量，满足 $\boldsymbol{\xi}_t | \Omega_{t-1} \sim N(0, \boldsymbol{H}_t)$，并且

$$\boldsymbol{H}_t = \begin{bmatrix} \sigma_{ss,t} & \sigma_{sf,t} \\ \sigma_{sf,t} & \sigma_{ff,t} \end{bmatrix} \quad (7-5)$$

其中，Ω_{t-1} 表示 $t-1$ 时刻的信息集；$\boldsymbol{H}_t$ 表示条件方差—协方差矩阵；$\sigma_{ss,t}$ 和 $\sigma_{ff,t}$ 分别表示现货市场和期货市场的条件方差。值得注意的是，考虑基差对条件方差—协方差矩阵的非对称影响时，为保证条件方差—协方差矩阵的正定性，需分别将正基差 B_{t-1}^+ 和负基差的绝对值 $|B_{t-1}^-|$ 引入条件方差—相关系数方程中：

$$\sigma_{ss,t} = w_s + \theta_s \varepsilon_{s,t-1}^2 + \delta_s h_{s,t-1} + \xi_{sp} B_{t-1}^+ + \phi_{sn} |B_{t-1}^-| \quad (7-6)$$

$$\sigma_{ff,t} = w_f + \theta_f \varepsilon_{f,t-1}^2 + \delta_f h_{f,t-1} + \xi_{fp} B_{t-1}^+ + \phi_{fn} |B_{t-1}^-| \quad (7-7)$$

$$\rho_{sf,t} = (1 - \kappa_1 - \kappa_2) \bar{\rho}_{sf} + \kappa_1 \rho_{sf,t-1} + \kappa_2 (\eta_{s,t-1} \eta_{f,t-1}) + \mu_p B_{t-1}^+ + \mu_n |\bar{B}_{t-1}| \quad (7-8)$$

其中，$\rho_{sf,t}$ 表示 t 时刻期现货市场相关系数；$\bar{\rho}_{sf}$ 是期现货市场无条件相关系数；$\eta_{s,t-1}$ 和 $\eta_{f,t-1}$ 是标准化后的残差。式（7-3）～式（7-8）称为基础非对称效应（basis-asymmetric-effect）DCC-BGARCH（动态条件相关的 BGARCH）模型。

使用两阶段估计法，可以计算出时刻 t 的残差、条件方差和条件协方差。则 t 时刻的最优套期保值比率为

$$h^* = \frac{\text{cov}(\Delta \ln S_t, \Delta \ln F_t \mid \Omega_{t-1})}{\text{Var}(\Delta \ln F_{t-1} \mid \Omega_{t-1})} = \rho_{sf,t} \frac{\sqrt{\sigma_{ss,t}}}{\sqrt{\sigma_{ff,t}}} \qquad (7\text{-}9)$$

基于基差角度的动态套期保值能够密切跟踪基差的动态变化,充分考虑基差对期、现货相关性非对称影响,测算基差风险。当基差出现重大不利变化时,其能够及时调整套期保值头寸,有利于控制基差风险。

第三节 基差风险管理

一、基差风险的产生

基差是某种资产在某一特定时间地点的现货价格与其期货合约价格的差额,现实中,现货价格和期货价格的波动幅度往往并不完全一致,这就会产生基差风险,基差风险的存在会使套期保值的效果与期望值产生偏离。基差值的范围可以很大,影响其变化的原因也很多,主要有持有成本、市场供求关系以及季节性因素等。

二、基差点价交易和贸易商的点价交易

(一)基差点价交易

基差点价交易是指以某月份的期货价格为计价基础,以期货价格加上或减去双方协商同意的基差来确定双方买卖现货商品的价格的交易方式。这样,不管现货市场上的实际价格是多少,只要套期保值者与现货交易的对方协商得到的基差,正好等于开始做套期保值时的基差,就能实现完全套期保值,取得完全的保值效果。如果套期保值者能争取到一个更有利的基差,套期保值交易就能盈利。其实质,是套期保值者通过基差交易,将套期保值者面临的基差风险通过协议基差的方式转移给现货交易的对手,套期保值者通过基差交易可以达到完全的或盈利的保值目的。

基差点价交易,一般根据点价权(确定最终期货价格为计价基础的权利)的归属分为买方叫价交易和卖方叫价交易两种模式。在通常情况下,买方叫价交易更为主流一些。这种情况一般是由卖方的贸易商先在期货市场为自己的商品做套期保值,然后在现货市场上寻找买家。在买卖双方协商确定现货购置基差之后,由买方在事先约定好的时间内确定作为现货计价基准的期货价格,因此,这个过程叫作买方叫价交易。如果现货买方为了防止日后价格上涨而事先做了买入期货的套期保值工作,确定了买进期货时的基差后,积极在现货市场寻找货源,再由交易双方协定基差幅度,并由卖方进行点价则属于卖方叫价交易。无论是卖方叫价交易还是买方叫价交易,做了套期保值的基差卖方几乎都可以实现盈利性套期保值。

(二)贸易商的点价交易

贸易商选择基差交易时需要明确自己的角色是基差的买方还是卖方,结合对行情的判断,确定何时买基差和卖基差。

如果在贸易中处于采购商位置,一旦签订基差合同支付了签约保证金,就确定了自己处于基差买方的部位。基差的买方最担心的是期货价格上涨,此时,相当于接过了供应商保值的空单,期货价格下跌,则利润归己,用于降低最终现货价格;期货上涨,则要追加保证金弥补期货头寸的亏损和现货成本的提高。所以,基差的买方担心期货价格上涨,应该做买期保值,在期货账户上要做多单。基差的买方在没有签约买进基差之前担心基差上涨。因为基差交易的基差只是一个标的,今天报价 239 美元/吨,明天报价 260 美元/吨,买进成本自然增加了。基差上涨后,在不考虑期货因素或者期货行情波动不大的前提下,期货价格+基差合成的现货成本也提高。

因此,如果买进基差处于基差交易的多头部位,则担心期货价格上涨,应该逢期货回调低位时买进期货保值;没有买进基差之前处于基差交易的空头部位,则会担心期货价格和基差报价一起涨,应该逢期货反弹高位时买进基差,逢期货回调低位时买进期货保值。基差交易的买卖角色和多空部位确定之前,套期保值的思路是不一样的。没有买基差之前希望基差更便宜,买进基差后希望基差更贵而期货价格更低。通常情况下,如果现货成交价格变化不大,期货价格和基差是一个跷跷板的关系:期货涨了,基差报价会下降;期货下跌,基差报价会上升。

相反地,如果在贸易中处于供应商位置,有现货在手的时候,没有完成卖期保值、没有形成基差之前,处于基差多头部位,最担心期货价格下跌、现货贬值,所以必须卖期保值;卖期保值完成后算出了贸易基差而未达到签约卖出基差,此时处于基差空头(short basis)部位,最担心期货价格上涨而现货基差报价走低,现货基差卖不出好价钱而期货的保值空头忍受被套浮亏和追加保证金风险。与下游买家签约卖出了基差后,供应商处于相对安定状态,仅需面对相对较小的基差变动风险及其对套期保值效果的有限影响。最后,下游买家点价时买进期货、平仓供应商的卖期保值空头,结束现货贸易定价过程。所以,基差多头和基差空头的角色转换不同,思考角度也不同。

案例 7-8

某食糖终端消费企业和中粮糖业签订了一份白糖规模为 1 万吨的买方点价交易合同,以郑糖 SR01 合约价格为计价基础,加上 100 元/吨的升水,点价期限为年底之前。与此同时,中粮糖业和上游某糖厂签订了同样规模和点价期限的卖方点价合同,但加上 50 元/吨的升水。

在点价期内,当白糖处于下跌趋势时,下游终端消费企业在 SR01 合约上点价买进 1 万吨白糖,均价为 6 200 元/吨左右。此时,中粮糖业在期货市场买入 SR01 合约累计 1 000 手,均价 6 200 元/吨左右。上游糖厂在糖价下跌时,没有点价卖出。当糖价反弹时,糖厂点价卖出 SR01 合约 1 000 手,均价 6 400 元/吨左右。此时,中粮糖业在期货市场卖出 SR01 合约累计 1 000 手进行平仓,均价 6 400 元/吨左右。

对于上游糖厂来说,其白糖售价为 6 450 元/吨(点价均价+基差);对于下游终端消费企业来说,其白糖购买成本为 6 300 元/吨(点价均价+基差)。对于中粮糖业来说,现货方面以 6 450 元/吨向糖厂进货,再以 6 300 元/吨价格销售给下游终端消费企业,现货亏损 150 元/吨;期货方面,以终端消费企业点价均价 6 200 元/吨建立多头头寸,以糖厂点价均价 6 400 元/吨建立空头头寸,期货盈利 200 元/吨,总盈利 50 元/吨,盈利水平即是向糖厂和终端消费企业提供的基差的差别。

(三)"ABCD"四大粮商的基差套保经验

基差处在于己有利的区间时,应及时套期保值锁定利润。在具体的操作层面,推荐中国的企业向阿彻丹尼尔斯米德兰(ADM)、邦吉(Bunge)、嘉吉(Cargill)和路易达孚(Louis Dreyfus)四大粮商学习,只要能满足连续生产,有利润时就套期保值锁定基差;基差处在于己不利的区间时,也要及时套期保值锁定亏损。只要企业能存活下去,套期保值制度能坚持下去,就可以从长期的可持续经营中获取平均利润。

以中国的油脂企业为例。如果期现货基差呈现反向市场特征,内外盘市场趋势不同步,按期货结价的进口大豆成本与国内的现货价格形成倒挂,则需要等待基差偏低时买进基差并等待期货回落后再去买期保值;如果基差呈现正向市场特征,内外盘市场趋势同步,等到基差收窄、价值偏离,再去买进基差并买期保值;期货行情和基差变动没有大起大落,不存在单边的牛市和熊市的时候,基差始终处于不理想的价值区间,此时如果进口成本仍然高于国内现货价格,呈现倒挂现象,油粕加工亏损,则可以选择停工检修。企业都有安排停工检修的时候,"ABCD"四大粮商也曾停工检修两个月。所以,基差水平不理想时,可以选择观望。企业的经营者要有随时随地的保值意识,但并不是每时每刻都要进行保值操作,可以动态保值,可以不保值而保留敞口头寸,也可以不做贸易等待下一个机会,机会需要经过等待后才能发现。基差无利可图、价格没有偏离的风险时,可以不参与套期保值,直接"一口价"购买现货。政策管制、流动性不足或其他因素导致价格波动很小时,系统风险不大,基差变动风险也不大,就没有必要买进基差,"一口价"买货即可,但是,买的时候要注意数量,买多少用多少,用多少买多少。在基差无利可图甚至期现货倒挂的时候,还可以利用市场的反向偏离做一些套利。例如,正常情况下,原料豆子的价格低,产品豆粕、豆油的价格高。如果市场倒挂,豆粕和豆油价格很低,豆子价格很高,那就可以卖出大豆期货,买进豆粕、豆油的期货,这个反常价格迟早会回归,甚至逆转回来,所以,基差不利时,并非无计可施、干等机会,还是可以利用市场反常进行套利赚钱。

在"ABCD"企业中,有专门的投资部门和交易人员捕捉套利机会,因为套利的风险总体来说是相对有限的,相关产品一般来说同涨同跌,不会偏离很大。如果偏离很大,套利交易者卖高买低操作,通常也会将价格拉回到正常水平。价格回归正常区间,双向头寸平仓,一边赚钱大于另一边赔钱,总体可以赚钱。

现实中的具体操作流程如下:首先签约现货基差合同,议定船期和对应期货合约所加的基差数值,然后,缴纳点价保证金,供应商方可以允许买家电话下单,点价买进期货合约,或者从买家期货账户接受转单[EFP(期转现)]过来的期货多头头寸,以平仓卖期保值的空头头寸为依据,并根据成交的期货价格确定最终的现货到岸价格。买家可以自由选择打电话报单点价,也可以自己在期货市场上先买好期货头寸,等结价期限之前转单到供应商卖期保值的期货账户。如果买卖双方长期合作,也有采取延期结价方式的,通过议定期货价格的暂定价,加上基差再乘以某固定常数,暂定一个到岸价格进行海关报关和银行兑付。买家认为时机合适时进场交易的价格为最终期货价格,实际成交的期货价格与先期暂定的期货价格的差价,可以通过后续贸易中的期货价格或基差价格进行多退少补的调整。此操作方式曾经运用较为广泛。目前,延期点价的操作已趋少见。

买家点价的过程,即买家买进期货进行买期保值操作的过程,是为了锁定未来到港的成本。买期保值也要顺应趋势,等到价格筑底或者底部已经出现的时候,才是最佳时间窗口。当基差提示的保值窗口出现的时候,买期保值者希望未来结束保值的时候基差变化小于或等于零,具体的提示性指标为基差幅度的宽窄程度。如果当前基差幅度已经达到历史统计的最窄区域,将来极有可能变宽,那就是进入买期保值的最佳时间窗口。

例如,某年3月24日,大豆现货及其期货的价格技术形态,以及中国订货量和天气状况等基本面情况发生了利多变化,尤其是大洋运费和到岸基差都达到了近几年的最低值,未来只有可能向上回归,专家建议某大豆油厂及时买进期货进行买期保值。当时,此油厂只有一船大豆没有结价,但是,中国同期有几十条船没结价,一旦大家同时进场买进,期货价格一定会涨。由于前几年南美不断扩种,大豆价格一路下跌,所以,油厂习惯了等待,于是,并未积极买进期货。后来,期货价格从800美分/蒲式耳一直涨到了1 015美分/蒲式耳,此大豆油厂追加保证金压力较大,只好被迫仓促买进结价。最终,期货价格涨到1 064美分/蒲式耳后见顶回落,一直跌到500美分/蒲式耳。所以,各位读者学习了基差之后,要有一定的专业意识和眼光,要留意基差的数值、曲线和图形,关注期货价格的底部形态和套期保值的最佳时间窗口,判断未来基差变化的正负方向和基差幅度变宽或变窄的可能性,为企业提供及时的、有价值的套期保值报告和方案。

案例分析7-1　超级粮商"路易达孚"的期货真经

案例分析7-2　油厂基差交易过程案例分析

(四) 点价的基差及结束流程

关于点价交易的其他因素,就相对灵活很多。在基差的选定上,市面上的基差报价并不是唯一的,也不是固定的,每个供应商的报价都可能不同,需要具体情况具体分析。在基差对应的期货合约月份选择上,选1月份期货合约还是3月份期货合约,取决于现货的船期,也取决于需要现货的时间。如果船期是1月份上旬的,可以选择1月份的期货合约来做参照系;如果船期是1月下旬到2月中旬的,就不宜用1月份期货合约,可以选择3月份或者5月份的期货合约做参照系。这是基差谈判中需要一对一沟通的内容,是一个双方询价和议价的过程。在现实的操作中,中国的油厂要从ABCD等供应商的基差报价中尽量选择便宜的,同时,还要考虑对应的船期是否适合同一个期货合约。要根据计算来判断不同的月份、不同的船期和不同的基差对应的到港时机和到港价值是否最有利。

点价交易最终要进行结束流程。国外现货贸易的买卖方之间,结束基差点价交易时多半采用交易所的EFP程序对冲套期保值头寸,在大连商品交易所也有类似的期货转现货——期转现制度。但是,国内期货市场现货月份或近月期货合约的流动性和持仓量不足,影响了基差交易的开展。中国的油厂在进口大豆时,如果在自己的期货账户已经买期保值了若干手期货合约多头,供应商的期货账户早有若干手的卖期保值的空头。确定现货到岸价格时的期货价格就是平掉供应商卖期保值的空头头寸时的价格,可以通过打电话指定价格通知供应商平仓,最终的现货按照这个买方认可的期货价格加上议定的基差形成到岸价;也可以通过交易所的 EFP 制度把买方期货账户的若干手多头按照一个双方接受的指定价格——不一定是当时的市场价格,转到供应商的期货账户去对冲卖期保值的空头头寸,这就是 EFP 操作。期转现交易是期货交易所允许场外交易的两种形式之一,另一种是交易记录的转结算(Give-Up),即非结算会员的交易头寸在交易所允许下转到结算会员席位进行结算的头寸转移过程。我们说过了期货交易所是公开、公平、公正的,除了这两种形式的交易之外,所有期货交易必须在交易所内达成。按照芝加哥商品交易所的交易规则,EFP 是两个清算会员之间的、买方和卖方之间的、有关现货的多空头寸的转移和对冲过程。Give-Up 是指交易结果、交易头寸从非结算会员到结算会员的转移和清算过程。

案例 7-9

如图 7-2 所示,作为供应商的 ABCD,在 t_1 时间段从农民手上按照 C_1 的现货价格买了大豆之后,最担心的是价格下跌,于是,在期货 F_1 这个价位做了卖期保值。如果 C_1 和 F_1 的价格变动是平行变化的,即卖给中国油脂企业的现货价格 C_2 和基差交易的点价与平仓价格 F_2 的两条连线是平行变化的,就能实现保值时想要锁定的预期利润。

作为卖方的供应商,进行了卖期保值(对于买方可以反向类推),我们分析一下供应商是怎么挣钱的:

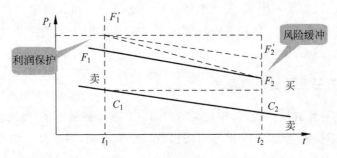

图 7-2 供应商套期保值模式

一般情况下,买方和卖方都是公平的,如果没有进行保值操作,两方签订一份合同,我们的供应商 ABCD 和中国油厂,风险概率都是对半开,各占 50%。如果 ABCD 想要把 50% 的风险也降低,进行套期保值,基差平行变化则可以赚取预期利润,基差变宽还能保值获利。因此,对于供应商来说,风险只有一种情况:基差变宽的时候,AB 小于零。基差变宽,卖期保值的期货空头不但没有跌下来,获利反而涨了,或者跌的速度没有现货下跌速度快,这样的保值效果不理想。卖期保值者的基差变窄有利,基差变宽赔钱。卖方总是希望基差变动 AB 大于等于零、基差平行或变窄。

对于供应商来说,如果不做套期保值,它跟中国买家的风险是对半开,风险和利润各占 50%。做了套期保值以后,风险变成了 1/3,即 33%。因为基差变化只有三种情形:平行、变宽、变窄。基差平行是 1/3 的情形,可以实现想赚的预期利润;基差变窄还能额外获取保值操作的利益;唯一的风险是基差变宽。但是,供应商连基差变宽这个 33% 的风险概率都不想承担,要求进场保值的时候,基差只能变窄,只能趋正,怎样操作才能确保基差开口只可能变窄呢?

第一,选择基差已经偏离很大的时候进场保值,这要基于基差分析。第二,可以通过谈判把建仓时的基差开口拉宽一些,随后基差不就只可能变窄了吗?怎么编故事把开口拉宽?本来期货在某价格卖出成交的,建仓基差只锁定了一个很窄的期间,要想把建仓基差扩大,相当于把期货价格提升到 F_1',让中国买家多出一点基差,多加点利润。通常,中国买家一看到国内豆粕价格涨起来了,油脂的价格也涨起来了,上个月还在犹豫、错过了订货的油脂企业就会赶紧寻购基差、加紧进口大豆。供应商也看到了中国的下游市场,知道中国买家着急采购,就会说:"对不起,我们的船都是很早就排好计划的,现在巴西的港口挤满了,如果要加塞的话,得多交挤港保护费。"ABCD 跨国供应商一般都有自己的船队,有常年的程租船和期租船,利用中国买家着急进货的心理和需求,就可以多要 15~20 美分/蒲式耳的挤港保护费。通过类似的故事,可以从基差的谈判上人为加宽建仓基差的开口,所以,随后的基差变化只可能变窄,供应商只可能赚钱。供应商拿到了挤港保护费,加宽了建仓基差,也不是安然无忧的。接下来如果期货价格也是平行变化的,到最后期货保值头寸平仓时,如果期货价格没跌,因为炒通胀、炒天气反而涨上去了,只要不涨过 F_2 且 $F_1'F_2'$ 还能保持跟 C_1C_2 平行,仍无法获取加收的 15 美分/蒲式耳,但最终还是锁定了保值时的预期利润。对供应商来说,这个时候期货的风险盈亏点,从原来的 F_2 已经提高到 F_2'。要防止期货价格超过 F_2',有什么好办法?就是买一个看涨期权。

在价格没涨上去的时候,买一个敲定价格比现实期货价格高的虚值期权,期权的价格会很便宜。假如,在期货价格 560 美分/蒲式耳时买进敲定价格为 600 美分/蒲式耳的看涨期权,往往很便宜。此时,可以用从中国买家那里谈判多收的 20 美分/蒲式耳,买进敲定价格为 F_2' 的看涨期权,相当于给卖期保值的空头又加了一道风险缓冲带。如果期货价格涨上去,超过 F_2' 很多,行使这个看涨期权,拿到价格为 F_2' 的期货多单,平掉卖期保值的空单,就能回避保值头寸被套的风险和买家不追加保证金的违约风险;如果期货价格跌下去,可以放弃看涨期权,保持套期保值持仓,赚取预期利润。

资料来源:《套期保值理论与实践》。

三、基差风险管理案例分析

以铁矿石期货作为定价基准的基差点价模式为例,将大连商品交易所铁矿石期货作为定价基准,通过基差点价的方式确定铁矿石采购销售价格有非常重要的市场价值。由于铁矿石期货天然的贴水结构,铁矿石远期基差点价为钢厂提供了降低采购成本的机会,其间钢厂选择有利时机分批点价,采购定价较以往更加自主灵活。铁矿石远期基差点价的保证金交易制度也降低了钢厂采购业务的资金占用,为钢厂降低了资金成本。此外,由于采购过程中均采用人民币结算,采购企业不需要承担汇率波动的风险。

在了解了基差点价的采购方式后,西王特钢的采购人员认可了该种方式的优越性。

西王特钢计划于2018年初采购一批铁矿石,并且认为铁矿石价格有继续冲高的可能。因此,其希望通过中期下跌行情,采用基差点价的方式以较低的价格锁定远期货物。永安资本作为一个期现贸易服务企业,希望通过与终端企业合作扩大自身的现货销售渠道,加深基差交易对黑色产业链的影响;通过合理的基差报价,在确保有效降低钢厂采购价格的同时,获取基差回归的部分收益。

(一)项目运行模式

永安资本与西王特钢完成的铁矿石基差交易试点项目,采用买方点价模式,以买入低估的期货盘面、卖出高估的现货为主要逻辑。在确认基差、签订合同后,买方点价时卖方在期货市场做多,交货时平仓,完成点价业务。

基差点价的流程主要分为四个步骤。

步骤一:永安资本将每日的基差报价提供给西王特钢,经过双方协商确定最终基差。双方签订合同,在合同中除注明双方协商后确认的基差外,还明确交货品种、交货地点、交货时间、交货数量、点价期、追保方案以及争议处理办法等细节,保证在后续合作中双方严格按照合同条款执行。

步骤二:根据合同,西王特钢向永安资本预付全部货物金额20%的保证金(单价按点价成功当日相应品种的现货价格)。永安资本收到保证金后,组建点价群,在交易时间接受西王特钢在群内点价并留痕。

步骤三:若点价一个交易日内未成功,西王特钢需要重新下达点价指令,永安资本根据新指令重新挂单。点价成功后,永安资本给西王特钢出具点价确认函,西王特钢盖章确认。点价完成后,永安资本关注行情波动,若现货价格较点价所确定的交货价格下跌幅度超过10%,永安资本启动追保流程,西王特钢在规定时间内补足行情相应跌幅的货款。

步骤四:到了约定的交货期,西王特钢支付给永安资本全额货款,永安资本将符合合同要求的相应货物货权转移给西王特钢。西王特钢完成提货后,双方做最终结算,永安资本给西王特钢开具全额增值税发票,并参照最终货物结算情况对货款多退少补(资料来源:《期货市场服务实体经济的创新与探索:大连商品交易所创新服务实体经济试点案例汇编》)。

(二)基差设计思路

在确定基差的环节,由于铁矿石实物交割制度的设计,在临近交割月现货价格与期货价格会逐渐回归。基差价格的确定主要是根据历史基差走势,结合目前期现的情况,并基于对未来期现回归的预判来进行。

如表7-7所示,2015年以来,基差在期货合约进入交割月前不能有效回归,最近一个交割合约盘面贴水40元/吨左右。按照9月的经验,同时与西王特钢协商,双方达成按盘面加10元/吨作为湿吨交货价格进行点价操作。

表 7-7 交割月 PB 粉基差回归情况统计 元/吨

	日　　期	建仓合约	合约结算价	当日 PB 粉湿吨价	PB 折盘价格	基差回归情况
回归情况	2015 年 12 月 30 日	I1601	359.5	319	360	0.5
	2016 年 4 月 29 日	I1605	542	463	539	−3
	2016 年 8 月 31 日	I1609	482	425	488	6
	2016 年 12 月 30 日	I1701	688	637	678	−10
	2017 年 4 月 28 日	I1705	524.5	519	559	24.5
	2017 年 8 月 31 日	I1709	601	578	640.5	39.5

资料来源：万德数据库。

（三）项目操作过程

永安资本与西王特钢于 2017 年 10 月 26 日签署 5 万吨基差交易合同，合同约定永安资本按照大连商品交易所铁矿石期货盘面 I1801 合约价格加 10 元/吨，作为 PB 粉青岛港湿吨交货价格，交货数量为 5 万吨。

如表 7-8 所示，在项目过程中，西王特钢在 2017 年 11 月 9 日先尝试点价 1 万吨，点价价格为 473.5 元/吨。后续随着价格上涨，钢厂于 12 月 12 日和 12 月 13 日分别在 500 元/吨、496.5 元/吨的价位各点价 1 万吨。此后，因预期后期行情可能会出现变化，西王特钢于 12 月 25 日和 12 月 26 日分别完成 1 万吨点价，点价价格分别为 495 元/吨和 501.5 元/吨。永安资本平均建仓成本为 493.3 元/吨，交货价格为 503.3 元/湿吨。在此过程中，由于西王特钢生产计划的改变，钢厂希望把实际交付的货物由 PB 粉改为巴西混合粉（BRBF）。当时两种货物价格基本一致，经双方协商，永安资本接受了西王特钢更换交货品种的要求。在交货截止日期的前一周，永安资本分别在 500 元/吨、492.5 元/吨、493.7 元/吨和 485.6 元/吨 4 个价位逐步平仓，并于 2018 年 1 月初将 5 万吨相应通关货物交付西王特钢。西王特钢支付给永安资本全额货款，永安资本将符合合同要求的相应货物货权转移给西王特钢。西王特钢完成提货后，双方做最终结算，永安资本给西王特钢开具全额增值税发票并参照最终货物货值，货款多退少补。至此，基差点价业务流程全部完成。

表 7-8 钢厂基差点价流程汇总

序号	现货量/万吨	建仓日期	建仓价格/（元/吨）	点价日期	点价价格/（元/吨）	平仓日期	平仓价格/（元/吨）	实际点价时间	实际点价时间和实际现货量的乘积
1	1	2017 年 11 月 9 日	473.5	2017 年 11 月 9 日	473.5	2017 年 12 月 25 日	500	2017 年 11 月 9 日	0.47
2	1	2017 年 12 月 12 日	500	2017 年 12 月 12 日	500	2017 年 12 月 26 日	492.5	2017 年 12 月 12 日	1.53
3	1	2017 年 12 月 13 日	496.5	2017 年 12 月 13 日	496.5	2017 年 12 月 27 日	493.7	2017 年 12 月 13 日	1.56

序号	现货量/万吨	建仓日期	建仓价格/(元/吨)	点价日期	点价价格/(元/吨)	平仓日期	平仓价格/(元/吨)	实际点价时间	实际点价时间和实际现货量的乘积
4	1	2017年12月25日	495	2017年12月25日	495	2017年12月27日	493.7	2017年12月25日	1.96
5	1	2017年12月26日	501.5	2017年12月26日	501.5	2017年12月28日	485.6	2017年12月26日	1.96

(四)项目效果

从表7-9可以看出,西王特钢的5万吨货物的最终采购价格为503.5元/吨,而交货当天的港口现货价格为550.8元/吨。相比钢厂当天采购港口现货,钢厂的采购成本降低了47.3元/吨,具有非常好的降低采购成本的效果。此外,在钢厂对铁矿价格走势判断准确的情况下,如果钢厂在11月9日全部点价,那么钢厂的采购成本将有更大幅度的降低,这充分体现了基差点价模式的灵活性和可操作性。

表7-9 钢厂基差点价结算 元/吨

	建仓日期	建仓价格	基差交易获得现货价格	当日现货价格	交货日现货价格	钢厂对比点价当天盈利	钢厂对比交货日盈利
交易情况	2017年11月9日	473.5	483.5	473	538	−10.5	54.5
	2017年12月12日	500	510	502	554	−8	44
	2017年12月13日	496.5	506.5	507	554	−0.5	47.5
	2017年12月25日	495	505	532	554	27	49
	2017年12月26日	501.5	511.5	525	554	13.5	42.5
平均		493.5	503.5	507.8	550.8	4.3	47.3

在本次点价业务中,永安资本期货平仓均价为493元/吨,开仓均价为493.5元/吨,平仓亏损0.5元/吨。由于永安资本需要以港口采购现货交付西王特钢,永安资本从港口以510元/吨的价格采购了现货,以503.5元/吨的价格出售给西王特钢,现货亏损6.5元/吨,所以在此次基差业务中,永安资本总体亏损了7元/吨。从中可以看出,期货盘面价格没有向市场主流的PB粉回归,导致了永安资本承担基差未能回归的风险,最终导致基差卖方的亏损。表7-10统计了自2015年底以来基差的回归,从中可以发现从2017年初以来,期货盘面呈现出不能有效地向主流PB粉的价格回归的现象,并且基差回归的效果越来越差,这也是导致基差卖方亏损的主要原因。

表7-10 铁矿石基差回归情况统计 元/吨

	日期	建仓合约	合约收盘价	当日PB粉湿吨价	PB折盘面价	基差回归情况
回归情况	2015年12月31日	I1601	359.5	319	360	0.5
	2016年4月29日	I1605	542	463	539	−3

续表

	日期	建仓合约	合约收盘价	当日 PB 粉湿吨价	PB 折盘面价	基差回归情况
回归情况	2016 年 8 月 31 日	I1609	482	425	488	6
	2016 年 12 月 30 日	I1701	688	637	678	−10
	2017 年 4 月 28 日	I1705	524.5	519	559	24.5
	2017 年 8 月 31 日	I1709	601	578	640.5	39.5
	2017 年 12 月 29 日	I1801	480	523	578	98

（五）案例总结

本次试点项目本着期货服务实体的理念，以大连商品交易所铁矿石期货价格作为定价基准，通过基差点价的方式确定铁矿石远期采购价格，为实体企业提供了新的现货定价模式。

由于铁矿石期货天然的贴水结构，基差点价为钢厂提供了降低采购成本的机会，有效发挥了期货市场价格发现的功能；而在此过程中，钢厂只需要支付 20% 的保证金就可锁定一批远期现货，提高了企业采购资金的利用效率。同时，交货前实体企业可以与期货公司协商调整交货品种，方便钢厂更加合理地安排生产计划，很好地体现了基差点价的灵活性。虽然项目试点过程中也遇到了部分困难，如基差回归偏离等问题，但是相信随着交割标准的提高、试点项目的不断摸索推进，基差点价模式将越来越成熟，逐渐为市场所认可。

【本章知识点回顾】

本章主要介绍了基差的基本原理，包括：基差的概念与结构，基差的变化规律。根据具体实例分析了基差变化对套期保值效果的影响。介绍了基差风险管理的一般含义，并通过具体案例阐述了实务中关于基差风险管理的处理方法。

在期货市场中，商品基差的概念是非常重要的，因为基差不仅是衡量期货价格和现货价格关系的基础性指标，而且对期货市场的价格发现、套期保值、套利以及交割都具有重要的用途。期现套利是通过观察期货市场和现货市场价格的基差，利用期货与现货价格的背离，在同一资产的期货市场与现货市场间建立数量相等、方向相反的交易部位，并以交割方式结束交易的一种操作方式。通过期现套利，可以使期货价格和现货价格具有较为稳定的联系。同时需要指出的是，国债期货与现货之间、股指期货现货之间的套利构筑比较复杂。

当代企业在生产经营过程中要注重对于期货市场的应用，特别是要关注期货市场与现货市场的关系，关注期现差价的变动情况，充分利用期货市场以达到最大化企业生产经营利润的目的。

【思考与习题】

1. 什么是基差？

2. 请简述基差变动对卖出套期保值的影响。
3. 请简述影响基差大小的主要因素。
4. 什么是点价交易?

【即测即练】

参 考 文 献

[1] 安毅.期货市场学[M].2版.北京:清华大学出版社,2020:49-54,68-69,83-84.
[2] 孙才仁.套期保值理论与实践[M].北京:中共中央党校出版社,2012:112-114,221-235,253-270,382-396,404-406.
[3] 邓小朱,周云洁.期货与期权:理论、实务、案例[M].北京:中国人民大学出版社,2017:48-50.
[4] 王梦雅.商品期货价格发现与套期保值实证研究——以铜期货为例[J].北方金融,2020(5):23-27.
[5] 周伟杰,顾荣宝.股指期货和现货的线性、非线性Granger因果关系分析——基于1分钟高频数据的实证研究[J].常州大学学报(社会科学版),2015(7):45-51.
[6] 王骏,张宗成.基于VAR模型的中国农产品期货价格发现的研究[J].管理学报,2005(11):680-753.
[7] 魏建国,李小雪.基于VECM-PT-IS模型的我国三大股指期货价格发现功能对比研究[J].武汉理工大学学报(社会科学版),2016(5):354-360.
[8] 黄凌灵.3种套保效率评价模型的比较研究[J].北方工业大学学报,2009(2):7-10,49.
[9] 付莎,谢媛.期货最优套期保值比率估计模型探究[J].现代经济信息,2016(18):287.
[10] 李卉.基于OLS模型的股指期货套期保值研究[D].成都:西南财经大学,2009.
[11] 李正强.期货市场服务实体经济的创新与探索:大连商品交易所创新服务实体经济试点案例汇编[M].北京:中国金融出版社,2019.
[12] 安毅.期权市场与投资策略[M].北京:经济科学出版社,2014:91-100.
[13] 屈小博,霍学喜,程瑾涛.基于风险最小化的期货套期保值比率的确定[J].西北农林科技大学学报(社会科学版),2004(2):65-68.
[14] 沈翠芝,施伟超.运用沪铜期货有效化解市场价格风险的研究——基于套期保值模型的比较选择分析[J].海峡科学,2019(10):57-61.
[15] 张国胜,刘晨,武晓婷.我国商品期货市场套期保值效率评价与提升对策[J].中国流通经济,2021,35(5):42-51.
[16] 高辉,赵进文.沪深300股指套期保值及投资组合实证研究[J].管理科学,2007(2):80-90.
[17] 刘晨,安毅.动态套期保值模型的改进路径及其有效性——一个研究述评[J].南方金融,2018,1(9):33-42.
[18] 刘爽,游碧蓉.五年期国债期货最优套期保值比率的实证研究[J].福建农林大学学报(哲学社会科学版),2019(5):8.
[19] 王骏,张宗成.中国期货市场套期保值绩效实证研究[J].证券市场导报,2005(11):21-26.
[20] 徐荣,李星野.基于EWM模型的铜期货动态套期保值效果研究[J].经济数学,2017,34(4):89-96.
[21] 张凯淇,鞠荣华,林之楠.蛋鸡养殖企业产业链套期保值方案[J].中国农业大学学报,2019,24(10):219-229.
[22] BELL D E,KRASKER W S. Estimating hedge ratios[J]. Financial management,1986,15:34-39.
[23] CHOU W L,DENIS K K F,CHENG F L. Hedging with the Nikkei index futures: the conventional versus the error correction model[J]. Quarterly review of economics and finance,1996,36:495-505.
[24] EDERINGTON L H. The hedging performance of the new futures markets[J]. The journal of finance,1979,34(1):157-170.

[25] GHOSH A. Hedging with stock index futures - estimation and forecasting with error-correction model[J]. Journal of futures markets,1993,13(7):743-752.

[26] HERBST A F,KARE D D,CAPLES S C. Hedging effectiveness and minimum risk hedge ratios in the presence of autocorrelation: foreign currency futures[J]. Journal of futures markets,1989,9(3):185-197.

[27] JOHNSON L L. The theory of hedging and speculation in commodity futures[J]. Review of economic studies,1960,27(3):139-151.

[28] MARKOWITZ H. Portfolio selection[J]. Journal of finance,1952,7(1):77-91.

[29] MYERS R J,THOMPSON S R. Generalized optimal hedge ratio estimation[J]. American journal of agricultural economics,1989,71(4):858-868.

[30] STEIN J L. The simultaneous determination of spot and futures prices[J]. The American economic review,1961,51(5):1012-1025.

[31] AHMAD W,MISHRA A V,DALY K. Heterogeneous dependence and dynamic hedging between sectors of BRIC and global markets[J]. International review of financial analysis,2018,59:117-133.

[32] ANDANI A,LAFUENTE J A,NOVALES A. Liquidity and hedging effectiveness under futures misprcing: international evidence[J]. Journal of futures markets, 2009,29(11):1050-1066.

[33] BENDAA L. Comparison of the impact of econometric models on hedging performance by crude oil and natural gas[J]. Acta universitatis agriculturae et silviculturae mendelianae brunensis,2018,66(2):423-429.

[34] BOLLERSLEV T,ENGLE R F,WOOLDRIDGE J M. A capital-asset pricing model with time-varing covariances[J]. Journal of political economy,1988,96(1):116-131.

[35] BUTTERWORKH D,HOLMES P. Mispricing in stock index futures contracts: evidence for the FTSE 100 and FTSE Mid 250 contracts [J]. Applied economics letters,2000(7): 795-801.

[36] HOWARD C T,DANTONIO L J. A risk-return measure of hedging effectiveness-a reply [J]. Journal of financial and quantitative analysis,1987,22(3):377-381.

[37] JITMANEEROJ B. The effect of the rebalancing horizon on the tradeoff between hedging effectiveness and transaction costs[J]. International review of economics and finance,2018,58:282-298.

[38] LINDAHL M. Risk-return hedging effectiveness measures for stock index futures[J]. Journal of futures markets,2010,11(4):399-409.

[39] SHARPE W F. The Sharpe ratio[J]. Journal of portfolio management,1994,21(1):49-58.

教师服务

感谢您选用清华大学出版社的教材！为了更好地服务教学，我们为授课教师提供本书的教学辅助资源，以及本学科重点教材信息。请您扫码获取。

▶▶ 教辅获取

本书教辅资源，授课教师扫码获取

▶▶ 样书赠送

财政与金融类重点教材，教师扫码获取样书

 清华大学出版社

E-mail：tupfuwu@163.com
电话：010-83470332 / 83470142
地址：北京市海淀区双清路学研大厦 B 座 509

网址：http://www.tup.com.cn/
传真：8610-83470107
邮编：100084